BIBLIOTEKA »REČ I MISAO«

KNJIGA 431

SOL BELOU

SREBRNA ČINIJA

IZDAVAČKO PREDUZEĆE »RAD«
BEOGRAD, 1990.

Za moju dragu suprugu,
Aleksandru

ONAJ KOJI NE DRŽI JEZIK ZA ZUBIMA

Draga gospođice Rouz: zamalo da započnem rečima, „Drago moje dete", jer ono što sam vam učinio pre trideset i pet godina navodi nas u izvesnom smislu na to da jedno drugo smatramo svojim detetom. Povremeno sam se prisećao da sam veoma davno napravio ružnu šalu na vaš račun i osećao sam se neprijatno, ali nedavno su mi protumačili da je ono što sam vam rekao bilo tako zlobno, tako bedno, grubo, uvredljivo, bezosećajno i divljačko, da to ni za hiljadu godina ne biste preboleli. Povredio sam vas za ceo život, tako su mi objasnili, a moja krivica je još veća zbog toga što je taj napad bio sasvim bezrazložan. Mi smo se sreli samo u prolazu, jedva smo se poznavali. Doduše, osoba koja me optužuje za takvu okrutnost nije lišena predrasuda prema meni, već je, očigledno, rešila da me sredi. Svejedno, otkako sam pročitao njegove optužbe potpuno sam pomahnitao. Nisam bio u nešto boljem stanju ni pre nego što je stiglo njegovo pismo. Kao i mnogi stariji muškarci, moram da gutam najraznovrsnije pilule. Uzimam inderal i kinidin za hipertenziju i srčane smetnje, a takođe sam, iz raznih psiholoških razloga, duboko uznemiren i, bar za sada, ostavljen bez ikakvih odbrana za svoj ego.

Možda će moj motiv da vam pišem postati sadržajniji ako vam kažem da već nekoliko meseci posećujem jednu staru ženu koja čita

Svedenborga i druge okultne pisce. Ona mi kaže (a čovek šezdesetih godina ne može lako da odbije takve sugestije) da postoji život koji će tek doći – sačekajte, pa ćete videti – i da ćemo u tom životu osećati bolove koje smo naneli drugima. Prepatićemo sve ono što su oni zbog nas prepatili, jer se celokupno iskustvo preokreće posle smrti. Ulazimo u duše onih koje smo za života poznavali. Ukoliko postoji i mala šansa da je ova stara Kanađanka u pravu, onda moram pokušati da to raščistim s vama. Nisam probao da vas ubijem, ali moja uvreda je ipak opipljiva.

Reći ću sve što imam, pa ću onda sve pregledati i poslati gospođici Rouz samo prikladne delove.

...U ovom životu između rađanja i smrti, dok se još mogu vršiti ispravke...

Pitam se da li me se uopšte sećate, izuzev kao osobe koja vas je povredila – visoki muškarac i, u ono vreme, tamnokos, s brkovima (ne debelim), u fizičkom smislu jedinstven, kao da ima nešto od kamile u sebi, nešto izuzetno zabavno u svom telesnom sklopu. Ako možete da se prisetite Šomata iz tog vremena, onda bi trebalo sada da ga vidite. *Edad con Sus Disgracias* nazvao je Goja bakropis sa starcem koji se napreže da ustane s nokšira, pantalona srozanih oko članaka. „Skupa sa slabašnim bedrima", kako Hamlet zločesto kaže Poloniju, nemilosrdan prema starim ljudima. Gorepomenutim smetnjama moram da pridodam zube s popucalim korenovima, periodentitis koji zahteva antibiotike od kojih dobijam proliv, što se završava hemoroidima veličine lešnika, plus artritis šaka koji se širi. Zima je sumorna i vlažna u Britanskoj Kolumbiji, i kada sam se jednog jutra probudio, u ovoj zemlji izgnanika iz koje će me uskoro izručiti, otkrio sam da se nešto dogodilo sa srednjim prstom na mojoj desnoj šaci. Zglob je prestao da funkcioniše i prst je stajao savijen kao puž – nova bolna nedaća. Prava šala na moj račun. A izručenje je stvarno. Papire sam već dobio. I tako bar mogu da pokušam da za jednu smanjim broj muka svog zagrobnog života. Možda će se učiniti da se ulagujem s pričama o nedaćama posle trideset i pet godina, ali kao što ćete videti, to nije tačno.

Pronašao sam vas pomoću gospođice Da Suza iz koledža Ribjer, na kojem smo krajem četrdesetih svi bili kolege. Ona je ostala tamo, u Masačusetsu, gde se devetnaesti vek još uvek dosta zadržao, i pisala mi je kada je priča o mojim neprijatnim i glupavim nevoljama objavljena u novinama. Ona je ljubazna, inteligentna žena koja se *kao i vi, treba li to da kažem?* nikada nije udavala. Odgovarajući sa zahvalnošću, pitao sam je šta se desilo s vama i dobio odgovor da sada, kao penzionisana bibliotekarka, živite u Orlandu, u Floridi.

Nikada nisam mislio da ću zavideti ljudima koji su se penzionisali, ali to je bilo u vreme kada je penzionisanje predstavljalo jedan od izbora. Meni to više ne stoji u kartama. Smrt moga brata ostavlja me u dubokoj pravno-finansijskoj rupi. Neću vas gnjaviti činjenicama tog slučaja, tako izopačeno prikazanog u novinama. Dovoljno je reći da su me njegovi zločini i moje greške ili poroci sasvim uništili. Poslušavši rđav pravni savet, potražio sam utočište u Kanadi, i sudovi će biti strogi jer sam pokušao da pobegnem. Možda me neće oterati u zatvor, ali moraću da rintam do kraja svog prirodnog života, umreću od rada, u amovima, i to u prokleto čudnim amovima, dok budem teglio svoj teret do posebnog vrha. Jedna od omiljenih parabola moga oca govorila je o iznemoglom konju kojeg je kočijaš okrutno šibao. Neki prolaznik pokuša da se umeša: „Tovar je pretežak, brdo je strmo, nema razloga da toliko bijete tog ostarelog konja, zašto to činite?" A kočijaš odgovara: „*On* je hteo da bude konj, ne ja."

Celog života sam bio slab prema toj vrsti jevrejskog humora, koji vama može da bude stran ne samo zbog toga što ste škotsko-irskog porekla (kako kaže gospođica Da Suza), već i zbog toga što ste kao (prekompjuterska) bibliotekarka bili u drugoj sferi – zoni mira, u opsegu Djuijevog decimalnog sistema. Moguće je da vam se nije dopadao život kaluđerice ili pastirice koji je reč „bibliotekarka" nekad nagoveštavao. Možda ga mrzite zato što vas odvaja od moderne „akcije" – erotske, narkotične, dramatične, opasne, pikantne. Možda ste se gnušali što radite s nezakonitim zanosima drugih ljudi, što dodajete knjige koje kvare (najvećim delom lažne, verujte mi na reč, gospođice Rouz). Dozvolite mi da pretpostavim da ste dovoljno staromodni da ne besnite zbog toga što ste korisno proživeli život. Ako niste staromodna osoba, onda vas nisam toliko ozledio. Nijedna moderna žena ne bi četrdeset godina mudrovala o jednoj glupoj šali. Rekla bi: „Odjebi!"

Ko me optužuje da sam vas povredio? Edi Voliš, eto ko. Ako sam dobro razumeo, on je postao glavni planer za društvene nauke na koledžima u državi Misuri. On je fantastičan na takvim poslovima, pravi genije. Ali iako sada živi u Misuriju, izgleda da razmišlja jedino o starim danima u Masačusetsu. Ne može da zaboravi zlo koje sam počinio. Bio je prisutan kada sam to uradio (šta god *to* doista bilo), i piše mi: „Moram da te podsetim kako si povredio Karlu Rouz. Premda je ona nastojala da bude prijatna, ti nisi samo izbegao njene nežne namere, već si je svom snagom raspalio posred lica, što je karakteristično za tebe. Slučajno mi je poznato da si joj naneo traumu za ceo život." (Obratite pažnju na to kako se liberalan američki rečnik upotrebljava kao sredstvo za mučenje: pod „karakteristično" on podrazumeva: „Ti nisi *dobra osoba,* Šomate.") Gospođice Rouz, da li ste doista doživeli traumu? I otkud je to Vološu „slučajno poznato"? Jeste li mu vi rekli? Ili je to, kao što nagađam, najobičnije ogovaranje? Pitam se da li se uopšte sećate svega toga. Ako se ne sećate, bila bi to prava milost. Ne želim da vam namećem neželjene uspomene, ali ako sam vas doista tako okrutno unakazio, da li uopšte postoji način da se pamćenje izbegne?

Dakle, vratimo se ponovo u koledž Ribjer. Voliš i ja smo tada bili veliki prijatelji, mladi predavači, on – lektor za književnost, a ja za umetnost – moja specijalnost: istorija muzike. Kao da je to za vas neka novost; moja knjiga o Pergoleziju nalazi se u svim bibliotekama. Nemoguće je da vam nije došla do ruku. Osim toga, vodio sam i one muzikološke programe na televiziji, koji su bili dosta popularni.

Ali vratili smo se u četrdesete. Semestar je počeo odmah posle Dana rada.[1] Moj prvi profesorski posao. Posle sedam ili osam sedmica bio sam još uvek krajnje uzbuđen. Započeću predivnim novoengleskim pejzažom. S obzirom na to da sam stigao iz Čikaga i Blumingtona, u Indijani, gde sam diplomirao, nikada ranije nisam bio video breze, bujad kraj puta, guste četinarske šume, bele cvetne grmove. Morao sam da osetim

---

[1] Američki praznik rada koji pada prvog ponedeljka u septembru. – *Prim. prev.*

da ne pripadam tom mestu, šta mi je drugo preostalo? Vrištao sam od smeha kada bi me oslovili: „Doktore Somate". Osećao sam se smešno, kao kamila na seoskoj utrini. Čovek sam s visokim strukom i dugačkim nogama, koji često zamišlja sebe u paradoksalnim, smešnim slikama. Tada još nisam bio dobio pravu predstavu Ribjera. To nije bila stvarna Nova Engleska, već boemski koledž za bogate klince iz Njujorka koji su bili odviše nervozni za bolje škole, neprilagođeni.
I tako šetamo Edi Voliš i ja pored biblioteke u koledžu. Slatka jesenja toplota naspram hladnog zaleđa okolnih šuma – sve je tu. Biblioteka je zgrada u obnovljenom grčkom stilu i svetlost u tremu je mahovinasta i sunčana – svetlozelena mahovina, lisnata sunčeva svetlost, lišaji po stubovima. Ja sam otkačen, pomaman, ustreptao. Moj odnos s Vološim lako je opisati na tom stupnju: veoma veseo, nikakva smetnja na vidiku, nikakav trag mraka. Voljan sam da učim od njega, jer nikada do tada nisam video neki progresivan koledž, nisam živeo na istoku, nisam imao dodira s tamošnjim establišmentom, o kojem sam toliko slušao. O čemu je reč? Jedna devojka kojoj sam dodeljen kao savetnik zatražila je nekog drugog jer ja nisam bio psihoanaliziran i ne mogu da uspostavim odnos s njom. A upravo tog jutra proveo sam dva sata na sastanku komiteta koji je trebalo da odluči da li će kurs iz istorije biti obavezan za diplomce iz umetnosti. Toni Lemnicer, profesor slikarstva, rekao je: „Neka deca čitaju o kraljevima i kraljicama – šta im to može nauditi?" Toni iz Bruklina, koji je bežao od kuće da bi radio u cirkusu, postao je crtač plakata, a na kraju apstraktni ekspresionista. „Nemoj nikada da žališ Tonija", savetuje me Voliš. „Žena s kojom se oženio je milioner. Podigla mu je stu-

dio koji bi bio dobar za Mikelanđela. Tamo mu je neprijatno da slika, pa samo nešto delje. Izrezbario je dve drvene lopte u kavezu za ptice." U početku je i sam Voliš, rani hipster obrazovan na Harvardu, sumnjao da je moje neznanje samo nameštaljka. Šepav i onizak, Voliš me je gledao – gledao nagore – prodornim pogledom i s tragovima sumnjičavosti oko ustiju. Iz Čikaga, s doktoratom sa Blumingtona u Indijani, da li zaista mogu da budem tako zaostao kao što izgledam? Ali ja ipak predstavljam dobro društvo, i malo-pomalo on mi ispriča da (je li to tajna?) iako potiče iz Glostera u Masačusetsu, ipak nije pravi Jenki. Njegov otac, Amerikanac druge generacije, mašinista je, penzioner, neobrazovan. U jednom od njegovih pisama piše: „Tvoja jadna majka – doktor kaže da ima turmor na vargini koji će morati da aperiše. Kada ode u bolnicu nadam se da će ti i tvoja sestra biti ovde sa mnom."

Dva muškarca su šepala u našoj zajednici, a imena su im bila slična. Drugi šepac, Edmund Velč, mirovni sudija, hodao je sa štapom. Naš Ed, koji je patio od iskrivljenosti kičme, nije hteo da nosi štap, a kamoli ortopedsku cipelu. Ponašao se sa sportskom nonšalantnošću i prkosio ortopedima kada su upozoravali da će mu se kičmeni stub srušiti kao naslagane domine. On je bio slobodan i gibak, takav mu je bio stil. Trebalo ga je prihvatiti onakvog kakav je, bez ustupaka. Zbog toga sam ga cenio.

I tako, gospođice Rouz, vi ste izašli iz biblioteke da biste malo udahnuli vazduh i naslanjate se, prekrštenih ruku i glave spuštene na mramor, na grčki stub. Voliš, ne bi li bio viši, nosi gustu, čupavu frizuru. Ne biste mogli da nabijete šešir na nju. Ali ja imam kapicu za bejzbol. Tada, gospođice Rouz, vi mi se smešite i kažete: „O, doktore Šomate, u toj kapi izgledate kao arhe-

olog." Pre nego što mogu da se obuzdam, ja odgovaram: „A vi izgledate kao nešto što sam upravo iskopao."
Strašno!
Nas dvojica, Voliš i ja, žurno produžismo. Edi, kome kukovi nisu bili u istoj visini, napinjao se da hoda brže, a kada smo prošli vaš mali bibliotekarski hram video sam kako se kliberi, kako njegovo ozareno lice gleda u moje s radošću, sa optužujućim divljenjem. Prisustvovao je nečem izuzetnom. Još se nije moglo prosuditi šta je to, da li bi trebalo da se ubeleži kao zabava ili psihopatologija ili zloba, ali on je bio zadovoljan. Iako nije gubio vreme da sebe oslobodi svake krivice, to je upravo bila njegova vrsta šale. Voleo je da imitira Gruča Marksa ili da formira rečenice u stilu S. Dž. Perlmena. A što se mene tiče, ja sam se namrtvo uozbiljio, kao što uvek činim kada izvalim neku svoju šalu. One me potpuno zaprepaste, kao i svakog drugog. Moguće je da one predstavljaju simptome histerije, u kliničkom smislu. Nekada sam smatrao sebe apsolutno normalnim, ali odavno sam uvideo da se u izvesnim raspoloženjima moje smejanje graniči sa histerijom. Ja sâm bih tada čuo notu abnormalnosti. Voliš je dobro znao da sam podložan takvim napadima, i kada bi osetio da mi se oni približavaju, redovno bi me podsticao. A kada bi se zasitio, rekao bi, naceren kao Pan Satir: „Somate, koje si ti kopile! Koje sadističke udarce ti zadaješ!" Pazio je, kao što vidite, da ga ne optuže kao saučesnika.

A moja šala nije ni bila duhovita, samo podla, i za to sigurno nema nikakvog izvinjenja, ponajmanje u „inspiraciji". Zašto bi inspiracija bila toliko idiotska? Jednostavno rečeno, šala je bila idiotska i zlobna. Voliš mi je nekad govorio: „Ti si nadrealista, uprkos samom sebi." Prema njegovom tumačenju, ja sam se, zahvaljujući bolnim naporima, uzdigao iznad svog doseljeničkog porekla do srednjoklasnog nivoa, ali sam se svetio zbog mučenja i zloupotrebe svojih zdravih instinkata, zbog izopačenosti koje mi je nametnulo to prilagođavanje uvaženosti, kao i zbog naprezanja prilikom uspinjanja društvenom lestvicom. Bistre, složene analize te vrste bile su popularne u Grinič Vilidžu u to doba, pa je i Voliš stekao tu naviku. Pismo koje mi je poslao prošlog meseca vrvi od takvih uvida. Ljudi retko odustaju od duhovnog kapitala koji su nagomilali u svojim „najboljim" godinama. Sa svojih šezdesetak godina, Edi je i dalje mladalački stanovnik Vilidža, i druži se uglavnom s mladim ljudima. Ja sam, pak, prihvatio starost.

    Nije lako pisati reumatičnim prstima. Moj advokat, čiji kobni savet sam poslušao (najmlađi je brat moje žene, koja je preminula prošle godine), podsticao me je da odem u Britansku Kolumbiju, gde – zbog japanske struje – cvetovi rastu usred zime, a vazduh je čistiji. Na snegu se, to je istina, vide jagorčevine, ali šake su mi onesposobljene za bilo šta, pa strahujem da ću morati da dobijam injekcije zlata ukoliko mi se stanje ne popravi. Međutim, zapalio sam vatru i sedim u stolici za ljuljanje, i nastojim što bolje da se koncentrišem, jer želim da razmatranje ovih činjenica bude vredno vašeg truda. Ako treba da poverujem Vološu, ispada da ste vi od onog dana drhtali kao plamičak na srednjoklasnom oltaru nezasluženog poniženja. Jedna od uvređenih i povređenih.

    Gledano s moje strane, moram da priznam da mi je bilo teško da prihvatim pristojno ponašanje, ne zbog toga što sam po prirodi grub, već zbog toga što sam osećao prenapregnutost svog položaja. Neko vreme sam verovao da neću uspeti u životu sve dok i ja ne budem imao lažno biće kao svi ostali, pa sam se stoga posebno trudio da budem pun razumevanja, pun poštovanja, uglađen. U tome sam, naravno, preterivao, pa sam se brisao dva puta tamo gde se ljudi boljeg odgoja brišu samo jedanput. Ali nikakav program poboljšavanja nije mogao dugo da me drži. Utvrđivao sam ga, a potom ga cepao, spaljivao u pobesneloj vatri.

Moram da vam kažem da me Voliš dobro ismeva u svom pismu. Kako to, pita on, da sam ja, u slučajevima kada su ljudi zastajkivali u razgovoru, dopunjavao izraze koji su im nedostajali i završavao njihove rečenice s pohlepnom pedanterijom? Voliš tvrdi da sam se nametao, da sam izvrdavao svoje vulgarno poreklo, dodvoravao se odgojenima i nudio se kao Jevrejin, prihvatljiv (i to jedva) hrišćanskom društvu iz snova T. S. Eliota. Voliš me slika kao prokaženika koji se uspinje u društvu i traži da robuje onako kako bi neko tražio spas. Zbog toga sam, kaže on, imao uporne napade i postao krajnje uvredljiv. Voliš sve to dobro zapaža, premda nije to pokazao tokom onih godina kada smo bili bliski. Bili smo, nekako, prijatelji. Ali na kraju, nekako, odlučio je da mi bude smrtni neprijatelj. Sve vreme dok je povlačio poteze bliskog i dragocenog prijatelja, kljukao je moju dušu u kokošinjcu i spremao se da je zakolje. Možda nije mogao da podnese moj uspeh u muzikologiji.

Edi je ispričao svojoj ženi – svima je ispričao – šta sam vam rekao. To se brzo proširilo po univerzitetu. Ljudi su se smejali, ali ja sam bio potišten. Griža savesti: vi ste bili bleda žena s mršavim rukama, a vaša koža je upijala boje mahovine, lišaja i krečnjaka. Teška vrata biblioteke bila su otvorena, i unutra su se nalazile zelene stone lampe i lakirani masivni stolovi, i knjige naslagane do galerije i iznad nje. Samo neke od tih knjiga bile su uzvišene, neke korisno informativne, dok je većina samo gušila duh. Moja svedenborška starica kaže da anđeli ne čitaju knjige. Zašto bi? Pretpostavljam da ni bibliotekari ne mogu da budu veliki čitaoci. Imaju previše knjiga, od kojih je većina nepodnošljiva. Prenatrpane police odaju vonj koji poziva, teši i mami, i koji je takođe blago obojen nečim štetnim, otrovom i kletvom. Ljudska bića mogu da izgube živote u bibliotekama. Na to ih treba upozoriti. A vi, niža sveštenica tog hrama, koja izlazi da baci pogled na nebo, i gospodin Lubek, vaš šef, nežni izbeglica koji se stalno sapliće preko svog velikog senilnog psa i izvinjava se životinji: „Ah, oprosti!" (s naglašenim suglasnicima).

Lična zabeleška: *Gospođica Rouz nije nikada bila lepa, čak nije ni ono što Francuzi nazivaju une belle laide, ili ružna lepotica, žena čije vladanje seksualnim snagama čini da ružnoća doprinosi njenoj erotskoj moći. Belle laide (to bi bila francuska ideja!) treba da bude valjaonica strasti. Takva snaga je nedostajala. Nije postojala organska baza za nju. Pedeset godina ranije gospođica Rouz bi uzimala „Tonik od povrća Lidije Pinkem". Pa ipak, makar joj lice i delovalo zeleno, čovek bi je mogao voleti – voleti zbog njene bojažljive topline, ili zbog hrabrosti koju je smogla da bi mi izrazila kompliment za moju kapu. Pre trideset i pet godina mogao sam da zavaram tu zbunjenost komplimentima, da kažem: „Pomislite samo, gospođice Rouz, koliko predmeta jedinstvene lepote su arheolozi iskopali – milosku Veneru, krilate asirske bikove s licima velikih kraljeva. Čak je i Mikelanđelo zakopao jednu od svojih statua da bi dobila antički izgled, pa je onda iskopao." Ali sada je prekasno za retorične galantnosti. Stideo bih se. Nelepa, neudata, dok se pogana mala zajednica smeje zbog moje šale, gospođica Rouz, jadnica, sigurno je očajavala.*

Edi Voliš, kao što sam vam rekao, nije hteo da izigrava bogalja, uprkos svojoj uvrnutoj kičmi. Iako je bio povijen i isturao levo stopalo u hodu, nastupao je u velikom stilu. Nosio je odela od dobrih engleskih tvidova i duboke cipele marke „Lojd i Hejg". Stalno je govorio da ima dovoljno mazohistički nastrojenih žena koje bi podstakle svakog momka da se licka i doteruje. Hendikepirani muškarci dobro su prolazili kod određenog tipa devojaka. Vi biste, gospođice Rouz, bolje prošli da ste sačuvali svoje komplimente za njega. Ali njegova žena je tada bila trudna; ja sam bio neženja.

Tokom prvih letnjih dana tog semestra gotovo svakodnevno smo šetali. Tada mi je bio nekako tajanstven.

Pomišljao sam: Ko je on, ovaj moj (iznenada) blizak prijatelj? Ko je ta čudna spodoba, s tom velikom glavom koja promiče nisko pored mene, na kojoj kosa raste gusto i visoko? Pod drugačijim uglom, nalik nitima kandžije, raste mu gusto i iz ušiju. Jedna od univerzitetskih gospođa predložila je da ga nateram da brije uši, ali zašto bih to uradio? Ne bi joj se ništa više dopadao s izbrijanim ušima, samo sanja da bi se to dogodilo. Njegov smeh kao da potiče od nekog drvenog duvačkog instrumenta, pre od oboe nego od klarineta, i on ga ispušta iz širokog kraja svog nosa, ali i iz usta koja kao da su izrezana na bundevi. On se kezi kao Alfred I. Nojman s naslovne strane magazina „Med", naslednik Pekovog Nestaška. Međutim, oči su mu tople i navode me da se sve više približavam, ali zadržavaju ono što najviše želim. Žudim za njegovom naklonošću, ne verujem mu i volim ga, udvaram mu se svojim vicevima. Jer on je pametan čovek u postmodernističkom egzistencijalističkom prepredenom smislu. Osim toga, deluje jako ljubazno. Deluje svakojako. Kao ljubitelj Brehta i Vajla, peva „Mackie Messer" i drnda melodiju na pijaninu. To je, međutim, zastarela stvar — nemački kabaretski džez iz dvadesetih godina, odgovor Berlina na rovovski rat i raspukli humanizam. Kako je Edi dozvolio sebi da bude tako staromodan! Savremeni Edi oduvek je bio avangardan. Kao rani obožavalac bit-pesnika, prvi mi je naveo onaj divan stih Alena Ginzberga „Ameriko, podmećem svoja pederska pleća".

Edi je od mene načinio zahvalnog čitaoca Ginzbergovog dela, od kojeg sam mnogo toga naučio o duhovitosti. Možda će vam izgledati čudno, gospođice Rouz (meni izgleda), da već toliko dugo pratim Ginzberga. Dozvolite mi, stoga, da vam ponudim uzorak njegovog iskaza iz jedne od njegovih novijih knjiga, iskaz koji se pamti i koji šarmira. Ginzberg piše da je Volt Vitmen spavao sa Edvardom Karpenterom, autorom *Punoletstva ljubavi;* Karpenter je kasnije postao ljubavnik unuka jednog od naših beznačajnijih predsednika, Čestera A. Artura; Gejven Artur bio je u poznoj starosti ljubavnik nekog homoseksualca iz San Franciska koji je, kada je zagrlio Ginzberga, upotpunio ceo krug i doveo Mudraca iz Kemdena u bliski dodir s njegovim jedinim pravim naslednikom i potomkom. Sve to pomalo nalikuje na priču doktora Penglosa o tome kako se zarazio sifilisom.

Oprostite mi, molim vas, na ovome, gospođice Rouz. Izgleda mi da će nam za ovo istraživanje, koje može umnogome da utiče na vaše i moje emocije, biti neophodno najšire ljudsko iskustvo. Morate da doznate kome ste se obratili onog dana kada ste prikupili hrabrost, nasmešeni i uzdrhtali, da mi izrazite kompliment – da meni, nama, date svoj blagoslov. Kompliment, na koji sam uzvratio lošom dosetkom, izvučenom – sasvim karakteristično – iz dubina moje prirode, tog majdana čudnih sočinjenija. Gotovo da sam i zaboravio na taj događaj kada sam primio Vološovo pismo u Kanadi. To pismo – čudna megila čiji Haman sam upravo bio ja. On je sigurno decenijama, uz *ressentiment*, razmišljao o mom karakteru, neprekidno iznova crtao profil moje najunutarnjije duše. Sastavio je spisak svih mojih grešaka, mojih grehova, a pojedinosti su tako precizne, inventar tako sveobuhvatan, rezime tako sažet, da nema sumnje da je on prikupljao, svrstavao, formulisao i besomučno glačao tokom svih onih najtoplijih, najzlaćanijih dana našeg prijateljstva. Primiti takav dokument – molim vas da zamislite, gospođice Rouz, kako je uticao na mene u vreme kad sam se borio s bolom i mnogim nepravdama, oplakivao svoju ženu (i takođe, što je dovoljno smešno, svog brata prevaranta), i doživljavao *Edad con Sus Disgracias*, otkrivao da više ne mogu da ispravim srednji prst, sračunavao trud i tugu nekih sedamdeset godina (koje se brzo približavaju). U našim godinama, draga moja, niko ne sme da se srdi ili iznenadi kada se pokaže zlo, ali ja neprekidno sebi postavljam pitanje zašto je Edi Voliš pribrao moje greške iz nekih tridesetak godina i bacio mi ih u lice? To pobuđuje moju najrevnosniju znatiželju, toliko revnosnu da moram da vrištim u sebi. Cela ta komedija spopada me tokom noći s intenzitetom porođajnih bolova. Ležim u stražnjoj spavaćoj sobi ove kutijice od kanadske kuće, koja gotovo da nije odvojena od drugih, i naprežem se da ne zaurlam. Komšijama samo treba da čuju takve zvukove u tri ujutru. A u Britanskoj Kolumbiji nema žive duše s kojom bih o tome mogao da razgovaram. Moja jedina poznanica je gospođa Grejsvel, starica (ona je veoma stara) koja izučava okultnu literaturu, a njoj ne mogu da dosađujem s takvim ogrankom ljudskog iskustva. Naši razgovori su potpuno teoretski... Ona je ipak izrekla jednu korisnu primedbu, i to sledeću: „Niže sopstvo je ono na šta je kralj David pomislio kada je u psalmu napisao ,Ja sam crv a ne čovek'. Samo je malo ljudi sposobno da vidi više sopstvo. Zbog toga oni tako neprijatno govore jedni o drugima."

Vološov dokument (denuncijacija) u više navrata podražava Ginzbergovu poeziju i prozu, tako da sam na kraju poslao narudžbenicu izdavačkoj kući Siti Lajts u San Francisku i proveo mnoge večeri u izučavanju njegovih knjiga koje su mi bile promakle – a on ih objavljuje u velikom broju u tanušnom obimu. Ginzberg se zalaže za istinsku nežnost i punu otvorenost. Prava otvorenost označava doslovnost u vezi s genitalijama i izmetom. Ginzberg se odlučio za toplinu „otvorene" čovečnosti, koja se slobodno pari, muževna je, ženstvena, drugarska, i ne zanemaruje molitvu i meditaciju. On sa užasom govori o našoj „plastičnoj kulturi", koju pomalo opsesivno povezuje sa obaveštajnom službom CIA. Osim službe CIA, postoje i druga špijunska carstva, povezana sa Eksonom, Mobilom, Standard Oilom iz Kalifornije, pa zlokobni Oksidental Petroleum sa svojim vezama u Kremlju (o čemu vredi porazmisliti). Superkapitalizam i njegova karcinogena petrohemijska tehnologija povezani su preko Džemsa Džizasa Englatona, visokog zvaničnika u obaveštajnoj zajednici, sa T. S. Eliotom, njegovim drugarom. Englton, koji je u mladosti bio urednik nekog književnog časopisa, imao je za cilj revitalizaciju kulture Zapada naspram „tzv. staljinista". Duh T. S. Eliota, koga Ginzberg intervjuiše na palubi nekog broda u vodama smrti, priznaje da je obavljao špijunske posliće za Engltona. Protiv takvih, dece mraka, Ginzberg postavlja gurue, bradonje koji meditiraju, pesnike lojalne Blejku i Vitmenu, „svete bogalje", lirske, neizopačene homoseksualce čije grupice tajna policija prati svojim kompjuterima, među koje ubacuju provokatore i koje pokušavaju da pokvare heroinom. Ovu psihopatsku viziju, koja je toliko dirljiva zbog toga što, realno govoreći, sadrži toliko stvari od kojih se treba bojati, kao i zbog gladi za dobrotom koja se u njoj odražava, zbog čudnovate odbrane lepote, ja cenim mnogo više od mog tužioca, Voliša. Ja je stvarno razumem. Ginzbergovom seksualnom vatrometu kažem: Pa šta? Ali zato blagonaklono razmišljam o njegovim opsesijama dok noktima češljam brkove, dok znatiželjno pokušavam da ga zamislim. Ja nisam toliko zainteresovani Ginzbergov obožavalac kao Edi. Edi, tako da kažem, prilazi stolu s krupijeovom lopaticom. On radi za kuću. On uzima od poezije.

Jedan od Vološovih dugotrajnih problema sastojao se u tome što je imao izrazito jevrejski izgled. Neki ljudi su bili nepoverljivi i odnosili su se prema njemu s bezrazložnim neprijateljstvom, sumnjajući da nastoji da prođe kao pravi Amerikanac. Ponekad bi rekli, kao da otkrivaju koliko im moći daje drskost (moć je uvek dobrodošla): „Kako vam je glasilo ime pre nego što ste ga promenili u Voliš?" – pitanje koje Jevreji često čuju. U stvari, njegovi roditelji su bili potomci protestanata sa severa Irske, a devojačko prezime njegove majke bilo je Balard. Potpisivao se Edvard Balard Voliš. Pretvarao se da mu sve to uopšte ne smeta. Osećaj proganjanja učinio je da oseća

prijateljstvo prema Jevrejima, tako je bar govorio. Nepromišljeno oduševljen njegovim prijateljstvom, poverovao sam mu.
Sada se ispostavlja da posle mnogo godina prikrivenog kolebanja, Voliš zaključuje da sam budala. Upravo kada je javnost počela ozbiljno da me prima, on je izgubio strpljenje i njegova naklonost pretvorila se u mržnju. Glavni krivci su moji televizijski programi o istoriji muzike. Mogu to da zamislim – kako Voliš pilji u ekran, odeven u uflekan vuneni kućni ogrtač, jednom rukom drži lakat druge, uvlači dimove iz cigarete i grdi me dok pričam o Hajdnovim poslednjim danima ili o Mocartu i Salijeriju, i razvijam teme na klavsenu: „Taj superstar! Taj usrani idiot!"
„Isuse, zar neko može da bude tako izveštačen!"
„Najobičnija fukara!"
Moje ime, Šomat, očigledno je izmenjeno. Promenu je, mnogo godina pre nego što je moj otac stigao u Ameriku, obavio njegov brat Pinje, onaj koji je nosio cvikere i prepisivao partiture za Šoloma Sekundu. Porodica se verovatno zvala Šamus ili, što je još ponižavajuće, Unteršamus. Taj *unteršamus,* najbedniji od bednika u sinagogi starog sveta, bio je kvazinezaposlivi nesposobnjaković i badavadžija, zamršene brade i unesrećen smešnim boljkama, kao što su velika kila ili škrofula, siromahov siromah. „Orm", govorio je moj otac, „*auf steiffleivent*". *Steiffleivent* je bila kruta tkanina od lana i strune koju su krojači stavljali ispod postave sakoa kako bi mu dali oblik. Nije postojalo ništa jeftinije. „Bio je toliko siromašan da se oblačio u krojačku tkaninu." Jeftiniju od posmrtnog pokrova. Ali u Americi ime Šomat nosi ceo lanac banaka u Masačusetsu. Kako vam se *to* dopada! Možda ste čuli šarmantne, privlačne, sentimentalne stvari o jidišu, ali jidiš je *težak* jezik, gospođice Rouz. Jidiš je okru-

tan i seče bez milosti. Da, on je često delikatan, ljubak, ali može da bude i eksplozivan. „Lice kao kanta za pomije", „lice kao splačine". (Svinjske konotacije daju posebnu snagu jidiš epitetima.) Ako postoji demijurg koji me inspiriše da neobuzdano govorim, možda ga je privukao taj žestoki bespoštedni jezik.

Dok vam ovo pričam, verujem da me revnosno pratite i osećam najdublju naklonost prema vama. Veoma sam usamljen u Vankuveru, ali to je moja greška. Kada sam stigao, pozvali su me na zabavu neki lokalni muzičari i ja ih nisam zadovoljio. Postavili su mi svoj kanadski test za američke posetioce: da li sam reganovac? Nisam bio, ali ključno pitanje se odnosilo na mogućnost da Salvador postane drugi Vijetnam, a ja sam svojim odgovorom odmah izgubio pola tog društva: „Nema šanse. Severnovijetnamci su sposobni vojnici sa viševekovnom vojničkom tradicijom – *stvarno* čvrst narod. Ljudi iz Salvadora su obični Indijanci i seljaci." Zašto nisam mogao da ćutim? Šta mene briga za Vijetnam? Ostala su još dva-tri naklonjena gosta, a njih sam oterao na sledeći način: neki profesor sa Univerziteta Britanske Kolumbije primetio je da se slaže sa Aleksandrom Poupom u pogledu krajnje nestvarnosti zla. Viđenog sa najviše tačke metafizike. Jednom racionalnom umu nikada se ne događa ništa rđavo. Izvaljivao je visokoparne gluposti. Koješta! pomislio sam i rekao: „Ma nemojte? Hoćete da kažete da je svaka gasna komora optočena srebrom?"

To je prekardašilo meru, tako da sada, svakog dana, šetam sam.

Ovde je divno, ima snežnih planina i spokojnih luka. Lučki kapaciteti su ograničeni i teretni brodovi moraju da čekaju (po dnevnoj tarifi od

10.000 dolara). Prijatno je videti ih onako ukotvljene. Nagoveštavaju „*Invitation au Voyage*" i „Bilo gde, bilo gde, izvan ovog sveta"! Ali grad je čist i civilizovan, s bistrim jezerima na severu, iza kojih se oseća beskrajna divljina koja započinje šumama i nastavlja se tako put severa, preko miliona kvadratnih milja, dok se ne završi ledenim krugovima oko pola.

Provincijski akademski građani su se uvredili zbog mojih smicalica. Šteta.

Ali da ne bi ispalo da sam ja uvek onaj koji maltretira, dozvolite mi da vam kažem, gospođice Rouz, da sam se i ja često nalazio na suprotnom kraju, da su me pobeđivali virtuozi, umetnici daleko veći od mene u ovoj struci. Pokojni Kipenberg, princ muzikologa, kada smo se jednom prilikom našli na nekoj konferenciji u Vili Serbeloni na jezeru Komo, pozvao me je jedne večeri u svoje odaje da bih mu pokazao svoj rad. U stvari, nije me on pozvao. Ja sam insistirao. Predlog je bio moj, a on nije imao srca da odbije. Bio je krupan čovek, odeven u večernje odelo od somota, svetlozelene boje, nad kojim je njegova velika, bleda, pametna glava štrčala kao na kakvoj motki. Iako je hodao uz pomoć dva štapa, neke vrste *diable boiteuxa,* niko nije bio brži na rečima. On je objavio najveće delo o Rosiniju, a sam Rosini je izvaljivao besmrtne šale (kao onu za Vagnera: „*Il a de beaux moments, mais de mauvais qarts d'heure."*). Treba, takođe, da zamislite apartman u kojem je Kipenberg stanovao u toj vili, sobe iz osamnaestog veka, sofe pokrivene taftom, brokat, hladne statue, vrele lampe sa svilenim abažurima. Posluga je već pozatvarala prozore za noć, tako da je gostinska soba došla nekako tesna. Bilo kako bilo, čitao sam mudrom i učenom Kipenbergu, onako velikom i zelenom, čija su široka usta bila prijatno uobličena. Imao je, doduše, čudne oči, postavljene gotovo postrance, kao da je želeo dvostrano da gleda, i obrve kao gusenice sa drveta znanja. Dok sam čitao, počeo je da drema. „Izgleda da vas uspavljujem, profesore", rekoh. „Ne, ne – naprotiv", reče on, „održavate me budnim." To je, i to upravo na moj račun, bilo genijalno, i osećao sam se privilegovano što sam uspeo to da izazovem. Sedeo je onako masivan, sa svoja dva štapa, kao na nekoj padini, i klizio u dubok san. Ali čak i na samom rubu, kada mu se svest gasila, njeno jedinstveno bogatstvo moglo je da zaslepi. Za tako nešto obišao bih ceo svet.

Na trenutak, međutim, vratiću se Vološu. Voliševi su živeli u maloj seoskoj kući koja je pripadala koledžu. Nalazila se u šumi, koja je u to vreme godine bila prašnjava. Možda ćete se, tamo u Floridi, prisetiti kako novoengleske šume izgledaju kada je jesen suva – polen, dim, trulo i prašno lišće, paučina, možda i prah sa krila mrtvih leptirica. Kada bismo stigli do Voliševih kamenih vratnica, i ako bismo tamo zatekli flaše koje je mlekadžija ostavio, hvatali smo ih za grliće i uz urlik bacali u žbunje. Mleko se naručivalo za Peg Voliš, koja je bila trudna ali je mrzela mleko i nije htela da ga pije. Peg se, u društvenom smislu, nalazila iznad svog supruga. Tih dana, svako je bio iznad njega; ispod Voliša su se nalazili samo crnci i Jevreji, a on čak ni u tome nije bio siguran zbog svog jevrejskog izgleda. Stoga mu je boemstvo davalo snagu. Gospođa Voliš je uživala u boemskom stilu svog supruga, tako je bar govorila. Moj Pergolezi i moj Hajdn su doprineli da mi ne prigovara onoliko koliko bi inače prigovarala. Osim toga, ja sam bio veselo društvo za njenog supruga. A njemu je, verujte mi na reč, bilo potrebno veselo društvo. Bio je depresivan; supruga mu je bila zabrinuta. Kada bi me pogledala, video sam svetlost izlečenja u njenim očima.

Slično Alisi kada je u Zemlji čuda ispila bocu s natpisom POPIJ ME, Peg je bila veoma visoka; koščata ali nežna, podsećala je na zvezdu nemih filmova koja se zvala Kolin Mur, naivku okruglih očiju sa šiškama. Peg je, u četvrtom mesecu trudnoće, i dalje radila, a Edi je, nevoljan da ustaje ujutru i vozi je na stanicu, provodio duge dane u krevetu ispod izbledelih pokrivača od raznobojnih parčića. Ružičasto, kada nije sveže i živahno, može da bude očajna boja. Kada sam potražio Voliša, srce mi se steglo zbog ružičaste boje na njegovim pokrivačima. Koliba je bila obložena orahovim daskama, sobe su bile bez sunca, kuhinja je bila posebno mračna. Pronašao sam ga na spratu; spavao je isturene vilice, s uočljivom jevrejskom usnom. Ostavljao je u isto vreme brutalan i nevin utisak. U snu je bio lišen pouzdanja u koje je ulagao toliko napora. Nema mnogo onih koji su sasvim budni, ali Voliš se posebno ponosio svojom budnošću. Njegova glavna premisa bila je da nije ničija budala. Ali u snu nije izgledao pametno.

Probudio sam ga. Bilo mu je neprijatno. Ipak nije bio potpuni boem. Smetala mu je popodnevna bunovnost, pa je gunđao dok je izvlačio tanke noge iz kreveta. Sišli smo u kuhinju i počeli da pijemo.

Peg je navaljivala na njega da poseti jednog psihijatra u Providensu. U prvi mah krio je to od mene, a onda je priznao da mu je potrebno izvesno usklađivanje, manja unutrašnja doterivanja. Bunilo ga je što će postati otac. Žena mu je na kraju rodila blizance, muškarce. Činjenice su trivijalne i ne osećam da izdajem nečije poverenje. Osim toga, ništa mu ne dugujem. Njegovo pismo ozbiljno me je uznemirilo. Koji je samo trenutak izabrao da ga pošalje! Trideset pet godina bez ijedne gnevne reči. Dozvoljava mi da računam na njegovu odanost. A onda mi se osveti za sve. Kada probadate druga, kada mu dodajete čašu s otrovom? Ne kada je još dovoljno mlad da se oporavi. Voliš je čekao do samog kraja – *mog* kraja, naravno. *On* je još uvek mlad, tako mi piše. Dokaz je to što se stvarno zanima za mlade lezbejke u Misuriju, on im jedini poznaje dušu i one ga puštaju da vodi ljubav s njima – Voliš, jedini muški izuzetak. Kao istraživač Megavern koji je preobučen otišao u Lasu, jedini zapadnjak koji je dopreo do tajnih odaja. One veruju samo mladosti, one veruju njemu, što znači da ne može biti star.

Taj njegov dokument rastura me na parčiće. I ja se, objektivno govoreći, slažem s tvrdnjom da moj karakter ne predstavlja ništa izuzetno. Nepažljiv sam, duhovno lenj, stalno se isključujem. Pokušavao sam da učinim da taj moj nemar dobro izgleda, kaže on. Na primer, nikada nisam proveravao kelnerovu računicu; odbijao sam da se angažujem oko poreskih olakšica; bio sam i suviše „neovozemaljski" da bih sam brinuo o svojim ulaganjima, pa sam unajmio stručnjake (čitaj: „pokvarenjake"). Realistični Voliš nije bio toliko dobar, pa se borio za svaki novčić – ako je nešto bilo važno, onda je to bio princip, kao pitanje časti za Šekspirove velike vojnike. Kada su počele da se upotrebljavaju kreditne kartice, Voliš je izračunao kamate i nadoknade do četvrte decimale, a potom isekao sve Pegine kartice i bacio ih u vodu. Svake godine se borio sa poreskim službenicima, federalnim i državnim. Niko neće ništa uzeti Ediju Vološu. Takva čvrstina povezala ga je sa bogatim krvosercima – sa prvim Rokfelerom, koji nije davao veći bakšiš od deset centi, ili sa milijarderom Getijem, u čijem zamku su gosti morali da upotrebljavaju telefone s kasicama. Voliš nije bio sitničav, bio je čvrst, strog, stisnutiji od žablje guzice. Nije to, naravno, bio bazični kapitalizam. Kao što je Voliš bio Brehtov obožavalac, tako je i ovo bila lenjinistička ili staljinistička čvrstina. A ako sam ja bio nejasan u pogledu novca, ili sam bar tako izgledao, onda je to, rekao je on, bila „polunesvesna strategija". Da li je time hteo da kaže da sam pokušavao da se predstavim kao Jevrejin koji prezire prljavi dolar? Koji želi da ga smatraju za jednog od onih koji su bolji od njega? Drugim rečima, asimilacionizam? Jedino što nikada nisam nijednog antisemitu, bez obzira na nivo, smatrao boljim od sebe.

Nisam pokušavao da budem rasejano anđeoski kada su moje finansije u pitanju. U stvari, gospođice Rouz, ja stvarno nisam imao nikakve veze s tim. Moja trapavost s novcem bila je deo istog histeričnog sindroma koji me je navodio da izvaljujem neprijatne besmislice. Istinski sam patio zbog toga, i nastavljam da patim. Ovaj današnji Voliš je zaboravio da sam mu, kada je otišao kod psihijatra kako bi se izlečio od osamnaestočasovnog spavanja, rekao da veoma dobro razumem njegov problem. Da bih ga utešio, rekao sam mu: „Kada mi je dan dobar, mogu da budem oštrouman nekih pola sata, a onda počinjem da trnem i svako može da me potuče." Govorio sam o snenom stanju ili stanju nejasnog nemira u kojem, uz izolovane trenutke jasnoće, većina nas egzistira. I nikada mi nije palo na pamet da zauzmem neku strategiju. Već sam vam rekao da sam u jednom trenutku smatrao praktičnim i nužnim da imam neko lažno sopstvo, ali da sam ubrzo od toga odustao. Međutim, Voliš pretpostavlja da je svaki moderan čovek svoj ličan avangardni izum. Biti avangardan znači spletkariti sa sobom, imati neki ličan projekt koji zahteva glumačku rutinu – ukratko, igrati određenu ulogu. Ali kakva je to uloga u kojoj se veruje bliskom rođaku za koga se ispostavlja da je prevarant, ili se dopušta mojoj pokojnoj ženi da me ubedi da predam svoje zakonske probleme u ruke njenog najmlađeg brata? Upravo me je šurak sredio. Dok su drugi bili samo bez principa i pokvareni, on je uz to još bio šašav. Strpljenja, stići ću do toga.

Voliš piše: „Mislio sam da je došlo vreme da doznaš kakav si doista bio", i onda mi udari takvu analizu kakvu je malo ljudi izdržalo. Ja sam svakoga vređao i opanjkavao, nisam mogao da podnesem da ljudi izraze svoje mišljenje (to ga je posebno iritiralo, jer pominje istu stvar nekoliko puta), već sam im stavljao reči u usta, završavao sam njihove rečenice, primoravao ih da zaborave šta su hteli da kažu (a, u stvari, sam ih snabdevao opštim mestima za kojima su tragali). Bio sam, kaže on, „pokretno skladište srednjoklasnih rezervnih delova", što znači da sam bio snabdeven irelevantnim i stvarno suludim informacijama koje navode omrznutu društvenu mašinu da otkucava prema jami bez dna. I tako dalje. A što se moje božanske posvećenosti muzici tiče, ona je predstavljala običnu masku. Pravi Šomat je bio lukavi reklamator čiji je *Uvod u razumevanje muzike* prihvatilo sto koledža („što se ne događa samo od sebe"), pa je tako zaradio milion dolara od autorskih prava. Poredi me s Kisindžerom, Jevrejinom koji je sebi stvorio jak položaj u establišmentu, iako nema političku bazu ili podršku, već uspeva zahvaljujući svom reklamnom geniju i deluje kao slavna ličnost... Voliš ne može da razume snagu karaktera, čak prirodnu, biološku snagu koja je neophodna za takav uspeh; ne može da shvati (s dlakavim uhom zagnjurenim u jastuk, dok njegovo malo, trostruko presavijeno telo, nalik kakvim malim požarnim stepenicama, prebiva ispod naslaga ružičastog prekrivača) koliko jedan obrazovan čovek treba da se trudi da bi zauzeo snažan položaj među polupismenim političarima. Ne, poređenje je nategnuto. Pričanje na televiziji o muzici iz osamnaestog veka nema mnogo sličnosti sa vođenjem američke spoljne politike i borbom sa pijandurama i lažovima u Kongresu i nekom izvršnom telu.

Iskreni Jevrejin? To bi bio Ginzberg Ispovednik. Ne prikrivajući nijednu činjenicu, Ginzberg privlači one koji mrze Jevreje svojim preuveličavanjem svega onoga što pripisuju Jevrejima u svojim patološkim fantazijama. On ih, bar ja tako mislim, zavarava ludom prostodušnošću, svojim stvarnim snovima o tome kako će pronaći nečiji čmar u svom sendviču ili onim pesmama u kojima ga nabija samom sebi. Ta najniža materijalistička erotika je najprivlačnija za Amerikance, dokaz iskrenosti i autentičnosti. Upravo na tom nivou oni vam kažu da su „iskreni" prema vama, iako se iščašenosti i skarednosti koje iz toga proističu moraju, naravno, pripisati nekom drugom, nekom „morfoditnom" homiću ili egzotičnom narkomanskom pederu. Kada vam kažu da su „iskreni", odmah brišite odatle, to je moj savet.

Međutim, ja u Ginzbergu vidim nešto drugo. Istina, on igra tradicionalnu jevrejsku ulogu sa tim komičnim samoponižavanjem, kao što se igrala u starom Rimu, a verovatno i ranije. Ali postoji još nešto, podjednako tradicionalno. Ispod te sveotkrivajuće iskrenosti (ili silovitog samokažnjavanja) nalazi se čistota srca. Kao američki Jevrejin, on takođe mora da afirmiše i opravdava demokratiju. Sjedinjene Američke

Države su predodređene da postanu jedno od velikih dostignuća čovečanstva, nacija sastavljena od mnogo nacija (ne isključujući pedersku naciju: kako bi neko mogao da bude izostavljen?). Same SAD su najveća od svih pesama, kao što je Vitmen prorekao. A jedini autentični živi predstavnik američkog transcendentalizma je taj sisati, ćelavi, bradati homoseksualac sa musavim naočarima, nevin u svojoj nečistoći. Čist od pokvarenosti, gospođice Rouz. Taj čovek je jevrejski mikrokozam obe Mida-zemlje čiji pokopani leševi rađaju zlatne plodove. To nije Jevrejin koji odlazi u Izrael da bi se borio sa verskim zakonima oko odbrane homoseksualstva. On je veran pederski budista u Americi, zemlji njegovog rođenja. Petrohemijski kapitalistički neprijatelj (neprijatelj kome je potrebno seksualno i versko iskupljenje) nalazi se ovde, kod kuće. Ko ne bi voleo takvog komedijaša! Osim toga, Ginzberg i ja smo rođeni pod istim znakom, obojica smo imali lude majke i podložni smo izricanju nadahnutih iskaza. Ja, međutim, odbijam da precenjujem erotski život. Ne verujem da put istine mora da prođe kroz sve zone masturbacije i pederluka. On je dosledan; on ide do kraja, što se za mene ne može reći, i to mu služi na čast. Od nas dvojice, on je veći Amerikanac. *On* je član Američke akademije za umetnost i književnost – mene nikada nisu predložili kao kandidata – i premda je rekao da su neki od naših skorašnjih predsednika obični narkomani, niko nije zatražio da on vrati svoje nacionalne nagrade i medalje. Što ih više napada (da li je LBDŽ uzimao LSD?), sve više medalja dobija. Stoga moram da priznam da je on bliži glavnoj američkoj liniji od mene. Ja čak i ne izgledam kao Amerikanac. (Ni Ginzberg, što se toga tiče.) Rodio sam se u Hamondu, u državi Indijani (neposredno pred prohibiciju moj stari je tamo imao kafanu), ali sam isto tako mogao da budem rođen u Kijevu. Sasvim je sigurno da nisam građen kao pravi Hužer[1] – visok sam ali pogrbljen, guzovi su mi uzdignutiji nego drugim ljudima, uvek sam imao utisak da su mi noge neproporcionalno dugačke: samo bi neki inženjer mogao da proračuna moju dinamiku. Ne računajući crnce i gorštake, Hamond uglavnom nastanjuju stranci; ima mnogo Ukrajinaca i Finaca. Oni, međutim, izgledaju potpuno američki, dok ja prepoznajem svoje crte u ruskoj crkvenoj umetnosti – kompaktna lica, male okrugle oči, izvijene obrve i ćelave glave na ikonama. A u izuzetnim situacijama, u kojima se traže glavne američke odlike – kao promišljenost i diskrecija, uvek gubim kontrolu i postajem, kako Arapi kažu, talac svoga jezika.

Ovo prethodno bilo je zabavno – čime hoću da kažem da sam izbegavao rigorozno ispitivanje, gospođice Rouz. Moramo više da se približimo predmetu. Moram da vam se izvinim, ali ovde postoji jedna misterija (možda karme, kao što sugeriše stara gospođa Grejsvel) koja zahteva da se istraži. Zašto neko *govori* onakve stvari kakve sam ja vama rekao? Pa, to je kao kad čovek treba da izađe napolje nekog lepog dana, dana koji je toliko lep da ga nepojmljivo primorava da nešto *učini,* da obavi odgovarajući zadatak – jer će se inače osećati kao invalid u stolici na točkovima pored morske obale, kao bolesnik kome bolničarka kaže: „Sedite tu i posmatrajte talase."

Moja pokojna supruga bila je nežna, krhka

---

[1] Hužer *(engl. Hoosier)* – naziv za osobu koja je rođena ili živi u Indijani. – *Prim. prev.*

žena, malog rasta, sazdana prema uskom srednjovekovnom principu. Umela je nekako da sklopi dlanove ispod brade kad bih je uznemirio, kao da se moli za mene, a njena ružičasta boja potamnela bi do crvene. Izuzetno je patila zbog mojih napada i prihvatila je dužnost da sve to nadoknađuje, da štiti moj ugled i ubeđuje ljude da nisam mislio ništa loše. Bila je smeđa a ten joj je bio svež. Otvoreno je pitanje, međutim, da li joj je boja poticala od zdravlja ili od uzbuđenja. Oči su joj bile malo isturene, ali ni u kojem slučaju izobličene; što se mene tiče, to je bila jedna od njenih lepih stvari. Po rođenju je bila Austrijanka (Grac, ne Beč), izbeglica. Nikada me nisu privlačile žene moje visine – dve visoke osobe zajedno prave nerazumnu zbrku. A i više sam voleo da tragam za onim što želim. Kao učenik, na primer, nisam pokazivao seksualnu zainteresovanost prema učiteljicama. Zaljubio sam se u najnižu devojčicu u razredu, i taj najraniji ukus potvrdio ženidbom sa devojkom kakve su slikali Van der Vejde ili Luka Kranah. Rumena boja nije bila ograničena na njeno lice. Postojalo je nešto u njenom tenu za šta se ne bi moglo reći da je savremeno, kao što je i njen koncept gracioznosti pripadao nekom ranijem dobu. Sve je oko nje podsećalo na uranjanje: telo joj je tonulo dok je hodala, šake bi joj klonule dok je kuvala, utapala se u jelo, pažljivo je priklanjala glavu kada biste joj nešto ozbiljno govorili i malo otvarala usta kako bi vas navela da budete što razumljiviji. Kada su u pitanju bili principi, ma koliko iracionalni, bila je nepokolebivo uporna. Smrt je uklonila Gerdu iz opticaja, umotana je u pokrov i zauvek pohranjena. Nema više pravog, rumenog tela i ružičastih grudi, ni plavih isturenih očiju.

    Ono što sam vama rekao u prolazu, ispred

biblioteke, nju bi zgrozilo. Zamerala mi je što uznemiravam ljude. Navešću vam jedan primer. To se dogodilo mnogo godina kasnije, na drugom univerzitetu (pravom), one večeri kada je Gerda priredila večeru za veliku grupu profesora – naš skandinavski sto od trešnjevog drveta bio je potpuno raširen. Nisam čak ni poznavao sve goste. Posle glavnog jela, pomenuli su izvesnog profesora Šultajsa. Šultajs je bio jedan od onih hvalisavih, široko obrazovanih tipova koji je već svima dosadio. Bez obzira na to da li se govorilo o kineskoj kuhinji ili o fizici elementarnih čestica, ili, pak, o vezi bantu jezika sa svahilijem (ako je uopšte ima), ili zašto je lord Nelson toliko voleo Viljema Bekforda ili o budućnosti nauke o kompjuterima, ne biste mogli da ga prekinete čak ni za toliko da biste mu se požalili da ne možete da dođete do reči. On je bio krupan, bradat čovek sa velikim, odbrambenim stomakom i prstima koji su se savijali nagore pri vrhu, i da sam bio karikaturista nacrtao bih ga kako jodluje, s crnom bradurinom i uvrnutim jagodicama. Jedan od gostiju mi je rekao da se Šultajs strašno brine da niko neće biti dovoljno učen da bi mu napisao posmrtno slovo kada umre. „Ne znam da li sam dovoljno kvalifikovan", rekoh ja, „ali rado ću to učiniti ako će ga to utešiti." Gospođu Šultajs, koju je od mene krilo Gerdino stono cveće, upravo su tada služili dezertom. Nije važno da li me je stvarno čula, jer je petoro-šestoro gostiju odmah ponovilo moje reči, i ja ugledah kako pomera cveće da bi me pogledala.

Tokom noći pokušao sam da ubedim Gerdu da nisam učinio ništa zlo. Anu Šultajs nije bilo lako raniti. Ona i njen suprug nisu se uopšte slagali – zašto bi inače došla bez njega? Osim toga, teško se moglo naslutiti šta ona misli i oseća; neke od njenih čestica (referenca u vezi sa Šultajsovim poznavanjem fizike elementarnih čestica) sigurno se nisu nalazile na svom mestu. Takvi komentari samo su još više pogoršavali stvari. Gerda mi nije to rekla, već je ukrućeno ležala na svojoj strani kreveta. Ona je bila savršeni umetnik u domenu nemirnih uzdisaja tokom noći, i kada bi ona duboko uzdahnula – tada nije bilo sna. Prepustio sam se istoj ukrućenosti i nastavio da patim s njom. Preljuba, koja me je retko kušala, ne bi izazvala veći osećaj krivice. Dok sam ispijao jutarnju kafu, Gerda je telefonirala Ani Šultajs i dogovorila se da zajedno ručaju. Iste te sedmice zajedno su otišle na simfonijski koncert. Za manje od mesec dana mi smo Šultajsovima čuvali decu u njihovoj prljavoj univerzitetskoj kućici, koju su oni pretvorili u đubrište iz kamenog doba. Gerda se osećala bolje kada je postignut taj stupanj pomirenja. Ja sam, međutim, smatrao da čovek koji dopušta sebi takve šale treba da bude dovoljno bezobrazan i da produži, a ne da se potčini savesti čim reči izađu iz njega. Trebalo bi da se ponaša kneževski kao Kipenberg. Bilo kako bilo, ko je bio pravi Šomat: čovek koji je izvaljivao uvredljive šale ili onaj drugi, koji se oženio ženom koja nije mogla da podnese da bilo koga povrede njegove uvrede?

Upitaćete: Sa ženom koja je bila voljna da se bori na smrt da bi vas sačuvala od osvetoljubivosti uvređenih osoba, niste li bili perverzno podstaknuti da stvarate nove nevolje, da počinjete iz početka? Odgovor je ne, a razlog nije samo u tome što sam voleo Gerdu (moja ljubav je užasno potvrđena njenom smrću), već i u tome što, kada sam govorio te stvari, govorio sam ih umetnosti radi, tj. bez perverznosti ili zlobe, i nije se moglo reći da zloba deluje kao alkohol i da me je pokvarenost opila. To ću uvek odbiti. Da, neka provokacija mora da postoji. Ali ono što se događa kada sam isprovociran događa se zbog toga što mi se zemlja izmiče ispod nogu, a onda sa suprotnih strana neba istovremeno dobijam udarac po oba uha. Zaglušen sam i moram da otvorim usta. Gerda je u svojoj prostodušnosti nastojala da neutralizuje loše efekte reči koje su pri tom izlazile, i smišljala planove da ponovo zadobije prijateljstvo svih vrsta neverovatnih osoba kojima su nedostajale suštinske čestice, i koje nisu imale nikakvu sposobnost za stvaranje prijateljstva, koje nisu bile zainteresovane za to. Takvim ljudima ona je slala azaleje, begonije i drugo cveće, a supruge je vodila na ručak. Vraćala se kući i pričala mi, i to najiskrenije, koliko je fascinantnih činjenica doznala o njima, kako njihovi muževi nisu dovoljno plaćeni, kako imaju stare i bolesne roditelje, kako im je neko lud u porodici, ili kako imaju petnaestogodišnju decu koja pljačkaju tuđe kuće ili se drogiraju heroinom.

Nikada nisam rekao ništa zlobno Gerdi, već samo ljudima koji su provocirali. Jedino u vašem slučaju, koliko mogu da se setim, nije bilo nikakve provokacije, gospođice Rouz – otuda ovo pismo sa izvinjenjem, prvo koje sam ikada napisao. Vi ste uzrok mog samoispitivanja. Ali tome nameravam kasnije da se vratim. Sada mislim na Gerdu. Zbog nje sam pokušao da primenjujem samoobuzdavanje, a na kraju sam počeo da doznajem koliko vredi držati zatvorena usta, i kako čovek može da stekne snagu ako blokira nadahnute reči i ostavi da se pokvarenost (ako je u pitanju doista pokvarenost) ponovo apsorbuje u sistem. Kao „ispravan govor" budista, rekao bih. „Ispravan govor" je zdrava fiziologija. A da li je imalo više smisla da se izgovaraju slučajne reči u vreme kada su reči potonule u prostaštvo i dekadenciju? Kada bi se pojavio neki Larošfuko, ljudi bi ga ostavili usred rečenice i počeli da zevaju. Kome su danas potrebne maksime?

Šultajsovi su bili kolege, i Gerda je mogla da radi na njima, mogla je da im se približi, ali bilo je slučajeva kada nije mogla da me zaštiti. Nalazili smo se, na primer, na jednoj formalnoj univerzitetskoj večeri, a ja sam sedeo pored neke stare žene koja je dala milione dolara operama i orkestrima. Ja sam bio kao neka zvezda te večeri i nosio sam frak i belu mašnu, jer sam dirigovao izvođenjem Pergolezijeve *Stabat Mater,* bez sumnje jednog od najdirljivijih dela osamnaestog veka. Pomislili biste da bi me takva muzika oplemenila, ako ništa drugo a ono bar dok ne legnem u krevet. Ali ne, ubrzo sam počeo da žudim za kakvom nevoljom. Inače, nisam se slučajno našao s desne strane gospođe Pergamon. Ona je trebalo da da izuzetno veliki doprinos. Naime, neko je usnio *schola cantorum,* i trebalo je da ja to (taktično) poguram. Pravi razgovor dolazio je kasnije. Iskreno rečeno, nisu mi se dopadali tipovi koji su stajali iza tog plana. Bila je to gadna ekipa, i ta velika stipendija bi im dala znatno više moći nego što bi to bilo dobro. Stari Pergamon je svojoj ženi ostavio ogromno bogatstvo. Toliki novac je gotovo predstavljao sveti atribut. Ja sam takođe dirigovao svetu muziku, pa se tako sveto našlo naspram svetog. Gospođa Pergamon je sa mnom govorila o novcu, nije ni pomenula *Stabat Mater* ili moju interpretaciju. Tačno je da u SAD odnos razgovora o novcu prema ostalim temama iznosi negde oko hiljadu prema jedan, ali ovo je bila prilika kada muzika nije smela da se izostavi. Starica mi je objasnila da veliki filantropi imaju neku vrstu dogovora, i kako su područja podeljena između Karnegija, Rokfelera, Melona i Forda. U inostranstvu su postojala razna Rotšildova ulaganja i Folksvagenova fondacija. Pergamoni su uglavnom pokrivali muziku. Pomenula je sume potrošene na elektronske kompozitore, kompjutersku muziku, koju prezirem, a u meni je sve vreme toliko ključalo da sam je odmerio pogledom savršene učtivosti iz Kijeva. Video sam njenu limuzinu na ulici; čuvali su je univerzitetski čuvari, kao dopuna gradskoj policiji. Dijamanti na njenim grudima su ležali kao Fingerska jezera među svojim brdima. Moram da kažem da razgovor o novcu ima neobično dejstvo na mene. Doseže do veoma dubokih mesta. Moj pokojni brat, koji je ceo svoj život posvetio novcu, bio je majčin ljubimac. On je i dalje njen ljubimac, a ona je zašla u devedesete. Onda sam začuo kako gospođa Pergamon kaže da planira da napiše svoje memoare. Tada je upitah – a pitanje spada u ono što Niče naziva *Fatum* – „Hoćete li se koristiti pisaćom ili računskom mašinom?"

Da li je trebalo *to* da kažem? Da li sam to doista *rekao?* Prekasno je pitati, bura se obrušila. Ona me je pogledala, sasvim mirna. U stvari, ona je bila velika dama a ja čovek iz ludnice. S obzirom na to da na njenom rasplinutom starom licu nije bilo nikakve vidljive reakcije, i da je plavetnilo njenih očiju bilo prekrasno izbistreno i uvećano njenim naočarima, gotovo sam poverovao da me nije čula ili da me možda nije razumela. Ali to me nije opralo. Promenio sam temu. Shvatio sam da je ona, uprkos maltene ekskluzivnom interesovanju za muziku, povremeno pomagala naučno istraživanje. Novine su izvestile da je osnovala fond za istraživanje epilepsije. Istog časa sam pokušao da je navedem na epileptični napad. Pomenuo sam Frojdov esej u kojem je razrađena teorija da epileptični napad predstavlja dramatizaciju očeve smrti. Zbog toga je dolazilo do ukrućivanja. Ali kada sam uvideo da me borba da se izvučem iz nevolje samo još više ranjava, primirio sam se i ledeno zaćutao. Celim srcem sam se usredsredio na *Fatum*. *Fatum* označava da u svakom ljudskom biću postoji nešto što nije podložno promeni. To nešto ne može se *ničemu* podučiti. Možda je zasnovano na volji za moć, a volja za moć je upravo samo biće. Dirnut, ili što bi mladi rekli: ustondiran od *Stabat Mater* (te uzvišene majke koja ne bi istupila za *mene*), bio sam naveden da progovorim iz dubine svoga *Fatuma*. Ubeđen sam da sam sasvim pogrešno razumeo gospođu Pergamon. To što je meni govorila o novcu bila je ljubaznost, čak velikodušnost s njene strane – čovek koji je znao Pergolezija mogao je da se smatra bogatim i da s njim razgovara kao sa sebi ravnim. A uprkos mojim nastojanjima, dala je novac za *scholu cantorum*. Nećete kazniti instituciju samo zato što neki ludak mahnita za vreme večere. Ona je bila toliko stara, da je sigurno videla sve moguće vrste manijaka. Možda sam više isprepadao sebe nego nju.

Ona je bila milostiva, gospođice Rouz, a ja sam pokušavao da je pređem, da je zaobiđem na opasnoj krivini. Nadmetanje za moć? Šta to znači? Zašto mi je bila potrebna moć? Možda mi je bila potrebna zbog toga što sa položaja moćnika možete da kažete šta god hoćete. Moćni ljudi vređaju nekažnjeno. Uzmite, na primer, ono što je Čerčil rekao o jednom članu britanskog parlamenta koji se zvao Drajberg: „On je čovek zbog koga je pederastija došla na loš glas." A Drajberg je, umesto da besni, bio polaskan, i kada je neki drugi član parlamenta tvrdio da se ta primedba odnosi na njega i da je Čerčil pomenuo njegovo ime, Drajberg mu je rekao: „Na *tebe*? Zašto bi Vinston uopšte zapazio jednog beznačajnog pederčića kao što si *ti*!" Ta prepirka je zabavljala London tokom nekoliko sedmica. Ali, Čerčil je bio Čerčil, potomak Malboroa, njegov veliki biograf, a takođe i spasilac svoje zemlje. Uvreda koju bi vam on naneo garantovala vam je mesto u istoriji. Čerčil je, međutim, bio ostatak iz civilizovanijeg doba. Staljin predstavlja manje civilizovan slučaj. Kada je Staljin primio delegaciju poljskih komunista u Kremlju, rekao je: „Šta se desilo sa onom finom, inteligentnom ženom, drugaricom Z.?" Poljaci su se zagledali u stopala. Naime, pošto je sâm Staljin naredio da se drugarica Z. ubije, nisu imali šta da kažu.

To je prezir, a ne duhovitost. Čist orijentalni despotizam, gospođice Rouz. Čerčil je bio čovek, Staljin samo kolos. A što se nas tiče, ovde u Americi, mi smo narodska, hibridna civilizacija. Imamo svoje vrline, ali ne znamo za stil. Upravo zbog toga što u američkom društvu nema mesta za stil (u smislu volterovskog ili gibonovskog stila, stila u maniru Sen-Simona ili Hajnea), čovek kao ja može da govori stvari koje govori, i da pri tom ne vređa nikoga osim sebe. Ako se ljudi uvrede, onda je to zbog „neprijateljske namere" koju osete, a ne zbog oštrine reči. Mene klasifikuju kao psihološki kuriozitet, izopačenu ličnost. Nikada im ne pada na pamet da me sagledaju u celini ili iz biografske perspektive. Biografija, u pravom smislu reči, udaljila se od nas. Mi svi lepršamo kao novoizlegli pilići između stopala velikih idola, spomenika moći.

I šta su onda reči? Advokat, prvi, onaj koji me je zastupao u sporu protiv mog brata (drugi je bio Gerdin brat) – advokat broj jedan, koji se zvao Klosen, rekao mi je kada je trebalo sastaviti neko važno pismo: „Učinite *vi* to, Šomate. Vi ste čovek s rečima."

„A vi ste kurva s deset pičaka!"

Ali to nisam rekao. On je bio odviše moćan. Bio mi je potreban. Plašio sam se. Ali morao sam da ga uvredim, to je bilo neizbežno, i uskoro se desilo. Ne umem da vam kažem *zašto*. To mi je tajna. Kada sam pokušao da razgovaram sa gospođom Pergamon o Frojdovom eseju o epilepsiji, želeo sam da nagovestim da sam i sâm podložan neobičnim napadima koji liče na padavicu. Ali nisu bili u pitanju samo patologija mozga, povrede, hemija „grand mala". Bila je to neka vrsta perverzno srećne *gaieté de coeur*. Elementi osvetoljubivosti ili bogohuljenje? Pa, možda. A šta je s demonskom inspiracijom, opsednutošću đavolom, bogom Dionisijem? Posle neprijatnog ručka sa advokatom Klosenom u njegovom užasnom klubu, gde me je uterao u trpezariju krcatu grubijanima kao na nekom Domijeovem crtežu (već sam bio pobijen deset ili dvanaest puta, sve moje sugestije su odbačene, isplatio sam mu kaparu od 25.000 dolara, ali Klosen se nije potrudio da ovlada osnovnim činjenicama u sporu) – posle tog ručka, kažem, dok smo išli kroz hol kluba, u kojem su savezne sudije, gradski političari, saobraćajni preduzimači i predsednici upravnih odbora opštili tihim glasovima, začuo sam neku veliku buku. Radnici su srušili jedan ceo zid. Obratio sam se službenici na recepciji: „Šta se to događa?" Ona odgovori: „Uvode se nove žice u ceo klub. Svakodnevno nam je nestajala struja zbog starog električnog sistema." A ja rekoh: „Kad već to rade, možda bi mogli nekako da sprže one ljude u trpezariji."

Sledećeg dana Klosen me je obavestio da zbog nekog razloga više ne može da me zastupa. Bio sam neprikladan klijent.

Intelekt čoveka koji oglašava svoju nezavisnost od svetovne moći – u redu. Ali ja sam otišao kod Klosena zbog zaštite. Izabrao sam njega zato što je bio velik i arogantan, isti kao ljudi koje je unajmila udovica moga brata. Moj pokojni brat me je prevario. Da li sam želeo da povratim svoj novac ili ne? Jesam li se borio ili zamlaćivao? S obzirom na to da je u sudovima bila potrebna drskost, neophodna je bila i velika arogantnost, ništa drugo. A kad je Klosen u pitanju, kao i gospođa Pergamon, Gerda nije mogla ništa da učini – nije mogla da im pošalje cveće ili da ih pozove na ručak. Osim toga, već je bila bolesna. Dok je umirala, brinula se za moju budućnost. Prekorevala me je. „Zar si morao da ga bockaš? On je ponosan čovek."

„Predao sam se svojoj slabosti. Šta je to sa mnom? Zar sam i suviše dobar da bih bio hipokrit?"

„Hipokrizija je velika reč... Pričajte usta da niste pusta."

I tada sam ponovo rekao nešto što nije trebalo da kažem, pogotovo kada se ima u vidu stanje njenog zdravlja: „Mali je korak od usta koja su pusta do usta koja ližu tuđu bulju."

„O, jadni moj Heršlu, nikad se nećeš promeniti!"

Ona je tada umirala od leukemije, gospođice Rouz, i morao sam da joj obećam da ću svoj spor prepustiti njenom bratu Hanslu. Verovala je da će, zbog nje, Hansl biti lojalan prema meni. Nema šta, njegova osećanja prema njoj bila su iskrena. Voleo je svoju sestru. Ali kao advokat bio je prava propast, ne zbog toga što nije bio lojalan, već zbog toga što je u suštini bio bedan konspirator. On je, uz to, bio načisto lud.

Advokati, advokati. Zašto su mi bili potrebni svi ti advokati? upitaćete. Zato što sam duboko voleo svog brata. Zato što smo zajedno bili u biznisu, a biznis ne može da se obavlja bez advokata. Oni su izgradili za sebe položaj u samom srcu novca – snagu u srži onoga što je najjače. Neki od najveselijih delova Vološovog pisma se odnose na moje užasno parničenje. On kaže: „Oduvek sam znao da si budala." On sâm je dao sve od sebe da nikada ne bude takav. Nema tog čoveka koji može uvek da bude apsolutno siguran da je njegova razboritost savršena. Ali uzimanje advokata je jasan dokaz da ste šašavi. Tu se slažem da je Voliš u pravu.

Moj brat, Filip, svojevremeno mi je predložio jedan posao, a to je takođe bila moja greška. Naime, pogrešio sam što sam mu rekao koliko sam zaradio od svoje knjige o muzici. On se bukvalno iznenadio. Rekao je svojoj ženi: „Trejsi, pogodi ko je pun para!" A onda je upitao: „Šta radiš s njima? Kako se štitiš od poreza i inflacije?"

Cenio sam svog brata, ne zbog toga što je bio „kreativan biznismen", kako se govorilo u porodici – to mi nije ništa značilo – već zbog toga... U stvari, ne postoji nikakvo „zbog toga", postoji samo *dato*, doživotno osećanje, tajna. Uzbudila me je njegova zainteresovanost za moje finansije. Prvi put mi se ozbiljno obraćao, i to mi je zavrtelo mozak. Rekao sam mu: „Nisam nikada ni pokušao da zaradim pare, a sada sam do kolena zaglibljen u njima." Ta izjava je bila pomalo neiskrena. Bila je, ako tako više volite, neistinita. Obraćanje takvim tonom je takođe predstavljalo grešku, jer je podrazumevalo da se novac ne zarađuje tako teško. Brat Filip se ubijao od napora da ga stekne, dok je brat Hari zaradio čitave gomile sasvim slučajno, uz muziku. To je, uviđam sada, bila provokativna greška. On je to smrknuto zabeležio negde u sebi. Čak sam video kako pravi tu belešku.

Kao dečak, Filip je bio jako debeo. Tada smo morali da spavamo zajedno i imao sam osećaj da delim krevet s morskom kravom. Ali on je otada dosta očvrsnuo. Gledano iz profila, lice mu je bilo veliko, s kesicama ispod očiju, oštro ozbiljno lice na krupnom telu. Moj pokojni brat bio je domišljat čovek. Imao je sheme koje su pokrivale široka prostranstva. U odnosu prema meni uživao je u najvećoj mogućoj prednosti, bio je ravnodušan. Moja slabost je bila moja privrženost njemu, što je dostojno prezira kod odraslog muškarca. Pomalo je ličio na Spensera Trejsija, ali je bio pohlepniji i oštriji. Imao je teksaški ten, kosa mu je bila „frizirana" a ne podšišana, i nosio je meksičke prstenove na svakom prstu.

Gerda i ja smo pozvani da posetimo njegovo imanje u blizini Hjustona. Tu je on živeo u punom sjaju, i kada mi je pokazivao svoj posed rekao je: „Svakog jutra kada otvorim oči, kažem: ,Filipe, živiš usred parka. Poseduješ ceo park.'"

„Sigurno je velik kao Daglasov park u Čikagu", rekoh.

Prekinuo me je. Nije želeo da sluša o starom zapadnom delu grada, o našem sumornom poreklu. O Ruzvelt Roudu s gomilom kokošinjaca na pločnicima, o talmudisti koji je strugao ren na ulazu u prodavnicu ribe, svakodnevnoj drami Šomatove kuhinje na Bulevaru nezavisnosti. Gnušao se tih mojih uspomena, jer se u potpunosti amerikanizovao. S druge strane, nije ništa više pripadao tom teksaškom imanju od mene. Možda mu niko i nije pripadao. U tom privatnom parku pre njega su boravili mnogi neuspešni vlasnici, posednici naftnih polja i trgovci nekretninama, koji su doprineli da se taj spomenik sagradi. Imali ste osećaj da su oni svi sigurno pomrli u jeftinim hotelima ili državnim sanatorijumima, proklinjući grandioznu fatamorganu koju je Filip sada posedovao, ili se bar činilo da je poseduje. U stvari, on nije voleo to imanje, i ono mu je samo smetalo. Kupio ga je iz raznih simboličnih razloga i pod pritiskom svoje žene. Rekao mi je u poverenju da ima jednu bezbednu investiciju za mene. Kod njega su dolazili ljudi sa stotinama hiljada dolara i tražili da uđu u taj posao, ali on ih je sve odbio zbog mene. Napokon se našao u položaju da učini nešto za mene. A onda je izneo svoje uslove. Prvi uslov je bio da ga nikada ništa ne pitam, tako je on poslovao, ali da mogu da budem siguran da će me bratski štititi i da nemam čega da se bojim. U mirišljavim vrtovima plantaže uleteo je na jedan čas (ne više) u jidiš. Nikada ne bih dozvolio da spustim svoju zdravu glavu u bolesničku postelju. Onda je izleteo iz jidiša. Rekao je da će njegova žena, koja je bila najbolja žena na svetu i duša od poštenja, poštovati njegove obaveze i izvršavati njegove želje sa fanatičnom odanošću ako mu se bilo šta desi. Njena fanatična odanost prema njemu bila je najbitnija. Ne razumem Trejsi, rekao je. Teško se mogla spoznati ali je bila verna žena, i stoga on nije želeo nikakve klauzule u našem sporazumu o partnerstvu koje bi nju formalno sputavale. Ona bi se uvredila zbog toga, a i on bi. Vi ne biste poverovali, gospođice Rouz, kako su me svi ti klišei uzbudili. Odgovorio sam kao papučica za gas pod njegovim debelim elegantno obuvenim stopalom, s tim što sam pumpao krv, a ne benzin, u svoj smrtni motor. Pomahnitao od osećanja, pristajao sam na sve. Da, da! Plan je bio da se stvori centar za slupane automobile, najveći u Teksasu, koji bi snabdevao auto-delovima ceo jug i Latinsku Ameriku pride. Veliki nemački i italijanski izvoznici su bili poznati po hroničnoj oskudici rezervnih delova; i sâm sam to iskusio – jednom sam čekao četiri meseca na stabilizator prednjeg točka za BMW koji nije mogao da se nabavi u SAD. Ali nije me zaneo poslovni predlog, gospođice Rouz. Na mene je uticalo to što ćemo moj brat i ja prvi put u našim životima biti stvarno udruženi. S obzirom na to da naš zajednički poduhvat nikako ne bi mogao da bude Pergolezi, onda je to moralo da bude čist biznis. Nerazumno su me dirnule emocije koje su celog života čekale da se iskažu; sigurno su mi se uvukle u srce još u vrlo ranom dobu, i tada su se pojavile u punoj snazi, spremne da me srozaju.

„Kakve ti veze imaš sa slupanim automobilima?" rekla je Gerda. „I sa uljem, metalom, sa svom tom bukom?"

„A šta je vladin poreski sistem ikad učinio za muziku da bih mu davao polovinu od mojih autorskih prava?" odgovorio sam.

Moja supruga je bila obrazovana žena, gospođice Rouz, i počela je ponovo da čita neke knjige i da mi priča o njima, pogotovo uveče, pred spavanje. Obradili smo dosta Balzakovih dela. *Čiča Gorija* (šta mogu kćerke da učine ocu), *Rođaka Ponsa* (kako su jednog starijeg naivka srozali rođaci koji su žudeli za njegovom umetničkom zbirkom)... Jedan rođak-prevarant za drugim, i svi redom nemilosrdni. Prepričala mi je propast jadnog Cezara Birotoa, lakovernog trgovca mirisima. Takođe mi je pročitala one delove iz Marksa koji govore o tome kako kapitalizam poništava srodničke veze. Ali meni nije padalo na pamet da bi takve nedaće mogle da spopadnu čoveka koji je čitao o njima. Čitao sam o polnim bolestima i nikada ih nisam dobio. Osim toga, bilo je suviše kasno za upozorenja.

Prilikom poslednjeg putovanja u Teksas posetio sam veliki, zadimljeni otpad, a dok smo se vraćali u zamak, Filip mi je rekao da je njegova žena postala uzgajivač bulterijera. Možda ste čitali o tim stvorenjima koja su skandalizovala američke ljubitelje životinja. Oni su najstrašniji od svih pasa. Delom terijeri, delom engleski buldozi, glatke kože, širokih grudi, strahovito mišićavi, oni napadaju sve nepoznate osobe, i decu i odrasle. S obzirom na to da ne laju, nema nikakvog upozorenja. Njihova namera je uvek ista: ubiti – i kada jedanput počnu da vas žderu, ništa ih neće odvojiti. Policija, ako stigne na vreme, mora da puca u njih. U areni, ti psi se bore i umiru ćutke. Ljubitelji se klade u milione dolara tokom njihovih borbi (koje su ilegalne, ali šta mari?). Dobrotvorna društva i grupe za ostvarivanje građanskih sloboda ne znaju kako da brane te ubilačke životinje ili zakonska prava njihovih vlasnika. Jedan vašingtonski lobi nastoji da istrebi tu vrstu, a u međuvremenu entuzijasti nastavljaju da eksperimentišu i čine sve što mogu da bi stvorili najgore od svih mogućih pasa.

Filip se izuzetno ponosio svojom ženom. „Trejsi je pravo čudo, zar ne?" rekao je. „U tim životinjama se krije neverovatan novac. Ona uvek ume da nanjuši šta je u modi. Ljudi dolaze iz cele zemlje da kupe štenad."

Poveo me je unutra da mi pokaže bulterijere. Dok smo prolazili, podizali su šape na žičanu ogradu i pokazivali zube. Nisam uživao u toj poseti. I ja sam pokazivao zube, ali od nervoze. Naravno, ni Filip se nije osećao prijatno s tim životinjama. Posedovao ih je, bili su deo njegove imovine, ali nije bio gospodar. Trejsi, koja se pojavila među psima, nemo mi je klimnula glavom. Psi su tolerisali zaposlene crnce koji su im donosili meso. „Ali Trejsi", rekao je Filip, „ona je njihova kraljica."

Sigurno sam se tada plašio, jer mi ništa satirično ili jetko nije palo na pamet. Nisam čak mogao ni da saberem neke smešne utiske koje bih poneo kući za Gerdu, a njena zabava me je preokupirala tokom tih tužnih dana. Ali s obzirom na moju prirodu, koja deluje kao odbojnik, pokušao sam da povežem uzgajanje tih užasnih pasa sa raspoloženjem zemlje. Razlozi „za" i „protiv" dodaju neke neobične crte duhovnom profilu SAD. Ne tako davno, jedna žena je pisala *Boston Gloubu* da smatra da su osnivači naše zemlje omanuli kada su propustili da razmotre dobrobit pasa i mačaka u našoj demokratiji, s obzirom na to kakvi su ljudi. Osnivači su bili previše popustljivi prema ljudskoj zlobi, rekla je ona, a Zakon o pravima je trebalo da se pobrine za bezbednost tih nevinih stvorenja koja su primorana da zavise od nas. Prva veza koja čoveku pada na pamet jeste da je egalitarizam proširen na pse i mačke. Ali to nije običan egalitarizam već mešanje različitih vrsta: linija između čoveka i drugih životinja postaje sve nejasnija. Jedan pas će vam pružiti ljubav kakvu nikada nećete dobiti od ljubavnika ili roditelja. Mislim da se sećam iz tridesetih (ili sam to pročitao u memoarima Lajonela Ejbela?) koliko se skandalizovao francuski nadrealista Andre Breton kada je posetio Lava Trockog u izgnanstvu. Dok su njih dvojica razgovarali o svetskoj revoluciji, Trockijev pas je prišao da se pomazi i Trocki je rekao: „To je moj jedini pravi prijatelj." Šta? Jedan pas prijatelj tog marksističkog teoretičara i heroja Oktobarske revolucije, organizatora Crvene armije? Simbolične nadrealističke postupke, kao što je nasumično pucanje u gomilu na ulici, Breton je mogao javno da preporuči, ali biti sentimentalan prema psu kao kakav buržuj! – to ga je šokiralo. Današnji psihijatri ne bi se šokirali. Kada upitaju svoje pacijente koga najviše vole, oni u sve većem broju odgovaraju: „Mog psa." Ako se nastavi ovim tempom, pas u Beloj kući postaje stvarna mogućnost. Ne bulterijer, naravno, već lepi zlatni retriver čiji će veterinar postati državni sekretar.

Ova razmišljanja nisam izneo Gerdi. Niti sam joj rekao, s obzirom na to da bi je to uznemirilo, da se ni Filip ne oseća dobro. Odlazio je kod nekog lekara. Trejsi ga je primorala da započne program za fizičku spremnost. Ujutru je ulazio u prostoriju dograđenu do njihove spavaće sobe, i tu su ga čekale najnovije gimnastičke sprave. Odeven u preduge svilene bokserske gaće, visio je na svojim debelim rukama sa bleštavih aparata, trčao po pokretnoj traci uz hodometar, vukao i podizao tegove. Kada je vežbao na učvršćenom biciklu, žute pruge na njegovim gaćama su dopunjavale saobraćajnu fantaziju, ali on nije nikuda išao. Kakve čudne stvari je radio kao bogat čovek, u kakvom se samo lažnom položaju nalazio! Njegova tinejdžerska deca bila su pravi južnjaci. Druidska španska mahovina je vibrirala pod udarima rok-muzike. Psi gajeni zbog okrutnosti čekali su svoju priliku. Moj brat, tako je bar izgledalo, bio je samo stjuard svojoj ženi i deci.

Pa ipak, želeo je da ga gledam kako vežba i da me impresionira svojom snagom. Dok je radio sklekove, oklembešene sise su mu doticale pod pre brade, ali njegovo ozbiljno lice je cenzurisalo bilo kakav moj komičan komentar. Pozvao me je da se uverim da ispod sala leži blok iskonske snage, jako srce u njegovom torzu, velike vene u vratu, mišići preko leđa. „Ja ne mogu da uradim ništa od svega toga", rekao sam mu, i doista nisam mogao, gospođice Rouz. Moja guzica je kao ranac kojem su popustili kaiševi.

Nisam komentarisao zbog toga što sam bio partner koji je uložio 600.000 dolara u otpad od prašnjavih automobila. Dve milje iza privatnog parka nalazili su se kranovi i prese, a stotine ari je bilo ispunjeno metalnim udaranjem i prašinom. Tada sam shvatio da pravu moć iza tog poduhvata predstavlja Filipova žena, niska zaobljena plavuša muževne samodovoljnosti, čvrsta kao meteor i, na neki način, isto toliko izgubljena u svemiru. Ali ne, ja sam bio izgubljen u svemiru, dok je ona bila zamršeno zla.

A većina mojih bračnih ideja potiče od nežnosti i brižnosti moje Gerde!

Tokom te poslednje posete bratu Filipu, pokušao sam da ga navedem da priča o majci. Njegovo interesovanje za nju bilo je minimalno. Porodična osećanja nisu bila njegova omiljena tema. Sve što je imao bilo je za novu porodicu; za staru porodicu, ništa. Rekao je da ne može da se seti Hemonda, Indijane, Bulevara nezavisnosti. „Ti si bio jedini do koga mi je bilo stalo", rekao je. Znao je da su postojale dve pokojne sestre, ali nije mogao da se seti njihovih imena. Nije ni pokušao a daleko je odmakao ispred Andrea Bretona, koji ga nikad neće prestići. Nadrealizam nije bio teorija, već anticipacija budućnosti.

„Kako je bilo Činkino pravo ime?" rekao je.

Nasmejao sam se. „Šta, zar si zaboravio Helenino ime? Blefiraš. Reći ćeš mi da se ne sećaš ni njenog muža. Sećaš se Krema? On ti je kupio prvi par dugačkih pantalona. A Sabine? Ona ti je našla posao u berzanskoj radnji."

„Iščezli su mi iz pamćenja", rekao je. „Zašto bih čuvao te prašnjave uspomene? Ako poželim detalje, ti ćeš mi ih saopštiti. Ti imaš problem s dobrim pamćenjem – čemu to?"

Kako starim, gospođice Rouz, ne suprotstavljam se više takvim gledištima ili mišljenjima, već nastojim da ih dobro razmotrim. Istina, računao sam na Filipovo pamćenje. Želeo sam da se seti da smo braća. Nadao sam se da ću bezbedno uložiti svoj novac i da ću živeti od prihoda od slupanih automobila – leta na Korzici, London sasvim blizu na početku muzičke sezone. Pre nego što su Arapi toliko podigli cene nekretninama u Londonu, Gerda i ja smo razmišljali o kupovini stana u Kensingtonu. Ali čekali smo i čekali, a od partnerstva nije ništa stizalo. „Odlično nam ide", rekao je Filip. „Sledeće godine moći ću da vratim zajam, i onda će meni i tebi ostati da podelimo više od jednog miliona. Do tada ćeš morati da se zadovoljiš poreskim olakšicama."

Počeo sam da govorim o našoj sestri Čink, misleći da mi je jedino preostalo da pokrenem takva porodična osećanja koja mogu da prežive u atmosferi u kojoj špansku mahovinu bombarduju elektroni rok-muzike (dok u pozadini bulterijeri nemo tonu u nasilje svojih krvnih instinkta). Setio sam se da smo slušali sasvim drugačiju muziku na Bulevaru nezavisnosti. Čink je svirala „Džimi ima novčić" na klaviru, a mi ostali smo pevali refren, odnosno, urlali smo. Da li Filip pamti da je Krem, koji je vozio kamionet sa osvežavajućim pićima (Heleni, u koju je bio zacopan, nadenuo je nadimak Čink[1] iz milošte), mogao da ubaci gajbicu punu flaša tačno u otvor na vrhu piramide? Ne, gajbice na kamionetu nisu bile naslagane kao piramida, to je bio zigurat.

„Šta je zigurat?"

Asirska ili vavilonska građevina, objasnio sam, sa terasama, koja nema špicast vrh.

„Greška je što su te poslali u koledž", reče Filip, „iako ne znam šta bi drugo mogao da radiš. Niko nije prošao srednju školu... Krem je, valjda, bio dobar."

---

[1] Čink – u američkom slengu, pogrdan naziv za Kineze. – *Prim. prev.*

Da, rekao sam, Čink je navela Krema da mi plati školarinu za koledž. Krem je bio pešak u prvom ratu, da li Filip to pamti? Krem je bio zdepast ali snažan, punog lica, kože glatke kao da je Samoanac, a crnu kosu je češljao uz glavu u stilu Valentina ili Džordža Rafta. Izdržavao je sve nas, plaćao stanarinu. Naš tata je, za vreme Depresije, prodavao tepihe ženama sa farmi u severnom Mičigenu. On nije mogao da zaradi za kiriju. Celo domaćinstvo, od vrha do dna, postalo je majčina odgovornost, i ako je pre toga bila malo pomerena, onako melodramatično, u svojim pedesetim postala je sumanuta. Bilo je nečeg vojničkog u načinu na koji je preuzela vlast nad kućom. Njen štab je bio u kuhinji. Krem je morao da se hrani jer je on hranio nas, a on je mogao strahovito mnogo da pojede. Kuvala mu je pune lonce sarme i podvarka. Mogao je da popije kofu supe, da sâm smaže ceo kolač od ananasa. Majka je kupovala, gulila, sekla, kuvala, pekla, pržila, služila i prala. Krem bi jeo dok ne bi obamro, a onda je izlazio noću, u donjem delu pidžame, i hodao u snu. Odlazio je pravo do frižidera. Sećam se jedne letnje noći kada sam gledao kako zubima komada pomorandže. Smazao ih je desetak u svom somnambulizmu, a onda sam video kako se vraća u krevet, kako sledi svoj stomak do pravih vrata.

„I kockao se u klubu zvanom ,Dijamantska potkovica', na uglu Kedzijeve i Lorensove", rekao je Filip. Međutim, nije dozvoljavao da ga uvučem u bilo kakve uspomene. Počeo je, sasvim malo, da se osmehuje, ali je u suštini ostao smrknut, rezervisan.

Kako i ne bi. Već je bio započeo jednu od svojih najvećih prevara.

Promenio je temu. Upitao me je zar se ne divim načinu na koji Trejsi vodi to veliko imanje.

Bila je pravi mađioničar. Nisu joj bili potrebni unutrašnji dekorateri; sama je uredila celo mesto. Sva posteljina je iz Portugalije. Bašte su predivne. Njene ruže osvajaju nagrade. Kućni aparati ne zadaju nevolje. Ona je izvanredna kuvarica. Istina, s decom nije baš lako, ali deca su danas takva. Ona je fantastičan psiholog, i ti mali gadovi su u stvari dobro prilagođeni. Prava američka mladež. Najveće zadovoljstvo mu je pružalo to što je sve toliko američko. I bilo je – pravi sveamerički proizvod.

Za doručak, uz dovoljno uporno telefoniranje kuhinji, mogao sam da dobijem hladnu kafu i krišku spužvastog hleba. U moju sobu donela ih je crna osoba koja nije odgovarala na postavljena pitanja. Ima li neko jaje, parče tosta, kašika pekmeza? Nema ništa. Strašno mi je kad me ne nahrane. Dok sam sedeo i čekao da služavka donese hladnu kafu i hleb koji je upijao kao sunđer, pripremao sam i glačao stvari koje joj mogu reći, razmišljajući kako da uspostavim ravnotežu između satire i čovečnosti. Pokušaj da se dosegne običan ljudski nivo sa poslugom bio je čist gubitak vremena. Očigledno sam bio beznačajan gost, gospođice Rouz. Niko nije hteo da me sluša. Gotovo sam mogao da čujem kako upućuju poslugu da „popusti u svojoj uslužnosti" ili da „bude nemarna po svom nahođenju" – što bi rekla Gonerila u *Kralju Liru*. A i soba koju su mi dali nekad je pripadala jednoj od devojčica, koja ju je u međuvremenu prerasla. Tapete, ilustrovane likovima šmokljana i glupaka iz omiljenih dečjih pesmica, delovale su tada krajnje neprikladno (premda sada izgledaju sasvim podesno).

I još sam bio primoran da slušam hvalospeve moga brata o njegovoj ženi. Stalno mi je ponavljao kako je ona pametna i dobra, zatim razumna i nežna majka, pa sjajna domaćica, da je poštuju najbolji ljudi koji su vlasnici najvećih poseda. I da je oštroumni savetnik (to sam mogao da poverujem!). Pa kako je tek umela da saoseća kad bi mu to zatrebalo, pa da je energična u vođenju ljubavi, i da mu je dala ono što nikada ranije nije imao – mir. A ja, gospođice Rouz, sa potonulih 600.000 dolara, morao sam da idem uz njega, da klimam glavom kao kakva lutka. Primoran da potpišem sve njegove laži, da overim svu robu koju mi je prodao, mrmljao sam reči koje su mu bile potrebne da bi završio svoje rečenice. (Kako bi se Voliš samo veselio!) Smrt je nad oba čudna brata donosila miris suptropskog vazduha – magnoliju, kozolist, pomorandžu, šta god to bilo – i duvala nam pravo u lica. Najčudnije od svega bilo je Filipovo poslednje poveravanje (neistinito!). Šapnuo je na jidišu, tako da ga samo ja čujem, da su naše sestre kričale kao papagaji, da je prvi put u životu ovde imao mir, domaći spokoj. Nije istina. Čula se glasna rok-muzika.

Posle te omaške, preusmerio se na osvetu. Odvezli smo se u dva „jaguara" na porodičnu večeru u kineski restoran, i našli se u ogromnoj hali konstruisanoj u obliku krugova, ili bunara za obedovanje, sa stolovima osvetljenim kao timpani u simfonijskom orkestru. Tu je Filip napravio scenu. Naručio je previše predjela, i kada je sto bio zatrpan posuđem pozvao je šefa i požalio se da ga pljačkaju, da nije tražio duple porcije svih tih nudli, supa i prženih rebaraca. A kada je šef odbio da ih primi, Filip je išao od stola do stola s nudlama i rebarcima, i govorio: „Evo! Izvol'te! Ja častim!" Restorani su ga uvek uzbuđivali, ali tog puta Trejsi ga je pozvala da se smiri. Rekla je: „Dosta s tim, Filipe! Došli smo ovde da jedemo a ne da svima podižemo pritisak." Pa ipak, samo nekoliko minuta kasnije, pretvarao se da je pronašao kamenčić u salati. Imao sam već prilike to da vidim. Nosio je kamenčić u džepu samo zbog toga. Čak su i deca znala za to, i jedno od njih mi je reklo: „Uvek radi istu stvar, striče." Uplašilo me je što me zovu stricem. Učinite mi načas po volji, gospođice Rouz. Pričam najbrže što mogu. Nema žive duše s kojom bih mogao da razgovaram u Vankuveru, sa izuzetkom drevne gospođe Grejsvel, a s njom moram da jašem na ezoteričnim oblacima. Pretvarajući se da je slomio zub, Filip je prešao sa amerikanizma ženskih revija (lepa žena, divan dom, najviši standard normalnosti) na amerikanizam južnjaka – urlao je na Orijentalce, naređivao deci da pozovu njegovog advokata preko telefona koji je stajao na stolu. Filistinska idiosinkrazija bogatog američkog grubijana. Ali više ne možete da budete filistinac bez visoke uglađenosti, koja odgovara uglađenosti onoga što mrzite. Međutim, nema potrebe da govorimo o „lažnoj svesti" ili sličnim glupostima. Filip se bio predao u Trejsine ruke zbog potpune amerikanizacije. Da bi ostvario tu (zastarelu) privilegiju, platio je svojom dušom. Ali, s druge strane, on možda nikada nije poverovao da postoji nešto kao duša. Zamerao mi je upravo to što nisam prestajao da pominjem mogućnost da duše postoje. Šta sam ja, neki reformistički rabin ili nešto slično? Izuzev na pogrebnom obredu, Filip ne bi izdržao uz Pergolezija ni dva minuta. A zar nisam ja – nije važan Pergolezi – tražio neku dobru investiciju?

Kada je Filip ubrzo posle toga umro, možda ste pročitali u novinama da je bio upleten u poslove sa vlasnicima tajnih garaža na srednjem zapadu, s lopovima koji kradu skupa kola, rasturaju na parčiće i izvoze u Latinsku Ameriku i ceo treći svet. Te garaže, međutim, nisu predstavljale Filipov zločin. Zahvaljujući kreditu dobijenom na račun mog novca, naša partnerska firma je kupovala i prodavala zemlju, ali veliki deo tih poseda nije bio pravno raščišćen, bio je dat u zalog. Prevareni kupci su započeli spor. Usledila je velika nevolja. Osuđen, Filip se žalio, a onda je batalio kauciju i pobegao u Meksiko. Tamo su ga kidnapovali dok je džogirao u Čapultepek parku. Njegovi kidnaperi su bili lovci na nagrade. Kompanije za jemstveni zajam, na koje je pala sva odgovornost kada je on zbrisao, ponudile su nagradu za njegovo dovođenje. Postoje stručnjaci, gospođice Rouz, koji će oteti čoveka ako je suma dovoljno velika da se reskira. Kada je Filip ponovo doveden u Teksas, meksička vlada je zatražila ekstradiciju na osnovu toga što je nezakonito odveden, što se nije moglo poreći. Moj jadni brat je umro dok je radio sklekove u dvorištu jednog zatvora u San Antoniju. Takav je bio kraj njegovih slikovitih borbi.

 Kada smo ga ožalili, i ja preduzeo mere da nadoknadim svoje gubitke iz njegovog imetka, otkrio sam da nije ništa ostavio. Sve što je posedovao preneo je na ženu i decu.
 Mene nisu mogli da optuže za Filipove prevare, ali s obzirom na to da sam bio njegov partner tužili su me njegovi poverioci. Potražio sam gospodina Klosena, koga sam izgubio kada sam u holu njegovog kluba predložio da se pogube strujom ljudi iz tamošnje trpezarije. Šala je bila surova, priznajem, premda ništa surovija od onoga što ljudi često misle, ali i nihilizam ima svoja „ne-ne!" i profesionalci ne mogu da dozvole da njihovi klijenti izvaljuju takve viceve. Klosen je određivao granicu. I tako sam se posle Gerdine smrti našao u rukama njenog energičnog ali neuravnoteženog brata, Hansla. On je odlučio, na

osnovu dovoljno razloga, da sam nekompetentan, a pošto veruje u brzu akciju, preduzeo je dramatične mere i ubrzo me doveo u sadašnji položaj. Kakav položaj! Dva brata u bekstvu, jedan na jug, drugi na sever i suočen sa ekstradicijom. Nijedna kompanija za jemstveni zajam neće poslati lovce na nagrade za mnom. Ne vredim im toliko. A iako je Hansl obećao da ću biti bezbedan u Kanadi, nije se potrudio da proveri zakon. Jedan od njegovih mladih advokata učinio je to umesto njega, a s obzirom na to da je to bila jedna bistra, seksi devojka, on nije smatrao da je neophodno da se njeni zaključci proveravaju.

Kad me upućeni simpatizeri pitaju ko me zastupa, iznenade se kad im kažem. „Hansl Genauer?" kažu oni. „To je pametan momak. Sigurno ćeš dobro proći."

Hansl se oblači veoma istančano, u hongkonška odela i košulje. Vitak i tanan, drži se kao koncertni violinista i ima stil koji je, kao stil, potpuno uverljiv. Zbog svoje sestre („Imala je divan život s tobom, govorila je do kraja"), on je bio ili je nameravao da bude, moj zaštitnik. Ja sam bio jadni starkelja, ucveljen, nekompetentan, slučajno uspešan, luckasto poverljiv, potpuno prevaren. „Tvoj brat te je dobro zajebao. On i njegova žena."

„Ona je bila saučesnik?"

„Daj, razmisli malo. Je li odgovorila na neko od tvojih pisama?"

„Nije."

Ni na jedno, gospođice Rouz.

„Ispričaću ti kako ja rekonstruišem celu tu priču, Hari", rekao je Hansl. „Filip je želeo da impresionira svoju ženu. Bojao se nje, plašio se. Iz straha, želeo je da je načini bogatom. Rekla mu je da je ona cela porodica koja je njemu potrebna. Da bi joj dokazao da joj veruje, morao je da žrtvuje staro meso i staru krv novom mesu i novoj krvi. Na primer: ,Dajem ti život tvojih snova, a sve što treba da uradiš jeste da svom bratu prerežeš grlo.' On je igrao svoju ulogu, gomilao je lovu, sve više i više love – ne verujem da te je uopšte voleo – i preneo je ceo plen na njeno ime. Tako da kada on umre, što se *nikada* neće desiti..."

Promućurnost je Hanslov instrument, i on ga svira ludački, gudeći po njemu elegantno kao da izlaže strukturu sonate, frazu po frazu, za svog zaostalog šuraka. Šta će meni njegovo drndanje? Zar nema nikoga, dragi bože, na *mojoj* strani? Moj brat me je uhvatio na poverljiva osećanja kao što bi neko uhvatio zeca za uši. Hansl, koji je sada bio zadužen za slučaj, izanalizirao je tu prevaru, sve do najtananijih niti njenih bratskih veza, i to je pokazivalo da je on potpuno na mojoj strani – tačno? Pregledao je knjige našeg ortakluka, što ja nikada nisam učinio, i ukazao na Filipova zlodela. „Vidiš? Iznajmljivao je zemlju od svoje žene, nominalnog vlasnika, i davao je na upotrebu kompaniji za slupane automobile, i tako je svake godine ta svinja plaćala sebi najamninu od devedeset osam hiljada dolara. Eto gde je odlazio tvoj profit. Ima još sličnih aranžmana u ovim računovodstvenim knjigama. Dok si ti planirao leta na Korzici."

„Nisam stvoren za biznis, vidim."

„Tvoj dragi brat je bio gotovo profesionalni umetnik za mućke. Mogao je da otvori servis pod nazivom ,Nazovite prevaranta'. Ali i ti si podjednako provocirao ljude. Kada mi je Klosen predao tvoju dokumentaciju, ispričao mi je o uvredljivim, zlobnim stvarima koje si izvaljivao. Zbog kojih je odlučio da te više ne zastupa."

„Ali nije vratio neiskorišćen deo debelog predujma koji sam mu dao."

„*Ja* ću odsada paziti na tebe. Gerde više nema, i ja moram da se pobrinem da se stvari ne pogoršaju – jedini odrasli od nas troje. Oni moji klijenti koji najviše čitaju uvek zapadaju u najveće nevolje. Ono što oni nazivaju kulturom, ako mene pitaš, izaziva uglavnom pometnju i ometa im razvoj. Pitam se da li ćeš ikada shvatiti zašto si dopustio svom bratu da te završi na ovakav način."

Filipov rđavi svet uvukao se i u mene. Ja sam mu, međutim, pristupio u iščekivanju dobrobiti, gospođice Rouz. Nisam ni ja bio nevin. A ukoliko su me on i njegovi ljudi – računovođe, menadžeri, njegova žena – nagnali da osećam ono što i oni osećaju, naselili me svojim stvarnostima, čak i svojim svakodnevnim raspoloženjima, potrudili se da i ja prepatim sve što oni moraju da prepate, to je ipak bila *moja* ideja. Ja sam pokušao *njih* da iskoristim.

Nikada više nisam video ženu mog brata, njegovu decu, park u kojem su živeli, bulterijere.

„Ta žena je zakonski genije", rekao je Hansl.

A meni je rekao: „Najbolje bi bilo da ono što ti je preostalo, na tvom ličnom računu, prebaciš u moju banku, kako bih mogao da brinem o tome. U dobrim sam odnosima sa tim službenicima. Efikasni su i nema nikakvog majmunisanja. Paziće na tebe."

Pazili su na mene i ranije, gospođice Rouz. Voliš je bio potpuno u pravu kad je govorio o „životu osećanja" i ljudima koji tako žive. Osećanja su snenolika, a sanja se obično u krevetu. Ja sam očigledno bio u večnoj potrazi za bezbednim mestom na kojem bih mogao da prilegnem. Hansl je ponudio da sačini sigurne aranžmane za mene kako se ne bih mučio s finansijama i parničenjem, koji mogu da budu naporni i zapetljani; prihvatio sam njegovu ponudu i sreli smo se s jednim službenikom njegove banke. Banka je doista ličila na finu staru instituciju, sa istočnjačkim ćilimima, teškim izrezbarenim nameštajem, slikama iz devetnaestog veka, i s desetinama kvadratnih ari finansijske atmosfere nad nama. Hansl i potpredsednik koji je trebalo da pazi na mene započeli su ćaskanjem o tržištu, mućkama u gradskoj skupštini, šansama čikaških Medveda, intimnostima sa dve devojke iz nekog bara u Ulici Raš. Uvideo sam da su Hanslu krajnje neophodni poeni koje bi dobio prenošenjem mog računa. Nije mu išlo dobro. Iako mi niko to nije rekao, ubrzo sam shvatio. Pred mene su postavljeni mnogi obrasci; sve sam ih potpisao. Onda, upravo tada kada je moj potpisnički zamah delovao nezaustavljivo, podnete su mi dve poslednje kartice. Ali ja sam ipak upotrebio kočnicu. Upitao sam potpredsednika čemu one služe i on je rekao: „Ako ste zauzeti, ili ako niste u gradu, one gospodinu Genaueru daju pravo da trguje u vaše ime – da kupuje ili prodaje akcije na vaš račun."

Stavio sam kartice u džep, rekavši da ću ih poneti kući i poslati poštom. Prešli smo na sledeću tačku u našem poslu.

Hansl je napravio pravu scenu na ulici, odvukao me sa velikog ulaza u banku u neku usku uličicu. Iza kuhinje nekog restorana s hamburgerima istresao se na mene. Rekao je: „Ponizio si me."

Odgovorio sam: „Pre toga nismo razgovarali ni o kakvim ovlašćenjima. Načisto si me iznenadio. Zbog čega si to morao tako da mi uvališ?"

„Optužuješ me da sam hteo da ti podvalim? Da nisi Gerdin muž, rekao bih ti da se čistiš odavde. Upropastio si me pred poslovnim prijateljem. Nisi bio takav sa svojim bratom, a ja sam ti bliži po osećanjima nego on po krvi, tikvane.

Ne bih ni dirnuo tvoje akcije a da te ne obavestim o tome."

Gotovo je plakao od besa.

„Pobogu, maknimo se od ovog kuhinjskog ventilatora", rekao sam. „Muka mi je od ovih isparenja."

On zaurla: „Ti si izvan toga! Izvan!"

„A ti si *u* tome."

„A gde bih, do đavola, mogao da budem?"

Gospođice Rouz, vi ste nas razumeli, siguran sam. Razgovarali smo o vrtlogu. Lepša reč za to je francuska *le tourbillon,* kovitlac, s tim što ja nisam bio izvan njega, tek sam nameravao da se izvučem. U pitanju je bila dezorijentacija, draga moja. Znam da za svakog od nas postoji neko pravo stanje. I sve dok se ne nalazim u svom pravom stanju, stanju vizije u kojoj mi je predodređeno da budem, moram da prihvatam odgovornost za nesreću koju drugi trpe zbog moje dezorijentisanosti. Dok se to ne okonča, postojaće samo greške. Drugim rečima, moji snovi o orijentaciji ili istinskoj viziji podsmevaju mi se nagoveštajima da je svet u kojem ja – zajedno s ostalima – živim samo izmišljotina, zabavni park koji, međutim, ne zabavlja. On podseća, ako me pratite, na privatni park mog brata, park koji je vanjskim znacima trebalo da dokaže da je on dospeo do samog središta stvarnog. Filip je pripremio mesto, plaćeno proneverom, ali nije imao šta tu da smesti. Bio je primoran da pobegne, gonjen lovcima na nagradu, koji su ga ščepali u Čapultepeku, i tako dalje. S njegovom težinom, na toj nadmorskoj visini, u smogu Meksiko Sitija, džogiranje je bilo ravno samoubistvu.

Hansl se potom opravdao, jer kada sam mu rekao: „S tim akcijama se ionako ne može trgovati, zar ti nije jasno? Tužioci su po zakonu dobili spisak svih mojih deonica", on je bio spreman.

„To su, uglavnom, obveznice", rekao je. „Upravo ćemo ih nadmudriti. Oni su prepisali taj spisak pre dve nedelje, i on je sada kod njihovih advokata, gde ga neće proveravati tokom nekoliko narednih meseci. Misle da su te ukebali, ali evo šta ćemo mi da uradimo: prodajemo te stare obveznice i kupujemo nove umesto njih. Menjamo sve brojeve. Ceo trošak je provizija za posrednika. A onda, kada dođe vreme, oni otkriju da u rukama imaju podatke o obveznicama koje više ne poseduješ. Kako će da otkriju nove brojeve? A do tada ću srediti da izađeš iz zemlje."

Tu mi se koža na glavi nepodnošljivo zategla, što je nagoveštavalo još dublju grešku, još veći užas. I, u isto vreme, iskušenje. Ljudi su me šutirali kako su hteli, do sada bez ikakve odmazde. Pomislio sam: vreme je da *ja* učinim neki smeli potez. Nalazili smo se u uskoj uličici između dve velike donjogradske institucije (restoran s hamburgerima je bio krcat). Blindirani kamion bi jedva mogao da se provuče između tih divovskih crnih zidova.

„Misliš da zamenim stare obveznice novim, i da mogu da prodajem iz inostranstva ako to poželim?"

Videvši da sam počeo da uviđam tananu slast njegove sheme, Hansl se široko nasmešio i rekao: „Kako da ne! To je lova od koje ćeš živeti."

„Sumanuta ideja", rekoh.

„Možda, ali da li želiš da provedeš ostatak života u borbi na sudovima? Zašto ne bi otišao iz zemlje i živeo spokojno u inostranstvu od svog preostalog imetka? Odaberi mesto gde je dolar jak i provedi ostatak života u izučavanju muzike ili kako god želiš. Gerde, bog je blagoslovio, više nema. Šta te zadržava?"

„Niko osim moje stare majke."

„Stare devedeset četiri godine? Nepokretne kao neko povrće? Prosledi autorska prava od svoje knjige na njeno ime i taj prihod će joj biti sasvim dovoljan. Znači, naš sledeći korak je da proverimo međunarodni zakon. Imam jednu strašnu ribu u kancelariji. Radila je u ,Jelskim pravnim sveskama'. Nema pametnijih. Ona će ti pronaći neku zemlju. Daću joj da pripremi izveštaj o Kanadi. Šta misliš o Britanskoj Kolumbiji, tamo odlaze penzionisani Kanađani?"

„Koga tamo poznajem? S kim ću razgovarati? I šta ako me poverioci budu progonili?"

„Nemaš ti više toliko love. Neće tu biti neke zarade za njih. Zaboraviće te."

Rekao sam Hanslu da ću razmisliti o njegovom predlogu. Morao sam da posetim majku u staračkom domu.

Dom je bio ukrašen s namerom da sve izgleda normalno. Njena soba je uglavnom izgledala kao svaka bolnička soba, s plastičnom paprati i negorljivim zavesama. Stolice, koje su podsećale na baštenski nameštaj od kovanog gvožđa, takođe su bile od plastike i lake. Imao sam problema s listovima paprati. Nisam želeo da ih dotaknem kako bih se uverio da li su pravi. Odraz mog odnosa prema stvarnosti sprečavao me je da to ocenim pogledom. Ali ni majka nije mene prepoznavala, što je bilo znatno složenije nego kad je u pitanju paprat.

Najradije sam dolazio u vreme obroka, jer je nju trebalo hraniti. Taj postupak bio je beskrajno značajan za mene. Preuzeo sam posao od bolničarke. Odavno sam majci prestao da govorim: „To sam ja, Hari." Nisam očekivao ni da ću uspostaviti neki odnos dok je budem hranio. Nekad sam osećao da sam nasledio ponešto od njene bogate lude prirode i ljubavi za životom, ali sada su takve misli bile beskorisne. Prineli smo poslužavnik i bolničarka joj je privezala portiklu. Rado je gutala supu od šargarepe. Kada sam je podsticao, klimala je glavom. Prepoznavanje – ništa. Dva lica iz starog Kijeva, slične kvrge na čelima. Odevena u bolnički ogrtač, imala je tanku nit karmina na usnama. Ispucala koža njenih obraza takođe joj je davala boju. Nije ćutala, pričala je o porodici, ali mene nije pominjala.

„Koliko dece imaš?" upitao sam.

„Troje: dve kćerke i sina, mog sina Filipa."

Svo troje su umrli. Možda je ona već opštila s njima. U ovom životu je ostalo još malo stvarnosti; možda su ostvarili veze u onom drugom. Nisam bio unesen u popis živih.

„Moj sin Filip je vešt biznismen."

„O, znam."

Zagledala se u mene, ali nije pitala otkud znam. Kada sam klimnuo glavom, izgleda da je shvatila da sam ja čovek s mnogo veza i to joj je bilo dovoljno.

„Filip je veoma bogat", reče ona.

„Je li?"

„Milioner, i krasan sin. Uvek mi je davao novac. Stavljam ga u poštansku štedionicu. Imaš li ti dece?"

„Nemam."

„Moje kćerke me obilaze. Ali moj sin je najbolji od svih. On plaća sve račune."

„Da li imaš neke prijatelje ovde?"

„Nemam nikoga. Ne dopada mi se ovde. Sve me boli, naročito kukovi i noge. Toliko se jadno osećam, da ima dana kada pomišljam da skočim s prozora."

„Ali nećeš to učiniti, je l' tako?"

„Pa, onda pomislim: šta bi Filip i devojčice radili s majkom koja je bogalj?"

Ispustio sam kašiku u supu i nasmejao se.

Smeh je bio tako iznenadan i prodoran, da ju je nagnao da me bolje pogleda.

Naša kuhinja na Bulevaru nezavisnosti nekada je bila ispunjena takvim papagajskim kricima, uglavnom ženskim. U stara vremena Šomatovice su sedele u kuhinji dok su se kuvala divovska jela, lonci sarme, komadine goveđih grudi. Kolači od ananasa, glazirani mrkim šećerom, samo su izletali iz rerne. Tu se nije šaputalo. U tom ptičjem kavezu mogli ste da se čujete samo ako kričite, pa sam i ja kao dečak naučio da kričim uz ostale, kao jedna od onih operskih žena-ptica. I upravo je to sada majka čula od mene, zvuk jedne od svojih kćerki. Ali ja nisam imao natapiranu frizuru, bio sam ćelav i nosio brkove, i na mojim kapcima nije bilo nikakve šminke. Dok je piljila u mene, obrisao sam joj lice salvetom i nastavio da je hranim.

„Ne trzaj se, majko, povredićeš se."

Ali ovde su je svi zvali majkom; ničeg ličnog nije bilo u toj reči.

Rekla mi je da uključim televizor kako bi mogla da gleda „Dalas".

Odgovorio sam joj da je još rano, i zabavljao sam je pevanjem odlomaka iz *Stabat Mater*. Pevao sam: *„Eja mater, fons amo-o-ris."* Pergolezijeva sveta kamerna muzika (različita od njegovih formalnih misa za napuljsku crkvu) nije joj bila po ukusu. Naravno, voleo sam majku, i ona je nekad volela mene. Dobro se sećam kako mi je prala kosu velikom grudvom kastiljskog sapuna i kako se jedila kad bih vikao zbog sapunice u očima. Kada me je oblačila u odelce od kineske svile (kratke pantalone) da bi me poslala na neku šaljivu zabavu, sa zanosom me je ljubila. Ti događaji su mogli da se odigraju neposredno uoči Bokserskog ustanka ili na uličicama Sijene pre šest vekova. Kupanje, češljanje, oblačenje, ljubljenje – to su sada daleke starine. Dok sam stario, nije postojao način da ih sačuvam.

Kada sam bio na koledžu (poslali su me da studiram elektroinžinjerstvo, ali ja sam prešao na muziku) uživao sam da govorim, dok su se studenti šalili na račun svojih porodica, da je moja majka, zbog toga što sam se rodio uoči šabata, bila previše zauzeta u kuhinji, pa je stoga morala da me rodi moja tetka.

Poljubio sam staricu – delovala mi je lakša od kotarice od pruća. Ali pitao sam se šta sam to učinio da bih zaslužio takav zaborav, i zašto je debeloguzi Filip, taj zločinac, njen miljenik, njen pravi sin. Eh, on je nije lagao za "Dalas" niti je pokušavao da probudi njena osećanja sebe radi, da utiče na njene materinske uspomene hrišćanskom muzikom (J. da Todija, na latinskom, iz četrnaestog veka). Moja majka, čije su dve trećine bile izbrisane, i moj brat – ko zna gde ga je žena pokopala? – bili su verni sadašnjem američkom svetu i njegovim najživljim materijalnim interesima. Filipa je stoga mogla da razume. Mene ne. Mašući svojim dugačkim rukama, dirigujući Macartovu *Veliku misu* ili Hendlovog *Solomona*, nosio sam sebe u uzvišene sfere. I otuda, tokom mnogo godina, majka nije mogla da me razume, govorio sam joj neobične stvari. Po čemu je mogla da me upamti? Pre pola veka odbio sam da se pridružim *njenoj* kuhinjskoj predstavi. Ona je pripadala univerzalnoj vojsci majki nalik majci Stanislavskog. Tokom dvadesetih i tridesetih godina te žene su bile veoma jake u hiljadama kuhinja širom civilizovanog sveta, od Soluna do San Dijega. One su upozoravale svoje kćerke da će muškarci za koje će se udati biti siledžije kojima moraju pokorno da se prepuste. A kada sam joj rekao da smeram da se oženim Gerdom, majka je otvorila novčanik i dala mi tri dolara, rekavši: „Ako ti je to baš toliko potrebno, idi u javnu kuću." Čisto pozorište, naravno.

„Uvidevši kako patimo", kao što je Ginzberg napisao u *Kadišu,* pao sam u strašne muke. Došao sam da donesem odluku u vezi s mamom, i možda sam se igrao špilom, slagao karte, govorio sebi, gospođice Rouz: „Uvek sam se ja brinuo za ovu šenulu, utučenu, nesrećnu, kreštavu staru majku, a ne Filip. Filip je bio previše zauzet nastojanjima da se pretvori u imperijalnog Amerikanca." Da, tako sam to izrazio, gospođice Rouz, a otišao sam čak i dalje. Ispunjenje Filipovih nastojanja mene je potopilo. Pogodio me je ispod nivoa vode, direktnim udarcem, i moj imetak je eksplodirao, žrtvovan Trejsi i njegovoj deci. I sada treba da me odvuku na spasavanje.

Reći ću vam istinu, gospođice Rouz, poludeo sam od nepravde. Mislim da ćete se složiti da nisam samo bio prevaren, već da sam izuzetno budalasta, burleskna figura. Mogao sam da poziram za lik glupaka na tapetama one dečije sobe u Teksasu.

Pošto sam bio brutalno uvredljiv prema vama bez ikakve provokacije, možda će vas zadovoljiti ova otkrića, ovaj zapis o mom sadašnjem stanju. Gotovo svaka starija osoba, nasumice odabrana, može da pruži takvo zadovoljenje onima koje je uvredila. Dovoljno je videti spisak tačnih činjenica, bolni inventar. Dozvolite mi, međutim, da dodam da iako i ja imam razloga da se osećam osvetoljubivo, nisam iskusio dionizijsku zatrovanost osvetoljubivošću. U stvari, osećao sam povećani mir i pojačanu snagu – moj emocionalni razvoj bio je ravnomeran, a ne skokovit.

Teksaškim ortaklukom, onim što je od njega ostalo, upravljao je advokat moga brata, koji je na sva moja pitanja odgovarao izvodima iz kompjutera. Postojao je veliki dobitak, ali samo na papiru, i još sam na njega morao da platim porez. Preostalih 300.000 dolara biće potrošeno na parnicu, ukoliko ostanem, i tako sam odlučio da sledim Hanslov plan čak i ako bi doveo do *Götterdämmerunga* mog preostalog imetka. Ako ne razumete ova objašnjenja, tim bolje za vašu nevinost i spokoj duha. Vreme je da uzvratim udarac, rekao je Hansl. Njegov prepredeni izgled je predstavljao pravi uzorni model. Da čovek koji izgleda tako prepredeno ne bude pravi genije za intrige, pa to je delovalo kao najneverovatnija stvar na svetu. Hanslove bleštave bore duboke lukavosti ulivale su mi poverenje. Obveznice koje su tužioci (poverenici) zabeležili tajno su zamenjene za nove. Moji tragovi su sakriveni, i ja sam otišao u Kanadu, stranu zemlju u kojoj se govori moj jezik, ili nešto što mu nalikuje. Tu je trebalo da skončam svoj život u miru, uz povoljnu kursnu listu. Razvio sam izvesnu naklonost prema Kanadi. Nije lako deliti granicu sa SAD. Glavna kanadska zabava – a nemaju drugog izbora – sastoji se u posmatranju (sa velelepnog mesta) onoga što se događa u našoj zemlji. Nesreća je u tome što nema nikakvog drugog programa. Iz noći u noć oni sede u mraku i posmatraju nas na osvetljenom ekranu.

„Sada, kada si sve sredio, mogu da ti kažem", rekao je Hansl, „koliko sam ponosan zbog toga što im uzvraćaš udarac. Bilo bi sramota da pustiš da te ti govnari kažnjavaju."

Stalno užurbani Hansl je bio lud, i još pre nego što sam krenuo za Vankuver počeo sam to da uviđam. Rekao sam sebi da njegove lične mušice nemaju veze s njegovim profesionalnim životom. Ali pre nego što sam pobegao, došao je s pola tuceta neprijatnih ideja o tome šta treba da učinim za njega. Bio je malo ogorčen, rekao je, zato što mu nisam dopustio da se posluži mojim kulturnim prestižom. Zbunio sam se i zatražio da mi navede jedan primer. Rekao je da mu nikada nisam ponudio da ga predložim za člana Univerzitetskog kluba. Tamo sam ga bio odveo na ručak i ispostavilo se da ga je sve to duboko impresioniralo: uzvišeno dostojanstvo bara, kožne stolice, veliki prozori u trpezariji, ukrašeni vitražima sa grbovima velikih univerziteta. On je diplomirao na De Polu, u Čikagu. Očekivao je, tada, da ću ga upitati da li bi voleo da se učlani, ali ja sam bio odviše sebičan, ili preveliki snob, da bih to učinio. S obzirom na to da me je sada spasao, najmanje što sam mogao da učinim bilo je da upotrebim svoj uticaj u odboru za prijem novih članova. Shvatio sam šta hoće i spremno ga predložio, čak sa zadovoljstvom.

Zatim je zatražio da mu pomognem oko jedne njegove ženske. „Ona je od Kenvudovih, stara bogata firma koja trguje preko kataloga i narudžbenica. Porodica je muzički i umetnički nastrojena. Bebet je privlačna udovica. Njen prvi muž je imao rak i pravo da ti kažem, pomalo sam nervozan što dolazim posle njega, ali s time mogu da se suočim. Ne verujem da ću ga i ja dobiti. E pa, ti si impresionirao Bebet, slušala te je kada diriguješ i čitala tvoje muzičke kritike, gledala te na jedanaestom kanalu. Obrazovana je u Švajcarskoj, zna jezike, i to je prilika kada mogu da se poslužim tvojim kulturnim uticajem. Predlažem ti da nas odvedeš u ,Le nomad' – na intimnu večeru bez buke od posuđa. Odveo sam je na najbolju italijansku hranu u gradu, u ,Rimsku terasu', ali tamo nisu samo treskali posuđem već su je i otrovali nekim hemikalijama. Odvedi nas zato u ,Le nomad'. Iznos računa možeš da oduzmeš od sledeće rate koju meni plaćaš. Uvek sam verovao da si taj stil kojim impresioniraš ljude pokupio od moje sestre. Na kraju krajeva, poticao si iz porodice ruskih torbara a brat ti je bio vašljiva hulja. Moja sestra te nije samo volela, ona ti je dala i stil. Jedanput će se shvatiti da ova zemlja danas ne bi bila u takvoj nevolji da onaj prokleti Ruzvelt nije zatvorio vrata jevrejskim izbeglicama iz Nemačke. Mogli smo da imamo deset Kisindžera, i niko neće nikada saznati koliko je naučnog talenta otišlo u dim po logorima."

Elem, u restoranu „Le nomad" ponovo sam to učinio, gospođice Rouz. Razumljivo je da sam bio uzbuđen, to je bilo veče uoči mog odlaska. Ako me zamislite kao posudu, onda sam bio nagnut do tačke prosipanja. Mlada udovica oko koje je pleo svoje mreže bila je privlačna na način na koji morate da se priviknete. Bilo mi je neverovatno da neko ko ima habsburšku usnu može tako brzo da govori, a rekao bih da je bila pomalo neprijatno visoka. Gerda, na kojoj se moj ukus formirao, bila je niska, prijatna žena. Međutim, nema razloga da ih poredimo.

Kada mi postavljaju muzička pitanja, uvek iskreno nastojim da odgovorim na njih. Rekli su mi da sam komično bandoglav u tom pogledu. Bebet je studirala muziku, njeni roditelji su bili operski patroni, ali kada me je upitala za mišljenje o Monteverdijevoj operi „Krunisanje Popeje", preuzela je stvar u svoje ruke i sama odgovarala na svoja pitanja. Možda je zbog nedavnog gubitka supruga postala nervozno govorljiva. Uvek volim kada neko drugi vodi razgovor, ali ta Bebet, uprkos svojoj velikoj donjoj usni, prevazilazila je moje moći. Nemilosrdan govornik, pola sata je ponavljala ono što je od uticajnih rođaka čula o upletenosti politike u mrežu kablovske televizije u Čikagu. Posle toga je usledila dugačka govorancija o filmovima. Ja retko idem u bioskop. Moja žena nije volela filmove. Hansl se takođe izgubio u tom razgovoru o režiserima, glumcima, novom razvoju u prikazivanju odnosa između polova, napretku društvenih i političkih ideja u razvoju medijuma. Nisam uopšte imao šta da kažem. Mislio sam o smrti, i takođe o najboljim temama koje su prikladne za razmišljanje u mom dobu, o prijatnoj otvorenosti stvari pred kraj puta, o predgrađima Grada Života. Nije mi mnogo smetalo Bebetino brbljanje, cenio sam njen ukus u odevanju, zaobljene bele i modre pruge na njenoj čarobnoj bluzi kupljenoj kod Bergdorfa. Bila je dobro građena. Razumljivo da su joj ramena bila malo šira, proporcionalno habsburškoj usni. Hanslu to ne bi smetalo; on je razmišljao o venčanju Mozga i Novca.

Nadao sam se da se neću šlogirati u Kanadi. Tamo neće niko moći da brine o meni, ni diskretna, nežna Gerda ni brbljiva Bebet.

Nisam bio svestan da se približava jedan od mojih napada, ali kada smo se našli na poluotvorenim vratima garderobe, i dok je Hansl govorio garderoberki da je damin ogrtač od samurovine, Bebet reče: „Sad tek uviđam da nikome nisam dala da dođe do reči, pričala sam tokom cele večeri. Baš mi je žao..."

„Ne mari", rekoh joj, „ionako niste ništa rekli."

Vi se, gospođice Rouz, nalazite u najboljem položaju da prosudite posledice jedne takve izjave.

Narednog dana Hansl mi je rekao: „Tebi se jednostavno ne može verovati, Hari, ti si rođeni izdajica. Bilo mi je žao što ti se sve to dogodilo, što moraš da prodaš kola, nameštaj i knjige, i što te je brat izradio, i zbog tvoje stare majke, i zbog smrti moje sestre, ali u tebi ne postoji nikakva zahvalnost, nikakvo razumevanje. Ti svakoga vređaš."

„Nisam ni pomišljao da ću povrediti njena osećanja."

„Mogao sam da se oženim tom ženom. Sve je bilo gotovo. Ali ja sam idiot. Morao sam *tebe* da uvučem u sve to. Od sada, da ti kažem, imaš još jednog neprijatelja."

„Koga, Bebet?"

Hansl je odlučio da ne odgovori. Radije mi je uzvratio teškim, dvosmislenim ćutanjem. Njegove oči, koje su se sužavale i širile od njegovog otkrića moje monstruoznosti, slale su ludačke talase prema meni. Poruka tih talasa bila je da su temelji njegove dobre volje uništeni. Na celom svetu, Hansl je bio jedina osoba na koju sam mogao da se oslonim. Svi ostali su se otuđili. A sada više nisam mogao ni na njega da računam. Stvari se nisu srećno razvijale po mene, gospođice Rouz. Ne mogu reći da mi je bilo svejedno, iako više nisam mogao da verujem u pouzdanost moga šuraka. Mereno standardima stabilnosti u samom srcu američkog poslovnog društva, sâm Hansl je bio monstrum. Sasvim nezavisno od njegovog iskidanog uma, diskvalifikovali su ga i njegova figura violiniste, plemenite šake i manikirani obli nokti, i njegove oči, koje su izgledale kao oči koje nazirete u zagrejanim purpurnim uglovima kućice za male sisare koja reprodukuje tminu noćnih tropskih predela. Da li bi bilo koji službenik kompanije Aramko postao njegov klijent? Hansl nije imao razumne planove već samo prepredene fantazije, nemirne sheme. One su se naduvavale kao gušterov vrat, a onda bi se spljeskale kao žvakaća guma.

Što se uvreda tiče, nikada nisam namerno vređao. Ponekad pomišljam da ne moram ni reč da kažem da bih nekoga uvredio, da samo moje postojanje vređa ljude. Nerado stižem do tog zaključka, jer bog zna da sebe smatram čovekom s normalnim društvenim instinktima i da nisam svestan nikakve volje za vređanjem. Na razne načine sam nastojao da vam to kažem, upotrebljavajući reči kao napad, zanos, demonska opsednutost, pomama, *Fatum,* božansko ludilo, pa čak i sunčeva oluja – u mikrokosmičkim razmerama. Što su ljudi bolji, tim se manje vređaju zbog tog dara, ili prokletstva, i ja slutim da ćete u svojoj proceni biti manje grubi prema meni od Voliša. Međutim, on je u pravu u jednom pogledu. Vi niste učinili ništa što bi uvredilo mene. Bili ste najsmernija osoba, jedina među onima koje sam ranio za koju nisam imao nikakvih razloga da je ranim. To mi zadaje najviše bola. Ali postoji još nešto. Pisanje ovog pisma omogućilo mi je značajna otkrića o sebi samom, tako da vam još više dugujem, jer vidim da ste dobrim uzvratili na zlo koje sam vam naneo. Otvorio sam usta da bih napravio grubu šalu na vaš račun, a trideset pet godina kasnije rezultat je duboko samoispitivanje.

Ali da se vratim onome što doslovno jesam: u suštini nevažan starkelja, bolešljiv, odsečen od svih prijateljstava, određen za ekstradiciju, i sa budućnošću koja je sasvim opravdano nejasna (da li da zatražim da stave još jedan krevet u sobu moje majke i da se branim bolešću i nesposobnošću?).

Lutajući Vankuverom ove zime, razmišljao sam da li da pripremim jednu antologiju oštrih izreka. Da mi se bar sudbina isplati. Ali, i suviše sam obeshrabren za tako nešto. Ne mogu da se saberem. Umesto toga, neprestano me opsedaju pročitani ili upamćeni fragmenti dok hodam tamo-amo između kuće i supermarketa. Kupujem da bih se razonodio, ali kanadski supermarketi me uznemiravaju. Nisu organizovani kao američki. Imaju manje artikala. Stvari kao salata i banane imaju besmisleno visoku cenu, dok je luksuzna roba, kao što je smrznuti losos, relativno jeftina. Ali šta bih ja s velikim smrznutim lososom? Ne bi mogao da stane u moju rernu, a kako bih, s ovim reumatičnim rukama, mogao da ga isečem na parčiće?

Uporni fragmenti, nadahnuti epigrami ili spontani izrazi zle volje dolaze i odlaze. Klemanso koji je za Poenkarea rekao da je hidrocefal u lakovanim čizmama. Ili Čerčil koji je, na pitanje koje se odnosilo na kraljicu Tonge dok je prolazila u kočijama za vreme krunisanja Elizabete II: „Da li je onaj mali gospodin u admiralskoj uniformi kraljičin suprug?", odgovorio: „Verujem da je to njen ručak."

Dizraeli na samrtnoj postelji, obavešten da je kraljica Viktorija došla da ga vidi i da čeka u predsoblju, kaže svom slugi: „Njeno veličanstvo samo želi da ponesem poruku dragom Albertu."

Takve stvarčice mogle bi da budu prekrasne da nisu toliko uporne i da ih ne prati očajnički osećaj da mi je sve izmaklo iz ruku.

„Izgledate bledi i iscrpljeni, profesore X."

„Razmenjivao sam ideje s profesorom Y, i osećam se potpuno isceđen."

Još gora od toga je nervozna igra rečima koju ne mogu da prestanem da igram.

„Ona je žena koja je stavila *dish* u *fiendish.*"

„On je čovek koji je stavio *rat* u *rational.*"

„*Fruit* u *fruitless.*"

"*Con* u *icon.*"[1]
Razonoda uma koji se mrvi, gospođice Rouz. Možda simptomi visokog krvnog pritiska ili manji znaci ličnog otpora divovskoj javnoj ruci zakona (ta ruka će se povući tek kada umrem). Ne čudi, onda, što provodim toliko vremena sa starom gospođom Grejsvel. U njenoj tik-takavoj majsenskoj gostinskoj sobi sa neudobnim stolicama osećam se kao kod kuće. Udovica već četrdeset godina, sa neobičnim gledištima, ona se oseća srećno u mom društvu. Malo posetilaca želi da sluša o božanskom duhu, ali ja sam sasvim ozbiljno spreman da se udubim u njene tajanstvene i zamamne opise. Božanski duh, kaže mi ona, povukao se u naše vreme iz spoljnog, vidljivog sveta. Možete da vidite ono što je nekad načinio, okruženi ste obličjima koje je nekad stvorio. Ali iako se prirodni procesi nastavljaju, bog se udaljio. Načinjeno delo je bleštavo božansko, ali bog nije aktivan u njemu. Veličina sveta polako trne. I to je naše ljudsko mesto, lišeno boga, kaže ona s velikom iskrenošću. Ali u toj napuštenoj lepoti čovek i dalje živi kao bogom prožeto biće. Na njemu je – na nama – da ponovo vrati svetlost koja je iščezla iz tih stvorenih obličja, samo ako nas ne spreče sile mraka. Intelekt, koji svi obožavaju, dovodi nas najdalje do prirodne nauke, a ta nauka, iako veoma velika, je nepotpuna. Oslobađanje od *same* prirode je delo osećanja i probuđenog oka duha. Telo je, kaže ona, podložno silama zemljine teže. Ali dušom vladaju samo sile lakoće.

---

[1] Neprevodiva igra reči, koje se kombinuju u drugim značenjima. Navedene reči se mogu prevesti kao „zgodna ženska" – „đavolje, zlo"; „pacov" ili, u slengu, „izdajica" – „racionalno"; „plod" – „besplodno"; „prevarant" – „ikona". – *Prim. prev.*

Slušam sve to i nemam nikakve zlonamerne nagone. Nedostajaće mi ta stara. Posle mnogo majmunisanja, draga gospođice Rouz, spreman sam da slušam reči krajnje ozbiljnosti. Nema još mnogo vremena. Svakog dana federalni sudski šerif može da krene iz Sietla.

ZETLAND: SVEDOČENJE O NJEGOVOM KARAKTERU

Da, poznavao sam tog čoveka. Bili smo kao klinci zajedno u Čikagu. On je bio fantastičan. U četrnaestoj godini, kad smo se sprijateljili, sve mu je već bilo jasno i rado je pričao kako su stvari nastale. Ovako nekako: prvo se zemlja sastojala od istopljenih elemenata i plamtila je u svemiru. Onda su pale vrele kiše. Oformila su se mora koja su se pušila. Tokom polovine zemljine istorije ta mora su bila neorganska, a onda je započeo život. Drugim rečima, prvo je postojala astronomija, pa onda geologija, pa je onda malo-pomalo došla biologija, a za biologijom je usledila evolucija. Potom je došla praistorija, a onda istorija – epovi i epski heroji, velika doba, veliki ljudi, potom manja doba sa manjim ljudima, pa onda klasični stari vek, Jevreji, Rim, feudalizam, popstvo, renesansa, racionalizam, industrijska revolucija, nauka, demokratija, i tako dalje. Sve je to Zetland pronašao u knjigama, negde krajem dvadesetih, na američkom srednjem zapadu. Bio je pametno dete. Njegova načitanost se svima dopadala. Preko bledoplavih očiju, koje su ponekad delovale iscrpljeno, nosio je velike naočare. Imao je pune usne i krupne dečačke zube, široko razmaknute. Svetloriđa kosa, začešljana unazad, otkrivala je visoko čelo. Koža na njegovom okrugom licu često je izgledala zategnuta. Bio je niskog rasta, nabijen, čvrst, ali lošeg zdravlja. U sedmoj godini je u isto vreme preboleo zapaljenje trbušne maramice i zapaljenje pluća, a onda su usledili upala plućne maramice, emfizem i tuberkuloza. Potpuno se oporavio, ali se nikada nije oslobodio manjih oboljenja. Koža mu je bila nekako čudna. Nije smeo dugo da ostaje na suncu. Izlaganje sunčevoj svetlosti je izazivalo mutnosmeđe potkožne fleke. I zbog toga je on, dok je sijalo sunce, često spuštao šalone i čitao u sobi uz svetlost sijalice. Ali ni u kojem smislu nije bio invalid. Iako je igrao samo kada su dani bili oblačni, tenis mu je bio dobar, a plivao je smirenim prsnim stilom uz žablje pokrete i žablju donju usnu. Svirao je violinu i bio je dobar u čitanju nota.

Naš komšiluk se uglavnom sastojao od Poljaka i Ukrajinaca, Šveđana, katolika, pravoslavaca i evangelista. Jevreji su bili malobrojni a ulice opasne. Stanovalo se u bungalovima i dvospratnim zgradama od cigle. Stražnje stepenice i tremovi bili su načinjeni od neobrađene drvene građe. Drveće su predstavljali brestovi i pajaseni, travu zubača, grmove jorgovan, cveće suncokreti i begonije. Vrućina je nagrizala, hladnoća sekla kao giljotina dok ste čekali tramvaj. Porodica je – Zetov tvrdoglavi otac i dve neudate tetke koje su bile priučene bolničarke i radile po kućama s nepokretnim pacijentima (koji su obično bili na samrti) – čitala ruske romane, jidiš poeziju, i bila luda za kulturom. Zeta su podsticali da bude mali intelektualac. I tako, u kratkim pantalonama, on je bio mladi Imanuel Kant. Muzikalan (kao Fridrih Veliki ili Esterhazijevi), duhovit (kao Volter), sentimentalan radikal (kao Ruso), lišen bogova (kao Niče), posvećen srcu i zakonu ljubavi (kao Tolstoj). Bio je ozbiljan (rana senka očeve strogosti), ali je bio i sklon igri. Nije samo izučavao Hjuma i Kanta već je otkrio dadu i nadrealizam dok je mutirao. Privukao ga je vragolasti projekt o pokrivanju velikih pariskih spomenika dušečnim navlakama. Pričao je o značaju smešnog, o paradoksu šaljive uzvišenosti. Dostojevski je bio u pravu, objasnio mi je. Intelektualac (malograđanin-plebejac) je megaloman. Živi u štenari, a mislima grli ceo svemir. Odatle potiču smešne agonije. I seti se Ničea, *gai savoira*. I Hajnea i „Aristofana neba". Učen momak je bio taj Zetland.

Knjige su bile dostupne u Čikagu. Javna biblioteka je u dvadesetim godinama imala mnogo isturenih odeljenja duž tramvajskih linija. Tokom leta, pod klepetavim ventilatorima od gutaperke, dečaci i devojčice su čitali na tvrdim stolicama. Grimizni tramvaji su se njihali na šinama. Zemlja je propala 1929. godine. Dok smo se vozili čamcem preko jezera u gradskom parku, čitali smo Kitsa jedan drugom a travuljina se uvijala oko vesala. Čikago nije bio nigde. Nije imao svoje mesto. Bio je nešto što je pušteno u američki prostor. Tu su stizali vozovi, odatle su se slale poštanske narudžbine. Ali na jezeru, s čamcima, s vodom i nebom čisto zelenim, jasno plavim, sa zaustavljenom silom velikog proizvodnog centra (nije bilo dima, fabrike su bile paralizovane – industrijska nesreća je koristila atmosferi), Zet je recitovao „U mednu ponoć..." Mali Poljaci su bacali kamenice i divlje jabuke sa obale.

Učio je francuski, nemački, matematiku i muziku. U njegovoj sobi, Betovenova bista, litografija koja pokazuje Šuberta (takođe sa okruglim đozlucima) kako sedi za klavirom, uzbuđujući srca svojih prijatelja. Šalone su bile navučene, sijalica upaljena. Napolju, na ulici, torbarski konji su nosili slamne šešire kao zaštitu od sunčevog udara. Zet je odbijao prerije, nepokretnu imovinu, biznis i rad Čikaga. Trunuo je nad svojim Kantom. Podjednako marljivo je čitao Bretona i Tristana Caru. Citirao je: „Zemlja je plava kao pomorandža." I postavljao je najraznovrsnija pitanja. Da li je Lenjin doista verovao da će demokratski centralizam uspeti u boljševičkoj partiji? Da li je Djuijev argument u *Ljudskoj prirodi i ponašanju* nepobitan? Da li je položaj „značajne forme" plodonosan za slikarstvo? Kakva je budućnost primitivizma u umetnosti?

Zetland je pisao svoje nadrealističke pesme:

Modre usne sisaju zelenilo usnulih brda...

ili

Zapenušani rabini trljaju električnu ribu!

Stan Zetlandovih je bio prostran, nepodesan, u standardnom sumornom stilu iz 1910. Ugrađene police i plakari, drvena oplata u trpezariji sa holandskim tanjirima, imitacija panja na gasnom ognjištu, i dva prozorčića s vitražima iznad kamina. Gramofon na navijanje je svirao „Eli, Eli" iz *Pera Ginta*. Šaljapin je pevao „Buvu" iz Geteovog *Fausta*, Gali-Kurći „Ariju sa zvonima" iz *Lakme*, a bilo je i horova ruskih vojnika. Mrgodni Maks Zetland je svojoj porodici dao „sve", govorio je. Stari Zetland bio je doseljenik. Njegov životni početak bio je spor. Naučio je da posluje s jajima na pijaci za živinu u Ulici Fulton. Ali napredovao je do pomoćnika nabavljača u velikoj robnoj kući u donjem delu grada: uvozni sirevi, češka šunka, britanski biskviti i džemovi – luksuzna roba. Bio je građen kao bek iz ragbi tima, sa crnim razrezom na bradi i širokim ustima. Crkli biste pre nego što biste pomerili ta usta i promenili im postojan izraz neodobravanja. On nije odobravao zato što je *znao* šta je *život*. Njegova prva žena, Elijasova majka, umrla je za vreme epidemije gripa 1918. S drugom ženom stari Zetland je imao slaboumnu kćerku. Druga gospođa Zetland je umrla od tumora na mozgu. Treća žena, rođaka druge, bila je znatno mlađa. Poticala je iz Njujorka, radila je na Sedmoj aveniji, imala je *prošlost*. Zbog te *prošlosti* Maks Zetland je dobijao napade ljubomore i pravio ružne scene, razbijao posuđe i grozno vikao. „*Des histoires*", rekao je Zet, koji je tada vežbao francuski. Maks Zetland je bio mišićav čovek, težak oko sto kila, ali to su bile samo scene – ništa opasno. Kao i obično, narednog jutra, stajao je pred ogledalom u kupatilu i pažljivo se brijao tučanom britvicom, uređivao prekorno lice, vojničkim četkama zaglađivao kosu kao američki šefovi. Potom je pio čaj na ruski način, kroz kocku šećera, listao „Tribjun", i odlazio na svoje radno mesto, u centru, manje-više *in Ordnung*. Normalan dan. Dok je silazio niz stražnje stepenice, prečicu do gradske železnice, pogledao je kroz prozor na prvom spratu i video svoje ortodoksne roditelje u kuhinji. Deda je prskao raspršivačem svoja bradata usta – imao je astmu. Baka je pravila slatkiš od pomorandžinih kora. Tokom cele zime te kore su se sušile na radijatorima. Slatkiš se čuvao u kutijama od cipela i služio uz čaj.

Dok je sedeo u vozu, Maks Zetland je kvasio prst jezikom da bi okrenuo stranice debelih novina. Šine su se izdizale iznad ciglenih kućica. Stajale su kao most izabranih iznad prokletstva sirotinjskih kvartova. U tim bungalovčićima Poljaci, Šveđani, Irci, Italijani, Grci i crnci su preživljavali svoje glupe drame pijanstva, kockanja, silovanja, rađanja kopiladi, sifilisa i urlajuće smrti. Maks Zetland nije ni morao da gleda; mogao je da čita o tome u „Tribjunu". Mali vozovi su imali sedišta od žute trske. Ručno pokretana metalna vrata, visoka do struka, oslobađala su vam izlaz iz vagona. Limeni krovovi u obliku pagoda su pokrivali perone. Svaka stepenica na dugom stepeništu je oglašavala „Tonik od povrća Lidije Pinkem". Manjak gvožđa čini devojke bledim. I sâm Maks Zetland je imao belo lice, bele obraze, pravi sarkastičan medved, ali ipak prihvatljiv i prijatan dok ulazi u trgovačku palatu na Vobeš aveniji, uredan u kancelariji, dovitljiv na telefonu, fluentan uz mali ruski problem sa rečima koje počinju na slovo h, blago je grgoljio dok je govorio, pouzdanog uma, s upamćenim tabelama, cenama i ugovorima. Dok je stajao pored stola, zadržavao je dim od cigareta. Dim je lagano izbijao kroz njegove nozdrve. Spuštenog lica, motrio je oko sebe. Osuđivao je s besnim jevrejskim snobovlukom raspuštenost i bezumnost nejevrejina koji je igrao golf i mogao sebi da dozvoli da hoda okolo u onim širokim kratkim pantalonama, koji je mogao da bude ono što izgleda, koji nije imao nikakav pokopani gnev, nije morao da se ženi lascivnim njujorškim devojkama, nije imao idiotske siročiće, niti kuću smrti. Maks Zetlandov čvrst trbuh umanjen krojem sakoa, napeti mišići na listovima koji su se nazirali ispod nogavica, nos koji je zadržavao dim, jarost suzdržanosti – e pa, u poslovnom svetu čovek mora da bude fin. On je bio jedan od šefova u velikoj firmi i bio je fin. Kratkoglavi čovek čija lobanja nije imala neku veliku dubinu. Ali lice mu je bilo široko, veoma muževno, samosvesno postavljeno između ramena. Kosa mu je bila razdeljena po sredini i glatko začešljana. Prednji zubi su mu bili široko razmaknuti, što je i Zet nasledio. Jedino je usek na očevoj bradi, koji se nije mogao obrijati, bio znak patosa, a tom nagoveštaju žalostivog Maksa Zetlanda prkosili su ruska vojnička čvrstina njegovog držanja, oštar stil pušenja, prasak s kojim je ispijao čašu rakije. Među svojim prijateljima sin ga je nazivao raznim imenima. General, Komesar, Osipovič, Ozimandijas, tako ga je često nazivao. „Ja se zovem Ozimandijas, kralj nad kraljevima: pogledajte moja dela, vi moćni, i očajavajte!"

Pre trećeg braka, udovac Ozimandijas se vraćao kući s posla sa „Ivning Amerikenom", odštampanim na papiru boje breskve. Pio je čašu viskija pre večere i obilazio kćerku. Možda ona nije bila slaboumna već samo privremeno ograničena. Njegov pametan sin probao je da mu kaže da je Kazanova bio hidrocefal do osme godine i da su ga smatrali imbecilom, i da je Ajnštajn bio zaostalo dete. Maks se nadao da će ona moći da nauči da šije. Započeo je sa manirima za stolom. Obroci su, jedno vreme, bili užasni. Ona jednostavno nije mogla da nauči. Porodično lice se kod nje nekako stislo, smanjilo, kondenzovalo u mačije. Mucala je, teturala, noge su joj bile dugačke i nerazvijene. Podizala je suknju u društvu, upotrebljavala klozet ne zatvarajući vrata. Pokazivala je sve slabosti svoje vrste. Rođaci su joj bili naklonjeni, ali Maks je osećao da preko te naklonosti oni sami sebi čestitaju. Zato je to ledeno odbijao, gledajući pravo pred sebe i produžujući svoja dugačka usta. Kada bi mu ljudi s naklonošću govorili o kćerki, izgledalo je kao da razmišlja koji je najbolji način da ih usmrti.

Otac Zetland je čitao rusku i jidiš poeziju. Voleo je društvo muzičara i umetnika, boemskih radnika iz fabrika rublja, tolstojevaca, sledbenika Eme Goldman i Isidore Dankan, revolucionara koji su nosili cvikere, ruske košulje, brade kao Lenjin ili Trocki. Odlazio je na predavanja, razgovore, koncerte i književne večeri; utopisti su ga zabavljali; poštovao je pamet i padao na visoku kulturu. Ona je tada bila dostupna u Čikagu.

Na Kalifornija aveniji, naspram Hamboltovog parka, čikaški anarhisti i Vobliji[1] su održavali svoje skupove; Skandinavci su imali svoje bratske lože, crkve, dvoranu za ples; Jevreji iz Galicije svoju sinagogu; članice „Kćerki Ciona" svoje dobrotvorno obdanište. U Ulici Divižn, posle 1929, propadale su male banke. Jednu su pretvorili u prodavnicu ribe. Od bančinog mermera je napravljen bazen za žive šarane. Sef je pretvoren u frižider. Bioskop je pretvoren u pogrebni zavod. U blizini, crvena garaža se podizala iz travuljine. Vegetarijanci su držali ogromnu fotografiju grofa Tolstoja u izlogu „Tolstojevog vegetarijanskog restorana". Kakva brada, kakve oči, kakav nos! Veliki ljudi su odbacivali trivijalnost običnih i čisto ljudskih stvari, uključujući ono što je bilo čisto ljudsko kod njih samih. Šta je nos? Hrskavica. Brada? Celuloza. Grof? Kastinska figura, stvar proizvedena epohama ugnjetavanja. Samo su Ljubav, Priroda i Bog dobri i veliki.

U stoprocentno industrijskom Čikagu, u kojem su nedostajale senke lepote, gde se ravna površ kopna sretala sa ravnom površi sveže vode, inteligentni dečaci poput Zeta, iako skloni svetu, nisu se dugo zadržavali na površinskim pojavama. Niko nije vodio Zeta na pecanje. Nije odlazio u šume, nisu ga naučili da puca, da čisti karburator, da igra bilijar, čak ni da pleše. Zet se usredsredio na svoje knjige – astronomiju, geologiju, itd. Prvo usplamtela masa materije, potom beživotna mora, onda gnjecava stvorenja koja gamižu po obali, jednostavni oblici, složeniji oblici, i tako dalje; potom Grčka, pa Rim, pa arapska algebra, pa istorija, poezija, filozofija, sli-

---

[1] Vobli – u slengu: naziv za člana Industrijskih radnika sveta, revolucionarne sindikalne organizacije u SAD, aktivne tokom prvih decenija ovog veka. – *Prim. prev.*

karstvo. Dok je još nosio pumparice, pozivale su ga razne grupe iz komšiluka da im govori o Bergsonovom „životnom poletu", o razlikama između Kanta i Hegela. Bio je kao profesor, nemački pedantan, vunderkind, pravo tajno oružje Maksa Žetlanda. Stari Zet je trebalo da bude *muškarac* porodice a mladi Zet njen *genije*.

„Želeo je da budem neki Džon Stjuart Mil", rekao je Zet. „Ili neko malo naborano čudo od deteta – grčki i matematika u osmoj godini, proklet bio!" Zet je verovao da su mu na prevaru oduzeli detinjstvo, da su mu opljačkali njegovo anđeosko rodno pravo. Verovao je u sve one stare priče o patnjama detinjstva, izgubljenom raju, razapinjanju nevinosti. Zašto je bolešljiv, zašto je kratkovid, zašto ima zelenkastu boju? Zato što je sumorni stari Zet želeo od njega da napravi samo srž bez kostiju. Zatvarao ga je u kavez prekornog kaznenog ćutanja, zahtevao da zaseni svet. I nikada – ama baš nikada – nije ništa odobravao.

Biti intelektualac je predstavljalo sledeći stupanj čovekovog razvoja, istorijsku sudbinu čovečanstva, ako vam se tako više dopada. Mase sada čitaju, i mi smo se razišli u svim pravcima, verovao je Zet. Rane faze tog širenja duha morale su da proizvedu preterivanja, zločin, ludilo. Zar nije to, govorio je Zet, značenje knjiga kao što su *Braća Karamazovi*, propadanje prouzrokovano racionalizmom u feudalnoj seljačkoj Rusiji? A oceubistvo prvi rezultat revolucije? Otpor modernom stanju i modernoj temi? Užasna borba Greha i Slobode? Megalomanija pionira? Biti intelektualac značilo je biti skorojević. Dužnost tih skorojevića jeste da se očiste od svojih prvih divljih nagona i lude niskosti, da se promene, da postanu nezainteresovani. Da vole istinu. Da postanu veliki.

Prirodno, Zetlanda su poslali na koledž.

Koledž ga je čekao. Osvajao je nagrade za poeziju, za eseje. Pridružio se književnom društvu, marksističkoj grupi. Složivši se s Trockim da je Staljin izdao Oktobarsku revoluciju, priključio se Mladom Spartaku, ali kao revolucionar bio je dosta neodređen. Studirao je logiku kod Karnapa, a kasnije kod Bertranda Rasela i Morisa R. Koena.

Najbolje od svega je bilo to što je umakao od kuće i živeo u sobama za iznajmljivanje, što prljavijim tim bolje. Najbolja je bila jedna šupa za ugalj, belo okrečena, na Vudlon aveniji. Sitan ugalj, koji se i dalje čuvao u susednoj šupi, procurivao je između belih dasaka. Prozora nije bilo. Na betonskom podu se nalazila krpara. Nameštaj se sastojao od starog hrastovog stola sa nagoretinama od cigareta i lampe bez abažura. Gasomeri i strujomeri za celu kuću su visili iznad Zetovog ležaja. Kirija je iznosila dva i po dolara nedeljno. Mesto je bilo veselo – boemsko, evropsko. I najbolje od svega, bilo je rusko! Vlasnik, Perčik, govorio je da je bio hajkač kod velikog vojvode Cirila. Ostavljen u Kamčatki kada je započeo rusko-japanski rat, vratio se peške preko Sibira. Zet je s njim vodio razgovore na ruskom. Perčik je bio star i imao retku bradu, a žičani ram njegovih jeftinih naočara bio je iskrivljen. U stražnjem dvorištu je napravio kućicu od praznih flaša, sakupljenih na ulici. Krpe i smeće je sagorevao u peći, a dimovi su izlazili kroz rešetke za topli vazduh. Kućevlasnik je pevao stare balade i himne u falsetu. Stvarno, mesto nije moglo da bude bolje. Neuredno, prljavo, bez pravila, slobodno, i mogao si da pričaš celu noć i ujutru dugo da spavaš. Upravo ono što je bilo potrebno za razmišljanje, za osećanje, za izmišljanje. Sav srećan, Zet je zabavljao Perčikovu kuću svojim šaradama, govorima, šalama i pesmama. Bio je mašina za peglanje, kontrolni sat, traktor, teleskop. Izvodio je *Don Đovanija,* sve uloge i sve glasove – *"Non sperar, se non m'uccidi... Donna folle, indarno gridi".* Oponašao je pratnju klavsena u rečitativima ili plač oboe kada duša napušta Komendatoreovo telo. U nastavku je imitirao Staljina koji se obraća partijskom kongresu, prodavca četaka na nemačkom ili komandanta podmornice koja potapa *amerikanische* teretni brod. Zet je takođe bio praktično koristan. Pomagao je ljudima da se presele. Čuvao je decu oženjenim studentima. Kuvao za bolesne. Brinuo o tuđim psima i mačkama dok su njihovi vlasnici bili na putu, i išao u nabavku za starice iz zgrade kad bi padao sneg. Sada je bio nešto između stamenog dečaka i kratkovidog mladića sa neobičnim idejama i egzotičnim motivima. Blagonaklon, gotovo franjevac, glupak radi boga, lako obmanjivan. Naivko. U devetnaestoj godini imao je umnogome dikensovsko srce. Kada bi zaradio malo para od pranja podova u bolnici Bilingz, delio ih je s pacijentima, kupovao im cigarete i sendviče, pozajmljivao za tramvaj, prevodio ih preko puta. Bio je osetljiv na patnju i simbole patnje i bede, i oči su mu se punile suzama kada bi ušao u neku bakalnicu iz vremena depresije. Uveli krompiri, proklijali luk, nesrećno lice bakalina. Mačka mu je pobacila, pa je i zbog toga plakao, zato što je mačja majka jadikovala. Bacio sam mrtvorođene mačiće u prljavu klozetsku šolju bez daske u podrumu, i povukao vodu. Ljutilo me je takvo njegovo ponašanje. Primenjuješ svoja osećanja na svakome, rekao sam. Upozorio me je da ne budem tvrdog srca. Rekao sam da u svemu preteruje. Optužio me je za manjak osetljivosti. Bila je to neobična rasprava za dva mladića. Pretpostavljam da je moć amerikanizacije popustila za vreme depresije. Prekinuli smo i iskoristili priliku da budemo više *inostrani*. Bili smo smešan par univerzitetskih visokoumnika koji nisu mogli da pljunu a da ne citiraju Vilijema Džejmsa i Karla Marksa, ili Vijea de l'Il-Adama ili Vajtheda. Utvrdili smo da je jedan od nas blagonaklon prema Vilijemu Džejmsu a drugi čvrst u svom otporu prema njemu. Ali Džejms je rekao da bi znanje o svemu što se dogodilo u nekom gradu tokom jednog dana smrvilo i najčvršći mozak. Niko ne može da bude onoliko čvrst koliko bi trebalo da bude. „Lišiće te svoje naklonosti ako ne paziš", rekao je Zet. Tako je on govorio. Jezik mu je uvek bio elegantan. Bogzna otkud mu taj plemićki stil – od lorda Bekona, možda, plus od Hjuma i u izvesnoj meri od Santajane. Sa svojim prijateljima je vodio rasprave u okrečenoj šupi. Jezik mu je bio veoma čist i melodičan.

Ali i on je bio muzikalan. Dok je hodao ulicom, uvek je vežbao neki Hajdnov kvartet, ili pak Borodina ili Prokofjeva. Kaputa zakopčanog do grla, teglio je torbu i pritiskao zamišljene violinske pragove prstima u postavljenim rukavicama i duvao muziku grlom i obrazima. Raspoložen, rđave boje lica, boje žutog grožđa, podražavao je čelo u grudima a violine visoko u nosu. Drveće je stajalo u pometenom, prljavom snegu, ukopano u zemlju ispod pločnika i obogaćeno izlivima iz kanalizacije. Zetland i veverice su uživali privilegiju pokretljivosti.

Vrućina ga je spopadala kad je ulazio u Kob Hol. Unutrašnjost je bila baptistički smeđa, stroga, lakirana, veoma slična starim crkvama. Zgradu su dobro grejali i on je istog časa osećao vrelinu na licu. Pržila mu je obraze. Naočare su mu se maglile. Prekidao je lagani stav svog Borodinovog kvarteta i uzdisao. Posle uzdaha, zauzimao je intelektualan, a ne muzički izraz. Sada je bio spreman za semiotiku, simboličku logiku – čitalac Tarskog, Karnapa, Fajgla i Djuija. Taj nabijeni mladić rđave boje kože, čija je svetloriđa kosa, glatko začešljana, prosijavala zelenkastim odsjajima, sedao je na tvrdu seminarsku stolicu i vadio cigarete. Među raznim ulogama, ovde je igrao ulogu Mozga. Uz Mršavka Džounza u rasparanom džemperu i bez prednjih zuba, uz Tiseviča koji je imao sitno kovrdžave obrve, uz Tamnu Devi – ljupku, oštru, bledu devojku, i gospođicu Krehejn, koja je imala crvenu kosu i strašno mucala, on je bio vodeći logički pozitivista.

Bar za neko vreme. Što se umnog rada tiče, mogao je sve da uradi, ali nije nameravao da postane logičar. Međutim, privlačila ga je racionalna analiza. Emocionalne borbe čovečanstva nikada nisu bile razrešene. Neprekidno su se radile iste stvari, sa strašću, sa strasnom glupošću, nalik insektima, iste emocionalne borbe koje su se ponavljale u svakodnevnoj stvarnosti – nagon, podsticaj, želja, samoočuvanje, jačanje, potraga za srećom, potraga za opravdanjem, iskustvo postanka i nestanka, iz ništavila u ništavilo. Veoma dosadno. Zastrašujuće. Prava propast. Ali, matematička logika je mogla da te kurtališe te besmislene egzistencije. „Gledaj", govorio je Zet u uflekanoj platnenoj stolici u bauhaus stilu, dok su mu spuštene naočare skraćivale već kratak nos. „Pošto su iskazi ili istiniti ili lažni, sve što *jeste* je ispravno. Lajbnic nije bio lud. Uz uslov da stvarno znaš da ono što jeste doista *jeste.* Ipak, još se nisam u potpunosti odlučio u vezi sa pitanjem religije, kao što bi pravi pozitivista morao da učini."

Upravo tada se iz geometrijskog Čikaga, poplavelog od zime, potamnelog od večeri, kristalnog od mraza, oglasiše fabričke sirene. Pet sati. Mišje sivi sneg i bungalovi kao kutije, peć

koja tutnji, i Perčikova lopata koja grebe po uglju. Zvuk radija se probijao kroz podove, sve do nas. Bio je to *Anschluss* – Šušnig i Hitler. U Beču je bilo hladno koliko i u Čikagu, ali znatno mračnije.
„Čeka me Loti", rekao je Zetland.
Loti je bila lepa. Takođe je, na svoj način, bila teatralna – devojka za zabavu, paganska lepotica sa slezom u zubima. Bila je duhovita devojka i volela je zabavnog čoveka. Dolazila je u njegovu šupu. On je ostajao u njenoj sobi. Zajedno su pronašli jedan engleski suteren u koji su doneli hrastov sto i nameštaj presvučen ružičastim somotom. Imali su mačke i pse, vevericu i gavrana. Posle prve svađe, Loti je u znak pomirenja namazala grudi medom. A pre diplomiranja, pozajmila je automobil i odvezli su se u Mičigen, gde su se venčali. Zet je dobio stipendiju za filozofiju na Kolumbija univerzitetu. Svadbena i oproštajna zabava je održana u jednom starom stanu na Kimbark aveniji. Kada bi se razdvojili na pet minuta, Zet i Loti su trčali celom dužinom hodnika, grlili se, drhtali i ljubili.
„Dragi, iznenada te nigde nije bilo!"
„Ovde sam, dušo, i uvek ću biti ovde!"
Dvoje mladih iz predgrađa, koji preteruju, koji glume svoju ljubav pred publikom. Ali u tome je bilo više od obične predstave. Oni su se obožavali. Osim toga, već su godinu dana živeli kao muž i žena sa svim svojim psima i mačkama, i pticama, i ribama, i biljkama i violinama. Zet je vešto oponašao životinje. Umivao se kao mačka i grizao buve na bedru kao pas, kreveljio se kao zlatne ribice, mahao prstima kao perajima. Kada su otišli u pravoslavnu crkvu na uskršnju službu, naučio je da se spusti na koleno i prekrsti na pravoslavan način. Šarlota je odbrojavala takt klimajući glavom dok je on svirao violinu, i pri tom

je, taj njegov divni metronom, samo malo grešila. Zet je uvek nešto glumio, a i Loti je uvek nešto prikazivala. Verovatno nema načina da ljudska bića prestaju da glume, govorio je Zet. Sve dok znaš gde je duša, ne smeta što si Sokrat. Ali kada mesto duše ne može da se odredi, onda igra pretvaranja u nekog drugog postaje očajnička. I tako Zet i Loti nisu bili jednostavno u braku, već u zanosnom braku. Umesto siromašne Makedonke čija gunđava majka, pravi useljenik, sipa čini i kletve na Zeta, i čiji otac oštri noževe i makaze, hoda gore-dole uličicama i zvoni malim zvonom, Zet je imao *das Ewig-Weibliche*, prirodnu, univerzalnu, velelepnu moć. Što se Loti tiče, rekla je: „Niko na svetu nije kao Zet." I dodala: „U svakom smislu." Onda je spustila glas i progovorila krajičkom usta, uz apsurdan šarm Ditrihove i u opakom čikaškom stilu: „Samo da znaš, ja nisam baš sasvim neiskusna." Što nije bilo nikakva tajna. Ranije je živela s momkom po imenu Haram, školskim psihologom, koji je imao zašivenu zečju usnu, prekrivenu brkovima. Pre njega bio je neko drugi. Ali sada je bila supruga, prepuna supružničke ljubavi. Peglala mu je košulje i mazala puter na prepečeni hleb, palila mu cigaretu i gledala ga kao mala španska devica, sva ozarena. Ta raznežiost i *Schwärmerei* su zabavljali neke ljude. Druge su razdraživali. Tata Zetland je pucao od besa.

Par je krenuo za Njujork dnevnim vozom sa stanice u Ulici Lasal. Stanica je delovala arhaično, neživo. Para se podizala do čađavih tavaničnih prozora. Stubovi gradske železnice su vibrirali u Ulici Van Bjuren, u kojoj su se nalazile zalagaonice, vojne prodavnice i berbernice. Nosač je uzeo kofere. Zet je pokušao da kaže Ozimandijasu nešto o kraljevskom držanju crnaca--nosača. I tetke su bile tu. Nisu baš mogle da prate Zetovu čudnu izjavu o crncima sa stanice i crncima među nosačima i njihovom ceremonijalnom afričkom stilu. Pogledi koje su razmenili potvrđivali su da se slažu, jadni Elijas je opet govorio koješta. Krivile su Loti za to. Uzbuđen što započinje svoj život, što je oženjen i primljen na Kolumbiju, on je osećao da ga otac obasipa svojom mrzovoljom, da mu sputava srce. Zetu su u međuvremenu izrasli veliki smeđi brkovi. Njegovi krupni dečački zubi, široko razmaknuti, čudno su se slagali sa tim zrelim brkovima. Oniska, prsata, gotovo kršna figura je predstavljala nižu verziju očeve figure. Ali Ozimandijas je imao rusko vojničko držanje. On nije verovao u smejanje, muvanje i podražavanje. Stajao je uspravno. Loti je svima dovikivala srdačne reči. Bila je odevena u belu haljinu i odgovarajući turban, i nosila bele cipele sa visokom petom. Vozovi su zveketali i pućkali, ali brzi udari Lotinih gizdavih peta su se dobro čuli. Njene orijentalne oči, zabavan seljački nos, prijatne grudi, obla seksualna stražnjica s kojom je Zetova šaka sve vreme bila u dodiru, privlačili su Ozimandijasovu nemu, mrgodnu pažnju. Zvala ga je „Tata". On je ispuštao dim od cigarete kroz zube, sa izrazom koji je mogao da prođe kao osmeh. Da, uspeo je da deluje prijatno sve to vreme. Makedonska rodbina nije ni došla. Bili su u tramvaju, usred saobraćajne gužve.

U toj tužno-veseloj prilici Ozimandijas se suzdržavao. Delovao je evropski uprkos slamnom letnjem šeširu, sa crveno-belo-plavom trakom, koji je nosio. Donjogradski kupac, dobro obučen u prerušavanju, on je gušio režanje svog srca i spuštao bradu s crnom rupom da bi primirio svoj bes. Privremeno je gubio sina. Loti je poljubila svekra. Poljubila je tetke, dve priučene bolničarke koje su čitale Romena Rolana i Vorvika Dipinga pored invalidskih stolica i posmrtnih kreveta. One su smatrale da bi Loti mogla da bude prefinjenija u svojoj ženskoj higijeni. Tetka Maša je mislila da miris na haringu potiče od dismenoreje. Tetka Maša, devica, nije još upoznala miris žene koja je vodila ljubav tokom toplog dana. Mladi ljudi su koristili svaku priliku da osnaže jedno drugo.

Imitirajući svoga brata, i tetke su izvele lažne poljupce neiskusnim usnama. Onda je Loti zaplakala od radosti. Odlazili su iz Čikaga, najdosadnijeg mesta na svetu, i oslobađali se sumornog Ozimandijasa i njene majke veštice i jadnog tate oštrača noževa. Ona je bila udata za Zeta, koji je imao milion puta više šarma i topline i pameti bilo od koga drugog.

„O, tata! Do viđenja!" Zet je osećajno zagrlio svog gvozdenog oca.

„Budi dobar. Studiraj. Učini nešto od sebe. Ako zapadneš u nevolju, telegrafiši da ti pošaljem novac."

„Dragi tata, volim te. Maša, Dunja, volim i vas", rekla je Loti, lica crvenog od suza. Sve ih je jecavo izljubila. A onda, na prozoru vagona, mladi ljudi se zagrliše, počeše da mašu, i voz krenu.

Dok je voz odlazio, tata Zetland zamahnu pesnicom prema vagonu s velikim prozorima. Potom zatreska nogama. Loti, koja mu je upropašćivala sina, doviknuo je: „Čekaj samo! Dohvatiću te ja! Pet godina, deset godina, ali pašćeš mi šaka." Zaurlao je: „Ti, kučko – ti, prljava pizdo."

U besu, izgovorio je reč na ruski način, „*Cont!*" Njegove sestre nisu razumele.

Zet i Loti su sleteli u Njujork Siti s neba – tako su se osećali u vozu koji je jurio duž Hadsona u praskozorje. Prvo mnogo plavičastih grana iznad vode, potom ružičasta boja, a onda silovit blesak reke pod zracima izlazećeg sunca. Sedeli su u kolima za ručavanje, teških kapaka. Iscrpla ih je noć isprekidanog sna koju su proveli u kupeu, i bili su potpuno ošamućeni. Pili su kafu iz šolja teških kao da su od kamena, a nalivali su je iz metalnog ibrika sa železničkim oznakama. Bili su na istoku zemlje, gde je sve bilo bolje, gde su predmeti bili drugačiji. U samom vazduhu je lebdeo dublji smisao.

Kada su se u Harmonu prikačili za električnu lokomotivu, započela je brža i življa vožnja. Drveće, voda, nebo, a nebo je letelo, proletalo, a onda su naišli mostovi, građevine, i napokon tunel, u kojem su zabrektale vazdušne kočnice i voz se zaustavio. Upalile su se žute sijalice zaštićene žičanom mrežom, a kroz ventilacione otvore se ulio podzemni vazduh. Vrata su se otvorila, putnici, ispravljajući odeću, potekoše napolje sa svojim prtljagom, a Zet i Loti, kada su dospeli do Četrdeset druge ulice, izbeglice iz suvoparnog i inhibiranog Čikaga, iz te Zemlje Praznine, zagrliše se na pločniku i nekoliko puta se poljubiše u usta. Stigli su u svetski grad, u kojem je celokupno ponašanje bilo dublje i zvučnije, gde su slobodnije mogli da budu ono što doista jesu, otvoreni i iskreni po svojoj volji. Nikakva izvinjenja nisu tu bila potrebna za intelekt, umetnost, transcendentno. Zet je verovao da svaki taksista to razume.

„Ah, draga, draga – hvala bogu", rekao je Zet. „Najzad mesto gde je sasvim normalno biti ljudsko biće."

„O, Zete, amin!" reče Loti uz drhtaje i suze.

U početku su živeli u gornjem gradu, na zapadnoj strani. Mali, zveckavi tramvaji još uvek su išli iskošenim Brodvejom. Loti je izabrala sobu opisanu kao studio, u stražnjem delu zgrade sa fasadom od mrkog peščara. Studio je bio i spavaća soba, a kupatilo je u isto vreme služilo kao kuhinja. Pokrivena debelom, glatkom daskom, kada se pretvarala u kuhinjski sto. Gasni šporet je mogao da se dohvati iz kade. Zetu se to dopadalo. Pržiš jaja dok sediš u vodi. Dok piješ kafu slušaš spori largo kanalizacije ili gledaš kako se bubašvabe muvaju po kredencu. Feder u tosteru je bio jako zategnut. Hleb je izletao iz njega. Ponekad i koja prepečena bubašvaba. Tavanice su bile visoke. Dnevnog svetla nije bilo dovoljno. Kamin je bio napravljen od malih pločica. Mogao si da doneseš gajbicu od jabuka s Brodveja i da potpališ desetominutnu vatru, od koje je ostajalo malo pepela i puno iskrivljenih eksera. Studio se pretvorio u Žetovo boravište, u Zetovo-i-Lotino mesto: tamne, prljave zavese, ćilimi iz starinarnica, tapacirane fotelje sa ogoljenim naslonima za ruke koje su sijale, rekao je Zet, kao koža od gorile. Prozor je gledao na otvor za ventilaciju, ali Zet je i u Čikagu živeo iza spuštenih šalona ili u okrečenoj šupi. Loti je kupila lampe sa ružičastim porcelanskim abažurima, nabranim na ivicama kao stare posude za puter. U sobi je vladala prijatna tmastost kapele, sumrak svetilišta. Kada sam posetio vizantijske crkve u Jugoslaviji, pomislio sam da sam otkrio model, arhetipsko Zetovo prebivalište.

I tako su se Zetlandovi smestili. Mrve, pikavci, soc od kafe, činije sa psećom hranom, knjige, časopisi, muzički stalci, mirisi makedonske kuhinje (ovčetina, jogurt, limun, pirinač), i belo čileansko vino u loptastim flašama. Zetland je išao da izvidi odsek za filozofiju, doneo kući gomile knjiga iz biblioteke, i bacio se na posao. Njegova marljivost mogla je da zadovolji Ozimandijasa. Ali ništa, govorio je, ništa ne može stvarno da zadovolji tog starog. A možda je njegovo najveće zadovoljstvo bilo u tome da nikada ne bude zadovoljan, da nikada ne odobrava. Loti je, sa svojom diplomom iz sociologije, dobila mesto u nekoj kancelariji. Gledaj ti nju, govorio je Zet, koja je to impulsivna mlada žena, i kako je samo efikasna, kakva izvrsna sekretarica. Vidi samo kako je postojana, kako se ne žali što ustaje po mraku, i u kakvog se pouzdanog službenika pretvorila ta balkanska Ciganka. U tome je nalazio i neku vrstu tuge, i to ga je zaprepastilo. Kancelarijski posao bi njega ubio. Pokušao je. Ozimandijas mu je nalazio poslove. Ali njega su paralizovali jednoličnost i rad s papirima. Radio je u kompanijinom skladištu i pomagao zoologu da utvrdi šta napada lešnike, smokve i grožđe, da kontroliše parazite. To je bilo zanimljivo, ali ne zadugo. A tokom jedne sedmice je radio u prodavnicama Prirodnjačkog muzeja i učio da pravi plastične listove. Mrtve životinje, naučio je, čuvaju se u mnogim otrovima i tako se, rekao je, on osećao kao nameštenik – kao da je otrovan.

I tako je Loti radila, a popodneva su bila veoma duga. Zet i pas su je čekali u pet sati. Napokon bi se pojavila, s namirnicama u rukama, u žurbi još od Brodveja. Na ulici, Zet i Katuša bi potrčali prema njoj. Zet je uzvikivao: „Loti!" a smeđi pas je skakao po pločniku i cvileo. Loti je bila bleda od podzemne železnice i topla, i ispuštala je kontraaltne zvukove iz grla dok su je ljubili. Donosila je kući meso za hamburgere i jogurt, kosti za Katušu i male darove za Zetlanda. I dalje su bili na medenom mesecu. Živeli su ekstatično u Njujorku. Životinjske ekstaze njihovog psa služile su im za isticanje ili analogiju. U zgradi su se sprijateljili sa jednim petparačkim piscem i njegovom ženom – Gidingzom i Gertrudom. Gidingz je pisao kaubojske romane: Balzak prerija, nazvao ga je Zet. Gidingz je njega nazvao Vitgenštajnom zapadne strane Njujorka. Tako je Zetland našao publiku za svoje vesele izume. Naglas je čitao smešne rečenice iz *Enciklopedije ujedinjenih nauka* i prebacivao H. Rajdera Hagarda, Gidingzovog omiljenog romanopisca, na jezik simboličke logike. Uveče, Loti je ponovo postajala makedonska Ciganka, mamina kćerka. Mama joj je bila čarobnica iz Skoplja, govorio je Zetland, i bacala je vradžbine pomoću mačje mokraće i zmijskih pupaka. Znala je i erotske tajne iz davnina. I Loti ih je očigledno znala. Utvrđeno je da su Lotini ženski kvaliteti bogati, duboki i slatki. Romantični Zetland je pričao o njima vatreno i sa zahvalnošću.

Od tolike strasti, tog čokoladnog života, usijanih nerava, došli su i bolovi nelagodnosti. Na svoj način, rekao je, i nelagodnost je bila sjajna. Objasnio je da ima dve vrste ekstaze, čulnu i bolesnu. Ti prvi meseci u Njujorku bili su jači od njega. Povratile su mu se nevolje s plućima i dobio je groznicu; sve ga je bolelo, bolno je mokrio, i ležao je u krevetu u izbledeloj pidžami boje vina, koja ga je stezala oko prepona i ispod jedrih ruku. Koža mu je ponovo postala lako nadražljiva.

Tokom nekoliko sedmica ponovo je prolazio kroz svoje invalidsko detinjstvo. Bilo je strašno što je ponovo upao u to kao odrastao čovek, tek oženjen, ali bilo je i prijatno. Dobro se sećao bolnice, bubnjanja u glavi dok su ga opijali eterom i užasne otvorene rane na trbuhu. Inficirala se i nije htela da zaraste. Gnoj mu je odvođen kroz gumenu cev koju je pridržavala obična pribadača. Shvatio je da će umreti, ali je ipak čitao stripove. Sve što su deca sa odeljenja imala za čitanje bili su stripovi i Biblija: Slim Džim, Bub Meknat, Nojeva barka, Hagar, Išmael su se pretapali jedno u drugo kao mnoge boje u stripovima. Bila je hladna čikaška zima, zlatni ikonoliki zraci javljali su se na zamrznutim prozorima tokom jutra, a tramvaji su tutnjali i tandrkali. Nekako je uspeo da izađe iz bolnice, i tetke su ga negovale kod kuće čorbom punom koštane srži i vrelim mlekom i topljenim puterom, keksima velikim kao karte za igranje. Njegova bolest u Njujorku je ponovo donela sećanje na tu otvorenu ranu sa mirisom truleži i gumenim crevom, kojeg je samo pribadača sprečavala da mu ne upadne u stomak, i sa ranama od ležanja, i kako je u osmoj godini morao iznova da uči da hoda. Veoma ran i veran osećaj nasrtaja životnih energija na materiju, bolne, teške, složene hemijsko--električne transformacije i organizacije, velelepne i prepune jarkih boja, i svi mirisi i sav smrad. Ta kombinacija bila je prejaka. Previše se kovitlala. Previše je uznemiravala i plašila dušu. Zašto smo ovde, najčudniji od svih čudnih bića i stvorenja? Bistre koloidne oči za gledanje, bar za neko vreme, i to za veoma precizno gledanje, i opipljivi svemir koji se može gledati, i bezbroj ljudskih poruka za odašiljanje i primanje. I koščana kutija za razmišljanje i čuvanje misli, i prugasto srce za osećanja. Vodeni cvetovi, koji melju druga stvorenja, začinjavaju i peku njihovo meso, žderu to isto meso. Nekakvo biće ispunjeno spoznajom smrti, i takođe ispunjeno beskrajnim čežnjama. Te neobične suštinske fraze nisu bile namerne. Same od sebe su došle Zetlandu, prirodno, mimo volje, dok je sam sa sobom razmatrao taj splet svetlih i užasavajućih kvaliteta.

I tako je Zet odložio svoje knjige iz logike. Više mu nisu koristile. Pridružile su se stripovima koje je odložio kada je imao osam godina. Rudolf Karnap je postao nepotreban kao i Bub

Meknat. Upitao je Loti: „Koje su još knjige tamo?" Ona priđe polici i poče da čita naslove. Zaustavio ju je kod *Mobija Dika,* i ona mu pruži debelu knjigu. Pošto je pročitao nekoliko stranica, znao je da nikada neće doktorirati na filozofiji. More se ulilo u njegovu kopnenu, jezersko-mičigensku dušu. Okeanska hladnoća je bila prava stvar za njegovu groznicu. Osećao se zagađen i prljav, ali je čitao o čistoti. Dospeo je do rđavog stanja ograničenog samstva, nezadovoljstva, nevoljnosti da postoji; bio je bolestan, i sada je želeo da izađe *napolje.* Onda je pročitao tu zapanjujuću knjigu. Ona ga je sasvim preplavila. Mislio je da će se utopiti. Ali nije se utopio, plutao je na površini.

To stvorenje od krvi i mesa, i bolesno pride, otišlo je u klozet. Zbog svojih creva je morao da se odgega do daske i da sedne na porcelansku šolju, iznad rupe s vodom, koja je bila povezana sa kanalizacijom – neophodna i nužna sramota. A kada su se vrtoglave podne pločice zanjihale pred njegovim bolesnim očima kao žičana mreža, ametist okeana se takođe našao u uglovima ogledala na ormariću s lekovima, kao i bela moć kita, kojem je kada davala prolazan oblik. Kloaka je bila tu, mučnina, i takođe lagodnost crevnih mirisa, stare smeđe boje, što vraćaju u detinjstvo. I strahovanje i slast od hrapavog kašlja i tropska vlažnost groznice. Ali podigla su se i mora. Pravo kroz otvor za ventilaciju, prema zapadu, i skreni levo kod Hadsona. Atlantik je bio tu.

Pravi cilj njegovog života bila je sveobuhvatna vizija, tako je odlučio. U filozofiji se bavio teorijom sličnosti univerzalija. Imao je originalan pristup predikatu „sličiti". Ali s tim je bilo gotovo. Kad je bolovao, bio je odlučan. Znojio se i iskašljavao plavičasti šljam pritiskajući pesnicu na usta, izbečenih očiju. Pročistio je grlo i rekao Loti, koja je sedela na krevetu i držala šolju s čajem za vreme tog napada kašlja: „Mislim da ne mogu da nastavim dalje na odseku za filozofiju."

„To te stvarno brine, zar ne? Govorio si o filozofiji u snu pre neku noć."

„Stvarno?"

„Govorio si o epistemologiji ili tako nešto. Ne razumem se baš u te stvari, znaš."

„Ah, pa, nije to baš ni za mene."

„Ali, dušo, ne moraš da radiš ono što ti se ne dopada. Pređi na nešto drugo. Ja ću te podržati."

„Ti si srce od žene. Ali moraćemo nekako da se snađemo bez stipendije."

„Šta će nam ona? Ta jeftina kopilad ionako ti ne daje dovoljno za život. Zete, dragi, zajebi novac. Vidim da si se promenio zbog te knjige."

„O, Loti, ta knjiga je pravo čudo. Izvodi te iz ovog ljudskog sveta."

„Kako to misliš, Zete?"

„Izvodi te iz svemira mentalnih projekcija ili uvredljivih fikcija obične društvene prakse ili psihološke navike. Daje ti osnovnu slobodu. Ono što te doista oslobađa od tih uvredljivih društvenih i psiholoških izmišljotina jeste druga fikcija – umetnost. Nema ljudskog života bez poezije. Ah, Loti, gladovao sam zbog simboličke logike."

„*Moram* odmah da pročitam tu knjigu", reče ona.

Ali nije daleko dospela. Knjige o moru su za muškarce, a i ona nije bila neki ljubitelj čitanja; bila je previše impulsivna i nije mogla dugo da sedi ni uz jednu knjigu. To je bilo za Zeta. On će joj reći sve što treba da zna o *Mobiju Diku*.

„Moraću da odem na razgovor kod profesora Edmana."

„Čim budeš dovoljno jak, otiđi i reci da prekidaš. Jednostavno prekidaš. Tim bolje. Zašto bi, do đavola, uopšte bio profesor? O, taj pas!" Katuša je započela lajavi obračun sa komšijskim psom. „Zaćuti, kučko! Ponekad stvarno mrzim tog groznog psa. Imam osećaj da mi laje usred glave."

„Daj je Kinezu iz praonice rublja, dopada mu se."

„Dopada? On bi je pojeo. Znaš šta, Zete, nemoj ništa da brineš. Zajebi logiku. Je l' u redu? Možeš da radiš sto drugih stvari. Znaš francuski, ruski, nemački, pametan si. Za život nam ne treba mnogo. Nikakve ludorije. Ja kupujem na Junion skveru. Pa šta?"

„Na tom divnom makedonskom telu", reče Zet, „roba iz jeftine Klajnove radnje izgleda kao unikatni primerak visoke mode. Blagoslovene bile tvoje grudi, tvoj trbuh i tvoja stražnjica."

„Ako ti groznica prođe do vikenda, možemo da odemo izvan grada, kod Gidingza i Gertrude."

„Tata će se uznemiriti kada čuje da sam napustio Kolumbiju."

„Pa šta? Znam da ga voliš, ali on je takvo zlopamtilo, da ga ionako ne možeš da zadovoljiš. Ma, ko ga jebe!"

Preselili su se u donji deo Njujorka 1940. i živeli u Ulici Bliker dvanaest godina. Ubrzo su postali poznati u Grinič Vilidžu. U Čikagu su bili boemi a da to nisu znali. U Vilidžu, Zet se identifikovao sa avangardom u književnosti i sa radikalnom politikom. Kada su Rusi zauzeli Finsku, radikalna politika je postala apsurdna. Marksisti su raspravljali da li radnička država može da bude imperijalistička. To je bilo i suviše besmisleno za Zetlanda. Onda je došao nacističko-sovjetski pakt, pa rat. Konstantin se rodio za vreme rata – Loti je želela da dobije balkansko ime. Zetland je želeo da stupi u vojsku. Kada je nastupao nezavisno, sa žarom, Loti je uvek bila za njega, i podržavala ga je protiv njegovog oca, koji se naravno nije slagao.

SREBRNA ČINIJA

Šta da se čini sa smrću – u ovom slučaju, sa smrću starog oca? Ako ste moderna osoba, ako imate šezdeset godina i videli ste svet, kao Vudi Selbst, šta da činite? Uzmite, na primer, pitanje žaljenja, i postavite ga naspram savremenog iskustva. Kako ćete, naspram savremenog iskustva, ožaliti osamdesetogodišnjeg oca, gotovo slepog, sa uvećanim srcem, s plućima punim tečnosti, koji gamiže, spliće se, ispušta sve one mirise, plesni ili gasova, starih ljudi? Pobogu! Kao što je Vudi rekao, budimo realni. Pomislite samo kakva su ovo vremena. Novine vam ih svakodnevno serviraju – taoci iz Adena opisuju kako Lufthanzin pilot kleči i preklinje palestinske teroriste da ga ne ubiju, ali mu oni ipak pucaju u glavu. Kasnije i njih ubijaju. A onda drugi ubijaju te druge, ili sami sebe. Eto šta čitate u štampi, gledate na televiziji, slušate za večerom. Znamo šta se svakog dana događa u celoj ljudskoj zajednici, nešto kao globalni smrtni grč.

Vudi, biznismen iz južnog Čikaga, nije bio neznalica. Znao je više nego što biste očekivali od jednog prodavca pločica (za kancelarije, predvorja, toalete). To nije bilo znanje za koje dobijate akademsku diplomu. Doduše, Vudi je proveo dve godine u bogosloviji, gde je učio za sveštenika. Dve godine koledža za vreme depresije bilo je više nego što je većina srednjoškolaca mogla da dobije. Posle toga, na svoj vitalan, slikovit, originalan način (Moris, njegov otac, takođe je u svojim danima bio vitalan i slikovit), Vudi je pažljivo čitao o mnogim temama, s obzirom na to da je bio pretplaćen na „Nauku" i druge časopise koji su pružali prave informacije, i pohađao je večernje kurseve iz ekologije, kriminologije i egzistencijalizma na univerzitetima De Pol i Nortvestern. Osim toga, dosta je putovao po Japanu, Meksiku i Africi, a jedan afrički doživljaj imao je poseban značaj za njegovo žaljenje. Bilo je to ovako: sa čamca, negde u blizini Marčisonovih vodopada u Ugandi, video je kako krokodil odnosi sasvim mladog bivola sa obale Belog Nila. Duž tropske reke su stajale žirafe, nilski konji, babuni, a flamingoi i ostale bleštave ptice su presecale jarki vazduh u vrelini jutra, kada je tele ugazilo u vodu da pije a krokodil ga ščepao za kopito i odvukao ispod površine. Bivoli-roditelji nisu mogli da shvate šta se zbiva. Tele se pod vodom još borilo, otimalo, podizalo mulj. Vudi, robustni putnik, upio je sve to u prolazu, i činilo mu se kao da se bivoli--roditelji nemo pitaju šta se dogodilo. Pretpostavio je da u tome ima bola, uneo je stanovit jad u to. Na Belom Nilu, Vudi je imao utisak da se vratio u praistorijsku prošlost, i nastavio je da razmišlja o tome i kod kuće u južnom Čikagu. Iz Kampale je doneo i smotuljak hašiša. Bio je to rizik u odnosu na carinike, ali on je možda igrao na svoju krupnu građu, iskreno lice, zdravu boju. Nije izgledao kao zlodelnik, kao loš čovek; izgledao je kao dobar čovek. Ali je voleo da rizikuje. Rizik je bio divan stimulans. Da su mu inspektori pregledali džepove, on bi rekao da kaput nije njegov. Ali prošao je, i ćurka spremljena za Dan zahvalnosti bila je napunjena hašišom. Svi su u tome uživali. To je, u stvari, bila poslednja gozba kojoj je tata, koji se takođe oduševljavao rizikom ili prkosom, prisustvovao. Hašiš koji je Vudi pokušao da odgaji od afričkog semena u svom stražnjem dvorištu nije uspeo. Ali iza svog skladišta, tamo gde je parkirao „linkoln kontinental", imao je leju s marihuanom. U Vudiju nije postojalo ništa loše, već on, naprosto, nije voleo da živi potpuno u granicama zakona. Reč je, jednostavno, o samopoštovanju.

Posle tog Dana zahvalnosti, tata je postepeno tonuo kao da je negde imao malu pukotinu koja propušta. To je potrajalo nekoliko godina. Čas u bolnici, čas izvan bolnice, nekako se sav smanjio, misli su mu lutale, nije mogao čak ni toliko da se koncentriše da bi se požalio, izuzev tokom onih izuzetnih trenutaka nedeljom, kada mu se Vudi potpuno posvećivao. Moris, amater koga je nekada i veliki profesionalac Vili Hop uzimao za ozbiljno, više nije mogao da izvede ni najjednostavniji bilijarski udarac. Mogao je samo da zamišlja udarce, i počeo je da iznosi teorije o nemogućim trostrukim kombinacijama. Halina, Poljakinja s kojom je Moris nevenčano živeo više od četrdeset godina, bila je i sama suviše stara da bi trčala u bolnicu. Vudi je morao sve to da radi. Tu je bila i Vudijeva majka, koja je prešla u hrišćanstvo, i o kojoj je takođe trebalo brinuti; imala je preko osamdeset godina i često su je smeštali u bolnicu. Svi su imali dijabetes i pleuritis i artritis i katarakt i pejsmejkere. I svi su živeli pomoću tela, ali telo je popuštalo.

Tu su bile i dve Vudijeve sestre, neudate, pedesetih godina, prave hrišćanke, konzervativne, koje su živele s mamom u pravom hrišćanskom bungalovu. Vudi, koji je bio potpuno odgovoran za sve njih, morao je povremeno da smešta jednu od devojaka (u međuvremenu su postale bolesne devojke) u duševnu bolnicu. Ništa ozbiljno. Sestre su bile divne žene, obe su nekad davno bile prekrasne, ali nijedna od tih jadnica nije igrala sa svim kartama. A sve frakcije su morale da budu odvojene – mama, preobraćenik u hrišćanstvo; sestre, fundamentaliste; tata, koji je čitao novine na jidišu sve dok je mogao da vidi slova; Halina, dobra katolkinja. Vudi je sebe, četrdeset godina posle bogoslovije, opisivao kao agnostika. U tati nije bilo više religije nego što je moglo da se nađe u jidiš novinama, ali je naterao Vudija da mu obeća da će ga sahraniti među Jevrejima, i tamo je sada ležao, u havajskoj košulji koju mu je Vudi kupio u Honoluluu za vreme skupa proizvođača i prodavaca pločica. Vudi nije dozvolio da ga oblače pogrebnikovi pomoćnici, već je došao u pogrebni zavod i sâm navukao košulju na ukrućeno telo, tako da je stari izgledao kao Ben-Gurion kad su ga sahranili u prostom drvenom kovčegu, koji će sigurno brzo istruliti. Tako je to Vudi hteo. Kod groba je skinuo i složio sako, zavrnuo rukave preko pegavih mišića, odmahnuo malo traktoru, uzeo lopatu i sâm nasuo grob zemljom. Njegovo veliko lice, široko pri dnu, sužavalo se pri vrhu kao holandska kuća. A on je, dok je malim dobrim donjim zubima stezao gornju usnu od napora, obavio poslednju sinovljevu dužnost. Bio je zdrav i snažan, i mora biti da se toliko zacrveneo od emocija a ne od nasipanja zemlje. Posle sahrane, otišao je kući sa Halinom i njenim sinom, dobrim Poljakom kao što je i njegova majka, i uz to talentovanim – Mitoš je svirao orgulje na stadionu za vreme hokejskih i košarkaških utakmica, a za to je bio potreban bistar čovek koji zna kada treba da napali rulju – i tamo su popili poneko piće i tešili staricu. Halina je bila iskreno tužna, jer je uvek bila svom dušom za Morisa.

A dalje, tokom nedelje, Vudi je bio strašno zauzet, imao je da obavi razne poslove, obaveze u kancelariji, obaveze u porodici. On je živeo sâm, kao i njegova žena, kao i njegova ljubavnica; svako je imao svoj stan. S obzirom na to da njegova žena, ni posle petnaest godina otkad su se razdvojili, nije naučila da se brine o sebi, Vudi je kupovao za nju petkom, punio joj zamrzivač. Te nedelje je morao da je vodi da kupi cipele. Petak uveče je provodio sa Helen – Helen je, u stvari, bila njegova žena. Subotom je obavljao svoju veliku nedeljnu kupovinu. Subotu uveče je posvećivao mami i svojim sestrama. Bio je previše zauzet da bi mogao da se posveti svojim osećanjima, osim u veoma kratkim trenucima, kada je imao samo toliko vremena da primeti: „Prvi četvrtak u grobu", „Prvi petak, lepo vreme", „Prva subota; do sada se sigurno navikao." Povremeno bi tiho kazao: „Oh, tata."

Ali sve ga je sustiglo u nedelju, kada su zvona zazvonila po celom južnom Čikagu – ukrajinska, rimokatolička, grčka, ruska, afrička metodistička crkva, sve su se oglašavale jedna za drugom. Vudijeve kancelarije bile su u njegovom skladištu, pa je on tu, na najvišem spratu, sagradio sebi stan, prostran i komforan. S obzirom na to da je svake nedelje, već u sedam ujutru, odlazio na ceo dan kod tate, bio je zaboravio koliko crkvi okružuje Selbstovu kompaniju za pločice. Ležao je u krevetu kada je začuo zvona, i istog časa je osetio koliko mu je srce slomljeno. Ta iznenadna teška tuga kod muškarca od šezdeset godina, praktičnog, zdravog, razumnog i iskusnog, bila je krajnje neprijatna. Kada bi se našao u tako neprijatnom stanju, smatrao je da treba nešto da uzme protiv toga. I tako je pomislio: šta da uzmem? Mnoštvo lekova ležalo mu je nadohvat ruke. Podrum mu je bio pun gajbica sa škotskim viskijem, poljskom votkom, armanjakom, mozelom, burguncem. U zamrzivačima su se nalazili komadi bifteka, divljač, rakovi sa Aljaske. Kada je kupovao, kupovao je široke ruke – na gajbicu i na tuce. Ali na kraju, kada je ustao, odlučio se samo za šolju kafe. Dok se voda grejala, obukao je japansku odeću u džudo-stilu i seo da razmisli.

Vudi je bivao ganut kada bi stvari bile *iskrene*. Grede su bile iskrene, neskriveni betonski stubovi u rastućim oblakoderima su bili iskreni. Sakrivanje je bilo rđavo samo po sebi. On je mrzeo prevaru. Kamen je bio iskren. Metal je bio iskren. Nedeljna zvona su bila veoma iskrena. Oslobodila su se, njihala i klatila, i te vibracije i ta zvonjava su učinili nešto za njega – pročistili su mu utrobu, očistili krv. Zvono je bilo jednosmerno grlo, koje je govorilo samo jednu stvar, ništa drugo. I on je slušao.

Imao je već ranije neke veze sa zvonima i crkvama. Na kraju krajeva, bio je donekle hrišćanin. Rođen kao Jevrejin, imao je jevrejske crte lica, uz neke odlike Irokeza ili Čirokija, ali majka mu je prešla u hrišćanstvo pre više od pedeset godina pod uticajem svog zeta, prečasnog doktora Kovnera. Kovner, rabinski student koji je napustio jevrejski koledž u Sinsinatiju da bi postao sveštenik i otvorio crkveno prihvatilište, delimično je odgajio Vudija kao hrišćanina. E sad, tata se nije slagao s tim fundamentalistima. Govorio je da Jevreji dolaze u prihvatilište da bi dobili kafu, slaninu, konzervirani ananas, jučerašnji hleb i mlečne proizvode. A ako su morali da slušaju propovedi, u redu – bila je depresija i nije moglo mnogo da se bira – ali je znao da slaninu prodaju.

U jevanđeljima je jasno pisalo: „Spasenje dolazi od Jevreja."

Prečasnog doktora su podržavali bogati fundamentalisti, uglavnom Sveđani, koji su preobraćenjem svih Jevreja želeli da ubrzaju Hristov dolazak. Najistaknutiji Kovnerov podržavalac bila je gospođa Skuglund, koja je od svog pokojnog muža nasledila veliku mlekaru. Vudi je bio pod njenom posebnom zaštitom.

Vudi je imao četrnaest godina kada je tata otišao sa Halinom, koja je radila u njegovoj radnji, ostavljajući svoju tešku hrišćansku ženu, preobraćenog sina i kćerkice. Jednog prolećnog dana prišao je Vudiju u stražnjem dvorištu i rekao: „Odsada si ti gazda u kući." Vudi je upravo vežbao sa štapom za golf i kidao glave maslačcima. Tada je došao u dvorište u svom dobrom odelu, koje je bilo pretoplo za to doba godine, i kada je skinuo šešir na koži glave ocrtavao se duboki prsten a lobanja mu je bila poprskana znojem – više kapi nego dlaka. Rekao je: „Selim se odavde." Tata je bio zabrinut, ali spreman da ode – odlučan. „Nema svrhe. Ne mogu da živim ovakvim životom." Zamišljajući život koji je tada jednostavno *morao* da živi, njegov slobodan život, Vudi je mogao da ga predstavi sebi u dvorani za bilijar, kako baca kocke ispod železničkih šina, ili kako igra poker na spratu kod Brauna i Kopela. „Ti ćeš biti gazda u kući", rekao je tata. „Sve je u redu. Upisao sam vas za socijalnu pomoć. Upravo stižem iz Vobanša avenije, iz centra za socijalno staranje." Zbog toga je nosio odelo i šešir. „Poslaće socijalnog radnika." Onda je rekao: „Moraš da mi pozajmiš novac za benzin – novac koji si zaradio na igralištu za golf."

Shvativši da tata ne bi mogao da ode bez njegove pomoći, Vudi mu je dao svoju celokupnu zaradu iz golf-kluba u Vinetki. Tata je osećao da vredna životna pouka koju prenosi vredi mnogo više nego ti dolari, i kad god bi varao svog dečaka nekakav sveštenički izraz osvajao bi njegov povijeni nos i rumeno lice. Deca, koja su svoje najbolje ideje dobijala u bioskopu, zvala su ga Ričard Diks. Kasnije, kada se pojavio strip, rekli su da je Dik Trejsi. Kako je sada Vudi video stvari, ispod uskovitlanih zvona, on je u stvari unovčio svoj odlazak. Ha-ha! Smatrao je da je to divno, pogotovo onaj tatin stav – „To će te naučiti da veruješ svom ocu". Jer to je bila demonstracija u korist stvarnog života i slobodnih instinkata, protiv religije i hipokrizije. Ali uglavnom je bila uperena protiv toga da se bude budala, protiv sramne gluposti. Tata je bio protiv prečasnog doktora Kovnera, ne zbog toga što je bio otpadnik (tatu uopšte nije bilo briga za to), niti zbog toga što je prihvatilište bilo prevara (priznavao je da je prečasni doktor lično pošten), već zbog toga što se doktor Kovner ponašao glupo, govorio kao budala i izigravao violinistu. Zabacivao je kosu kao Paganini (to je Vudijev dodatak; tata nije nikada čuo za Paganinija). Dokaz da nije bio pravi duhovni vođa bilo je to što je Jevrejke preobraćivao tako što im je osvajao srca. „On osvaja sve te ženske", govorio je tata. „On to čak i ne zna, kunem se da ne zna kako ih zadobija."

S druge strane, Kovner je često upozoravao Vudija: „Tvoj otac je opasna osoba. Naravno, ti ga voliš; i treba da ga voliš i da mu oprostiš, Vudrou, ali već si dovoljno odrastao da shvatiš da on vodi poročan život."

Sve su to bile sitnice: tatin greh bio je na dečačkom nivou i zato je i ostavio veliki utisak na dečaka. I na majku. Jesu li supruge deca, možda? Majka je često govorila: „Nadam se da ćeš se moliti za tog grubijana. Pogledaj samo šta nam je učinio. Ali samo se moli za njega, nemoj da ga viđaš." Ali on ga je sve vreme viđao. Vudrou je vodio dvostruki život, sveti i profani. Prihvatio je Isusa Hrista kao svog ličnog iskupitelja. Tetka Rebeka je to iskoristila. Naterala ga je da radi. Morao je da radi pod njenim nadzorom. Prijavio se za domara u prihvatilištu i stambenoj zgradi. Zimi je morao da loži peć, i neke noći je prespavao u blizini prostorije s peći, na bilijarskom stolu. Otvorio je, kalauzom, vrata od ostave. Uzimao je konzerve s ananasom i gulio slaninu džepnim nožem. Kljukao se nekuvanom slaninom. Imao je i šta da napuni.

Ali sada, pijuckajući kafu, upitao se: da li je bio toliko gladan? Ne, voleo je da bude nehajan. Kada je izvadio nož i nasrnuo na slaninu, borio se protiv tetke Rebeke Kovner. Ona nije znala, nije mogla da dokaže da je Vudi, tako iskren, jak, pozitivan dečak, koji vam je uvek gledao pravo u oči, takođe lopov. Ali on je takođe bio lopov. Kad god bi ga ona pogledala, znao je da vidi njegovog oca. U zakrivljenosti nosa, pokretima očiju, čvrstini njegovog tela, u njegovom zdravom licu videla je onog opakog divljaka Morisa.

Moris je, znate, bio uličar u Liverpulu – Vudijeva majka i sestre bile su Britanke po rođenju. Morisova poljska porodica, kad je putovala u Ameriku, ostavila ga je u Liverpulu jer je imao neku očnu infekciju zbog koje bi sve njih vratili sa ostrva Elis. Zadržali su se malo u Engleskoj, ali oko mu se i dalje gnojilo i oni su ga jednostavno šutnuli. Odmaglili su, a on je u svojoj dvanaestoj godini morao sâm da se snalazi u Liverpulu. Majka je poticala iz bolje stojeće porodice. Tata, koji je spavao u njihovom podrumu, zaljubio se u nju. U šesnaestoj godini, iskoristivši štrajk mornara, ubacio se kao štrajkbreher i ubacivao ugalj preko Atlantika, i onda napustio brod u Bruklinu. Postao je Amerikanac, a Amerika to nikada nije doznala. Glasao je bez dokumenata, vozio se bez dozvole, nije plaćao porez, koristio se svakom prečicom. Konji, karte, bilijar i žene su predstavljali njegove doživotne zanimacije, i to upravo u tom redosledu. Da li je voleo bilo koga (bio je strašno zauzet)? Da, voleo je Halinu. Voleo je svog sina. Sve do današnjeg dana majka je verovala da je nju najviše voleo i da je uvek želeo da se vrati. To joj je omogućilo da glumi kraljicu sa punačkim zglobovima i bledunjavim licem kraljice Viktorije. „Devojke su upućene da ga nikada ne prime", rekla je. Kao da govori carica Indije.

Razbijena zvonima, Vudrouova duša se kovitlala tog nedeljnog jutra, dolazila i odlazila, vraćala se u prošlost, u gornji ugao njegovog skladišta, uređen sa izuzetnom originalnošću – zvona su se pojavljivala i nestajala, metal je udarao o goli metal, sve dok se krug zvona nije proširio preko celog jesenjeg južnog Čikaga, sa njegovim čeličanama, benzinskom i automobilskom industrijom, i sa svim njegovim Hrvatima, Ukrajincima, Grcima, Poljacima i uvaženim crncima koji su išli u svoje crkve da slušaju misu ili da pevaju himne.

Sâm Vudi je dobro pevao himne. Još uvek ih se sećao. Svedočio je, takođe. Tetka Rebeka mu je često nalagala da ustane i da kaže pred crkvom punom Skandinavaca da je on, Jevrejče, prihvatio Isusa Hrista. Za to mu je plaćala pedeset centi. Ona je izdavala pare. Ona je bila računovođa, šef računovodstva, glavni upravnik prihvatilišta. Prečasni doktor nije ništa znao o tim stvarima. Od njega su se očekivali ushit i žar. Bio je pravi, divan propovednik. A Vudi? I u njemu su postojali ushit i žar. Prečasni doktor ga je privlačio. On ga je naučio da se moli, dao mu njegov viši život. A osim tog višeg života, sve ostalo bio je Čikago – čikaški običaji koji su tako prirodno nailazili, da niko nije pokušavao da posumnja u njih. Tako, na primer, godine 1933.

(koja su to drevna, drevna vremena!), na svetskoj izložbi, zvanoj „Vek progresa", kada je Vudi bio kuli i vukao rikšu, noseći na glavi šiljati slamni šešir i kaskajući moćnim, debelim nogama, dok su se mišićavi rumeni farmeri – njegovi podnapiti putnici – besomučno smejali i spopadali ga zbog kurvi, on, iako brucoš u bogosloviji, nije nalazio ništa loše u tome što su te devojke tražile da vozi u njihovom pravcu, što im je sređivao sastanke i prihvatao napojnicu sa obe strane. U Grantovom parku izvatao se sa snažnom devojkom koja je morala brzo da ide kući kako bi podojila bebu. Mirišući na mleko, vozila se pored njega u tramvaju koji je išao prema zapadu, stiskala mu kulijevsku butinu i kvasila bluzu. Bilo je to u tramvaju koji je išao Ruzveltovim putem. A kasnije, u stanu, u kojem je živela sa majkom, nije bilo, koliko je mogao da se seti, nikakvih muževa. Sećao se samo jakog mirisa mleka. Narednog jutra, bez nedoslednosti, vežbao je novozavetni grčki: Svetlo svetli u tami – *to fos en te skotia fainei* – a tama ga ne obuze.

A sve vreme dok je trčao između stubova na izložbenom prostoru imao je samo jednu ideju, koja nije imala nikakve veze sa onim uspaljenim divovima koji su se ludo zabavljali u velikom gradu: da je cilj, projekt, svrha bila (nije umeo da objasni zašto tako misli; svi dokazi su bili protiv toga) – božja ideja da ovaj svet treba da bude svet ljubavi, da će se svet na kraju oporaviti i da će u potpunosti biti svet ljubavi. Nije to nikome živom rekao, jer je i sâm mogao da vidi koliko je glupo – lično i glupo. Pa ipak, to je počivalo u samom središtu njegovih osećanja. A u isto vreme tetka Rebeka je bila u pravu kad mu je, strogo privatno, gotovo na uvo, rekla: „Ti si mali pokvarenjak, kao tvoj otac."

Postojali su neki dokazi za to, ili bar ono što

bi jedna nestrpljiva osoba kakva je Rebeka smatrala za dokaze. Vudi je brzo sazreo – morao je – ali kako se može očekivati od sedamnaestogodišnjeg dečaka, pitao se, da tumači gledište, osećanja jedne sredovečne žene, kojoj su uz to uklonili jednu dojku? Moris mu je rekao da se to događa samo zanemarenim ženama, te da stoga predstavlja znak. Ako se sise ne miluju i ne grle, kazao je Moris, one dobijaju rak u znak protesta. To je krik mesa. Vudiju je to delovalo istinito. Kada je njegova mašta isprobala tu teoriju na prečasnom doktoru, pokazala se tačnom – nije mogao da zamisli da se prečasni doktor tako ponaša prema tetka-Rebekinim dojkama! Morisova teorija je navela Vudija da gleda od grudi do muževa i od muževa do grudi. I dalje je to činio. Samo izuzetno pametnog čoveka neće zauvek obeležiti seksualne teorije koje čuje od svoga oca, a Vudi nije bio toliko pametan. Znao je to. On lično je umeo i te kako da skrene sa svog puta da bi u tom pogledu učinio ženama po volji. Ono što priroda zahteva. On i tata su bili obični, krupni ljudi, ali niko nije toliko pozamašan da ne bi imao ideje o nežnosti.

Prečasni doktor je propovedao, Rebeka je propovedala, bogata gospođa Skuglund je propovedala iz Evanstona, majka je propovedala. Tata je takođe stajao na kartonskoj kutiji. Svi su to radili. Niz celu Divižn ulicu, gotovo ispod svake sijalice, oglašavali su se govornici: anarhisti, socijalisti, staljinisti, cionisti, tolstojevci, vegetarijanci i hrišćanski fundamentalisti – šta god poželite. Meso, nadu, način života ili spasenja, protest. Kako to da su nagomilane žalbe iz svih doba toliko uzletele kad su prenete u Ameriku?

A ona dobra švedska doseljenica Ose, koja je bila kuvarica kod Skuglundovih i udala se za najstarijeg sina, da bi postala njegova bogata, pobožna udovica – ona je izdržavala prečasnog doktora. U svoje vreme mora da je bila građena kao devojka iz hora. Izgleda da su žene izgubile tajnu nošenja kose u obliku visoke ograde isprepletene od pletenica, kako je to ona činila. Ose je uzela Vudija pod svoju specijalnu zaštitu i plaćala njegovu školarinu u bogosloviji. A tata je rekao... Ali ove nedelje, mirne čim zvona prestanu da zvone, ovog baršunastog jesenjeg dana kada je trava najbolja i najgušća, svileno zelena: pre prvog mraza, i kada vam je krv u plućima crvenija nego što to letnji vazduh može da učini i žiga od kiseonika, kao da gvožđe u vašem sistemu žudi za njim, i kada vas jeza obuzima u svakom dahu... tata, šest stopa ispod zemlje, neće više nikada osetiti to blaženstvo. Jarki vazduh je još trepereo od vibracija poslednjih zvona.

Za vreme vikenda institucijska praznina mnogih decenija vraćala se u skladište i uvlačila ispod vrata Vudijevog stana. Delovao je onako prazno nedeljom kao crkve tokom sedmice. Pre svakog radnog dana, pre nego što bi kamioni i momci započeli rad, Vudi bi pretrčao pet milja u svojoj trenerci marke „adidas". Ali ne ovog dana, koji je bio rezervisan za tatu. Iako ga je privlačilo da izađe i da istrči svoj bol. To što je sâm, jutros je teško pogodilo Vudija. Mislio je: ja i svet; svet i ja. U smislu da je uvek postojala neka aktivnost koja je mogla da se umetne između, neki posao ili poseta, neka slika koju je trebalo naslikati (bio je kreativan amater), masaža, obed – štit između njega i one mučne samoće koja se koristila svetom kao svojim rezervoarom. Ali tata! Prošlog utorka Vudi je legao u bolnički krevet pored tate jer je on stalno izvlačio intravenozne igle. Bolničarke su ih vraćale, a onda ih je Vudi sve iznenadio kada se popeo na krevet i zagrlio starca koji se otimao. „Polako, Morise, samo polako, Morise." Ali tata je i dalje slabašno posezao za cevčicama.

Kada je zvonjava prestala, Vudi nije primetio da se veliko jezero mira spustilo na njegovo kraljevstvo, Selbstovo skladište pločica. Čuo je i video nešto drugo, stari crveni čikaški tramvaj, jedan od onih tramvaja boje mladog vola. Takva kola su izašla iz upotrebe pre Perl Harbora – bila su nezgrapna, široka, sa grubim tršćanim sedištima i mesinganim drškama za putnike koji stoje. Stala bi četiri puta na svaku pređenu milju, a kretala su se u trzajima. Smrdela su na karbol ili ozon, i podrhtavala su dok su se vazdušni kompresori punili. Kondukter je povlačio gajtan vezan u čvor, a kočničar je udarao u polugu od zvona svojom mahnitom petom.

Vudi je prepoznao sebe u tramvaju na liniji kroz Zapadnu aveniju, kako se vozi kroz mećavu sa ocem, obučeni u bunde i smrznutih ruku i lica, dok sneg uleće sa stražnje platforme kada se vrata otvore i uleće u procepe na podu. Unutra nije bilo dovoljno toplo da bi se sneg otopio. A Zapadna avenija predstavlja najdužu tramvajsku liniju na svetu, govorili su razmetljivci, kao da se time trebalo hvaliti. Dvadeset tri milje dugačka, projektovana rukom crtača sa lenjirom-glavašem, oivičena fabrikama, skladištima, prodavnicama raznih mašina, otpadima za stare automobile, tramvajskim depoima, benzinskim pumpama, pogrebnim zavodima, stambenim zgradama, komunalnim službama i stovarištima, vodila je od prerija na jugu do Evanstona na severu. Vudrou i njegov otac su išli na sever, u Evanston, u Ulicu Hauard, pa onda još malo, da bi posetili gospođu Skuglund. Kada stignu do kraja linije, moraće da prepešače još nekih pet ulica. Svrha putovanja? Da nabave novac za tatu.

Tata ga je nagovorio na to. Kada doznaju, majka i tetka Rebeka će pobesneti, i Vudi se plašio, ali nije mogao ništa da učini.

Moris je došao kod njega i rekao: „Sine, u nevolji sam. Loše mi se piše."

„Šta je toliko loše, tata?"

„Halina je od svog muža uzela neke pare za mene i mora da ih vrati pre nego što stari Bujak primeti. Mogao bi da je ubije."

„Zašto je to uradila?"

„Sine, ti znaš kako poverenici s kladionice skupljaju pare? Poslaće nekog siledžiju. Rascopaće mi glavu."

„Tata, znaš da ne mogu da te vodim kod gospođe Skuglund!"

„Zašto da ne? Ti si moje dete, zar ne? Stara želi da te usvoji, je l' tako? Pa, zar ne treba i ja da dobijem nešto od toga? Šta sam ja – neko bez veze? I šta ćemo s Halinom? Ona stavlja život na kocku, a moje rođeno dete kaže ne."

„O, Bujak je neće povrediti."

„Vudi, on će je prebiti na smrt."

Bujak? Iste boje kao njegova tamnosiva radna odeća, kratkih nogu, s celom snagom u radničkim podlakticama i crnim prstima, i uvek kao prebijen – eto kako je Bujak izgledao. Ali, prema tati, u Bujaku je prebivala strašna, strašna žestina, a u njegovim uskim grudima kuvao je pravi Besemerov konvertor. Vudi nije nikada video nikakvu žestinu u njemu. Bujak nije tražio nevolje. Možda se čak plašio da bi Moris i Halina mogli da se uortače protiv njega i da ga ubiju. Ali tata nije bio nikakav zlokobni ubica. A Halina je bila mirna, ozbiljna žena. Bujak je svoju ušteđevinu čuvao u podrumu (banke su propadale). Najgore što su mogli da učine bilo je da mu uzmu deo novca, s namerom da ga vrate. Prema Vudijevom viđenju stvari, Bujak je nastojao da bude razuman. Prihvatao je svoju tugu. Pred Halinu je postavio minimalne zahteve: da kuva, čisti kuću, pokazuje poštovanje. Ali kod krađe Bujak je morao da povuče crtu, jer novac je bio nešto drugo, novac je bio vitalna supstanca. Ako su mu ukrali ušteđevinu, možda je morao da stupi u akciju, iz poštovanja prema supstanci, prema sebi – iz samopoštovanja. Ali kako je mogao da bude siguran da tata nije izmislio poverenika, siledžiju, krađu – celu stvar? Bio je sposoban za tako nešto, i bili biste glupi ako ne biste posumnjali. Moris je znao da su majka i tetka Rebeka rekle gospođi Skuglund koliko je on poročan. Naslikale su ga i ofarbale jarkim bojama, kao na posterima – purpurna za porok, crna za njegovu dušu, crvena za plamenje pakla: kockar, pušač, pijanica, dezerter, jebač i ateista. Ali tata je odlučio da dopre do nje. To je bilo opasno za sve. Skuglundova mlekara je podmirivala troškove delovanja prečasnog doktora. Udovica je plaćala Vudijevu školarinu u bogosloviji i kupovala haljine za sestrice.

Vudi, koji je sada imao šezdeset godina i bio krupan i pun, kao figura za pobedu američkog materijalizma, utonuo je u naslonjaču, čija je koža pod njegovim jagodicama bila mekša od ženske, i osećao je, duboko u sebi, zbunjenost, uznemirenost zbog izvesnih mrlja u sebi, mrlja svetlosti u svom mozgu, mrlje koja je kombinovala bol i zabavu u njegovim grudima (kako je *to* tamo dospelo?). Napregnuto razmišljanje nabralo mu je kožu između očiju, uz napor koji je počivao na samom rubu glavobolje. Zašto je dozvolio tati da sve bude po njegovom? Zašto je pristao da se nađe s njim tog dana, u zadimljenom stražnjem delu bilijarnice?

„Ali, šta ćeš reći gospođi Skuglund?"

„Staroj? Ne brini, imam šta da joj kažem,

i sve je istina. Zar ne pokušavam da sačuvam svoju malu radnju za pranje rublja? Zar sudski poverenik ne dolazi po nameštaj sledeće nedelje?" A u tramvaju, tata je uvežbavao svoj govor. Računao je na Vudijevo zdravlje i svoju svežinu. Telo koje je izgledalo toliko ispravno bilo je savršeno za prevaru.

Da li još uvek ima takvih zimskih oluja u Čikagu kao nekada? Sada mu nekako deluju manje surove. Nekad su vejavice stizale pravo iz Ontarija, sa Arktika, i nanosile metar i po snega za jedno popodne. Tada su iz depoa izlazila zarđala zelena kola, s četkama na oba kraja, koja su čistila šine. Za njima, u sporoj povorci, išlo je deset ili dvanaest tramvaja, ili bi čekali, svaki na drugom ćošku.

Dugo se čekalo kod ulaza u Rivervju park, u kojem su sva mesta za zabavu bila pokrivena i zatarabljena – zmajev ringišpil, vrteška, tobogan, sve te zabavne mašinerije koje su sastavili mehaničari i električari, ljudi kao majstor Bujak, koji su umeli s motorima. Vejavica je mahnitala u parku, iza ulaza, i unutra nije moglo gotovo ništa da se vidi; iza ograde je gorelo samo nekoliko golih sijalica. Kada je Vudi obrisao paru sa okna, zaštitna žičana mreža na prozorima bila je potpuno ispunjena snegom u nivou pogleda. Ako biste pogledali malo više, ugledali biste uglavnom pruge vetra koji je duvao sa severa. Na sedištima ispred njih, dva crna ubacivača uglja, obojica u kožnim lindbergovskim kapama, sedela su sa lopatama između nogu, na putu kući s posla. Smrdeli su na znoj, jutu i ugalj. Lica su im bila mat od crne prašine, ali su ipak svetlucala na nekim mestima.

Nije bilo mnogo putnika. Ljudi nisu izlazili iz kuća. Tog dana je trebalo sedeti pored peći, ispruženih nogu, sputan vanjskim i unutrašnjim silama. Samo je čovek s nekim planom, kao tata, mogao da izađe i da se suoči s takvim vremenom. Takva oluja nije bila normalna, a ljudska mera je mogla da se uspostavi shemom za nabavku pedeset dolara. Pedeset vojnika! Velik novac 1933. godine.

„Ta žena je luda za tobom", rekao je tata.

„Ona je samo dobra žena, prijatna prema svima nama."

„Ko zna šta ima na umu. Ti si krupan dečak. A nisi više ni dečak."

„Ona je pobožna žena. Stvarno je pobožna."

„Da, ali tvoja majka nije tvoj jedini roditelj. Ona i Rebeka i Kovner neće te napuniti svojim idejama. Znam da tvoja majka želi da me izbriše iz tvog života. Ako ja ne uzmem stvar u ruke, nećeš nikada shvatiti šta je život. Jer oni to ne znaju – ti glupavi Isusovci."

„Da, tata."

„Devojčicama ne mogu da pomognem. One su i suviše mlade. Žao mi ih je, ali ništa ja tu ne mogu. S tobom je druga stvar."

Želeo je da budem kao on, Amerikanac.

Zaustavili su se usred oluje, dok je tramvaj stočne boje čekao da mu nameste trolu po sumanutom vetru, koji je tutnjao, štipao, udarao. Moraće da zakorače pravo u njega kod Ulice Hauard, da pešače na sever.

„U početku ćeš ti da govoriš", rekao je tata.

Vudi je imao osobine trgovačkog putnika, prodavca. Kada je u crkvi ustajao da svedoči ispred pedeset ili šezdeset ljudi, bio je svestan toga. Iako mu je tetka Rebeka to nadoknađivala, sâm sebi bi dirnuo srce kad bi progovorio o svojoj veri. Ali povremeno, bez najave, srce bi mu odlutalo dok bi govorio o religiji i ne bi više mogao da ga nađe. U odsustvu srca, spasavalo ga je iskreno ponašanje. Morao je da se osloni na svoje lice, svoj glas – na ponašanje. Tada bi oči počele sve više da mu se približavaju. A u tom približavanju jednog oka drugom on je osećao napor licemerja. Krivljenje lica je pretilo da ga izda. I tako, s obzirom na to da nije mogao da podnese taj cinizam, vraćao se zlu. Zlo je označavalo tatinu pojavu. Tata je prošao pravo kroz sva ta podeljena polja, i stigao do njega sa svojim povijenim nosom i širokim licem. Kada je tata bio u pitanju, onda niste pomišljali na iskrenost ili neiskrenost. Tata je bio kao onaj čovek iz pesme: želeo je ono što želi kada to poželi. Tata je bio telesan: probava, krvotok, seks. Kada je bio ozbiljan, govorio vam je o pranju ispod ruku ili između nogu, ili pak o brisanju između nožnih prstiju ili o kuvanju večere, o zapečenom pasulju s lukom, o pokeru ili nekom konju iz pete trke u Arlingtonu. Tata je bio elementaran. Zbog toga je pružao takvo olakšanje od religije i paradoksa, i sličnih stvari. Doduše, majka je *mislila* da je ona duhovna osoba, ali Vudi je znao da se zavarava. O, da, sa svojim britanskim akcentom od kojeg nije nikada odustala ona je stalno pričala Bogu ili o njemu – Bože pomozi, daće Bog, hvaljen Gospod. Ali ona je u suštini bila sasvim obična žena sa običnim dužnostima, kao što su ishrana devojčica, njihova zaštita, uglađivanje, prečišćavanje. I te dve zaštićene golubice su se toliko ugojile, proširile u kukovima i butinama, da su im jadne glavice izgledale izdužene i vitke. I benaste. Slatke ali budalaste – Paula veselo budalasta, Džoana depresivna s napadima.

„Učiniću sve što mogu za tebe, tata, ali moraš obećati da me nećeš uvaliti u neku nevolju sa gospođom Skuglund."

„Brineš zbog toga što govorim loš engleski? Je l' ti neprijatno? Jer govorim sa stranim akcentom?"

„Nije reč o tome. Kovner govori s jakim akcentom, i to njoj ne smeta."

„Ko su do đavola ti idioti da me gledaju tako s visine? Ti si već gotovo odrastao čovek i tvoj otac ima pravo da očekuje da mu pomogneš. On je u nevolji. I ti ga dovodiš u njenu kuću zato što je velikodušna, a ti nemaš gde drugde da odeš."

„Shvatio sam te, tata."

Dvojica ubacivača uglja su ustala kod Devon avenije. Jedan od njih je nosio ženski kaput. Tih godina, kada nije bilo drugog izbora, muškarci su nosili žensku odeću a žene mušku. Krznena kragna je bila bodljikava od vlage i poprskana čađu. Onako teški, vukli su lopate za sobom i sišli na prednja vrata. Spori tramvaj je produžio dalje, veoma sporo. Prošlo je četiri kada su stigli do kraja linije, a boja dana je bila negde između sive i crne, sa snegom koji je kuljao i kovitlao se ispod uličnih lampi. U Ulici Hauard, automobili su stajali pod svim mogućim uglovima, napušteni. Pločnici su bili zatrpani. Vudi je išao prvi, prema Evanstonu, a tata ga je sledio sredinom ulice, duž brazdi koje su kamioni ostavili za sobom. Borili su se s vetrom preko četiri ulice, a onda se Vudi probio kroz nanose do zavejane zgrade, i tu su obojica morali da guraju gvozdenu kapiju zbog snega iza nje. Dvadeset ili više soba u toj plemenitoj kući, a u njima nije bilo nikoga osim gospođe Skuglund i njene služavke Jerdis, takođe pobožne.

Dok su Vudi i tata čekali, otresajući istopljeni sneg sa kragni od ovčijeg krzna, oznojeni i smrznuti, dok je tata brisao debele obrve krajevima maramice, lanci su počeli da čangrljaju i Jerdis je, okrenuvši drvenu polugu, otvorila otvore za ventilaciju na zaštitnim vratima. Vudi je za nju govorio da ima „lice kaluđera". Više se ne viđaju takve žene, one koje ništa žensko ne

stavljaju na svoja lica. Ona je bila onakva kakvu ju je bog načinio. Rekla je: „Ko je to i šta hoćete?"
„Vudrou Selbst. Jerdis? To sam ja, Vudi."
„Niste najavljeni."
„Nismo, ali smo došli."
„Šta hoćete?"
„Došli smo da vidimo gospođu Skuglund."
„Zašto želite da je vidite?"
„Samo joj recite da smo tu."
„Moram da joj kažem zašto ste došli bez ikakve najave."
„Zašto ne kažete da su Vudi i njegov otac tu, i da ne bismo dolazili po ovakvoj oluji da nije važna stvar u pitanju."
Razumljiv oprez žena koje žive same. Poštovanih starinskih žena, takođe. Nema više takvog poštovanja u tim evanstonskim kućama, sa velikim verandama i dubokim dvorištima i sluškinjama kakva je Jerdis, koja je za pojasom nosila ključeve od ostave i svakog ormana i svake fioke i svakog katanca iz podruma. A u anglikanskom antialkoholičarskom Evanstonu trgovački putnici nisu zvonili na ulaznim vratima. Samo pozvani gosti. A ovde su, pošto su se nekih deset milja probijali kroz vejavicu, došla dvojica skitnica sa zapadne strane Čikaga. U ovu gospodsku kuću u kojoj je jedna švedska dama, useljenica, koja je nekad bila kuvarica a sada udovica-filantrop, snevala, zavejana snegom, dok su zamrznute grane jorgovana lupkale o njene kapke, snevala o novom Jerusalimu i drugom dolasku i uskrsnuću i poslednjem sudu. Da bi ubrzao drugi dolazak, i sve ostalo, trebalo je dosegnuti srca tih mangupa-intriganata koji su došli po oluji.

Naravno, pustila nas je unutra.

Tada, u toploti koja se iznenada podigla do njihovih brada zaštićenih šalovima, tata i Vudi osetiše pravu snagu vejavice: obrazi su im bili kao zamrznute ploče. Stajali su, umorni, dok ih je vrelina bockala i otapala u ulaznom predvorju koje je doista bilo predvorje, sa izrezbarenim stepenišnim stubom i velikim prozorom, koji je predstavljao Isusa sa Samarićankom. U vazduhu se osećala nejevrejska zatvorenost. Možda je Vudi, kad je bio s tatom, imao više jevrejskih zapažanja nego u drugim situacijama. Premda je glavna tatina jevrejska odlika bila u tome što je novine mogao da čita jedino na jidišu. Tata je bio sa Poljakinjom Halinom, majka sa Isusom Hristom, a Vudi je jeo nekuvanu slaninu. Pa ipak, povremeno je dobijao neki čisto jevrejski utisak.

Gospođa Skuglund bila je najčistija od svih žena – njeni nokti, beo vrat, uši – i tatine seksualne aluzije nisu ništa značile Vudiju, jer je ona bila toliko čista, onako krupna i grandiozno građena, da ga je stalno navodila da misli na vodopad. Grudi su joj bile ogromne. Vudijeva mašta se često bavila njima. Mislio je da ih čvrsto, veoma čvrsto vezuje. Ali jednom prilikom je podigla obe ruke kako bi otvorila prozor, i tu, pored njega, našle su se njene grudi, velike i nesputane. Kosa joj je bila kao rafija koju morate da nakvasite da biste od nje ispleli korpu – bleda, bela. Tata je, kad je skinuo kaput, ostao u džemperu, bez sakoa. Njegovi hitri pogledi su činili da izgleda pokvaren. Za te Selbstove sa iskrivljenim nosevima i velikim, na izgled iskrenim licima, najteže je bilo da izgledaju pošteno. Svi znaci nepoštenja su se pokazivali na njima. Vudija je to često zbunjivalo. Da li su u pitanju bili mišići, da li je to u osnovi bio problem vilice, ugla pod kojim su bile postavljene? Ili su to bile smicalice koje su se odvijale u srcu? Devojke su tatu zvale Dik Trejsi, ali Dik Trejsi je bio dobar čovek. Koga je tata mogao da ubedi? Tu je Vudi uhvatio mogućnost koja je upravo nastojala da utekne. Upravo zbog toga kako je tata izgledao, neka osećajna osoba može da oseti kajanje što nepravično osuđuje. Samo zbog lica? Neki su se sigurno prevarili. Tada je mogao da ih izradi. Ali ne Jerdis. Ona bi istog časa izbacila tatu na ulicu, s olujom ili bez nje. Jerdis je bila pobožna, ali se naučila pameti. Nije džabe doputovala u međupalubi i rintala četrdeset godina u Čikagu.

Gospođa Skuglund, Ose, uvela je posetioce u sobu za prijem. Ta soba, najveća u celoj kući, zahtevala je dodatno grejanje. Zbog velikih prozora i četiri i po metra visoke tavanice, Jerdis je tu ložila posebnu peć. Bila je to jedna od onih elegantnih metalnih peći sa niklenom krunom, i ta kruna, kada biste je pomerili u stranu, automatski je podizala šarku na poklopcu. Taj poklopac ispod krune bio je sav čađav i zarđao, kao i svaki poklopac na peći. U tu rupu se naginjala kanta za ugalj i on se uz zveket slivao naniže. Kroz mala okna videlo se kako se plameni svod rasplamsava. Soba je doista bila lepa, a zidovi su najvećim delom bili pokriveni drvetom. Peć je bila spojena sa dimnjakom mermernog kamina, pod od parketa bio je pokriven tepisima, bilo je i čupavih crvenih viktorijanskih presvlaka, kao i nekakva staklena vitrina, oivičena ogledalima, u kojoj su se nalazili srebrni bokali, trofeji koje su osvojile krave Skuglundovih, kitnjaste hvataljke za kocke šećera, kristalne vaze i pehari. Bilo je i Biblija i slika Isusa i svete zemlje, a osećao se i onaj hrišćanski miris, kao da su sve stvari isprane blagim rastvorom sirćeta.

„Gospođo Skuglund, doveo sam tatu. Mislim da ga niste dosad sreli", rekao je Vudi.

„Da, gospođo, to sam ja, Selbst."

Tata je bio nizak ali snažan, pogotovo u džemperu, i trbuh mu je štrčao, ali ne mek već čvrst. On je bio čovek s čvrstim trbuhom. Tata se nikoga nije plašio. On nikada nije nastupao kao prosjak. Nije u njemu bilo ni trunke straha. To je odmah pokazao tonom kojim je rekao samo „gospođo", i koji je pokazivao da je nezavisan i da ume da se snađe. Govorio je da ume sa ženama. Lepa gospođa Skuglund, koja je nosila kotaricu ispletenu od svoje kose, imala je više od pedeset godina – bila je nekih osam, možda deset godina starija od njega.

„Zatražio sam od sina da me dovede jer znam koliko ste dobri prema njemu. Sasvim je prirodno da upoznate oba njegova roditelja."

„Gospođo Skuglund, moj tata se našao u škripcu, a ja ne znam nikog drugog kome bih se obratio za pomoć."

To je bio ceo uvod koji je tata tražio. On je preuzeo stvar i ispričao udovici svoju priču o praonici veša i zadocnelim isplatama, i objasnio joj kako stoje stvari, i šta će mu sudski izvršitelj uraditi; i onda je rekao: „Ja sam mali čovek koji pokušava da zaradi za život."

„Ne izdržavate svoju decu", rekla je gospođa Skuglund.

„To je tačno", rekla je Jerdis.

„Nemam toliko. Da imam, zar ne bih dao? Po celom gradu stoje u redu za hleb i supu. Da li sam samo ja u pitanju? Ono što imam to delim. Dajem deci. Loš otac? Zar mislite da bi me moj sin doveo u vašu kuću da sam loš otac? On voli svog tatu, on veruje tati, on zna da je njegov tata dobar tata. Svaki put kada započnem neki poslić, zbrišu me i propadnem. Ovaj poslić je dobar, kada bih samo mogao da ga zadržim. Troje ljudi radi za mene, plaćam ih, i ako budem morao da zatvorim, troje ljudi će se naći na ulici. Gospođo, mogu da vam potpišem i da vam sve vratim za dva meseca. Ja sam običan čovek, ali sam vredan radnik i osoba u koju možete da imate poverenja."

Vudi se trgao kada je tata upotrebio reč „poverenje". Kao da je sa sve četiri strane zasvirao duvački orkestar koji je upozoravao ceo svet: „Prevarant! To je prevarant!" Ali gospođa Skuglund, zahvaljujući svojim verskim zaokupljenostima, bila je jako daleko. Nije ništa čula. U ovom delu sveta gotovo svako je vodio praktičan život, izuzev ako je bio lud, i ne biste imali šta bilo kome da kažete, komšije ne bi imale šta da vam kažu osim ako to nije bilo nešto praktično, ali gospođa Skuglund, uprkos svem tom novcu, nije bila sa ovoga sveta, bar dve njene trećine pripadale su negde drugde.

„Dajte mi šansu da pokažem šta sve postoji u meni", rekao je tata, „pa ćete videti šta ću učiniti za svoju decu."

Gospođa Skuglund je prvo oklevala, a onda je rekla da mora da ide gore, mora da ode u svoju sobu da se pomoli i zatraži savet – neka oni sednu i pričekaju. Kraj peći su stajale dve stolice za ljuljanje. Jerdis uputi tati mrk pogled (opasna osoba), a Vudiju prekoran (doveo je opasnog neznanca i kršitelja reda da povredi dve dobre hrišćanke). Potom izađe sa gospođom Skuglund.

Čim su izašle, tata skoči iz stolice i ljutito reče: „Kakvo je sad to moljenje? Zar ona mora da pita boga da li može da mi pozajmi pedeset dolara?"

Vudi reče: „Nisi u pitanju ti, tata, već su te pobožne osobe takve."

„Ne", reče tata. „Ona će se vratiti i reći da joj bog ne da."

Vudiju se to nije dopalo. Pomislio je da je tata odviše grub i rekao: „Ne, ona je iskrena. Tata, probaj da shvatiš: ona je emocionalna, nervozna i iskrena, i nastoji svakome da učini dobro."

A tata reče: „Ta sluškinja će je nagovoriti da ne pristane. Ona je opaka. Vidi joj se svuda po licu da misli da smo par prevaranata."

„Nema svrhe da se raspravljamo", reče Vudi. Privukao je stolicu za ljuljanje bliže peći. Cipele su mu bile skroz mokre i neće se nikada osušiti. Plavi plamičci su lepršali kroz ugljeni plamen kao jato ribica. Ali tata je prišao vitrini i probao da li je zaključana, a potom otvorio perorez i začas otključao bravicu na izuvijanim staklenim vratima. Onda je izvadio srebrnu činiju.

„Tata, šta to radiš?" rekao je Vudi.

Tata, hladnokrvan i pribran, znao je tačno šta radi. Zaključao je vitrinu, prešao preko tepiha, oslušnuo. Zavukao je činiju ispod opasača i ugurao je u pantalone. Kratak i debeo kažiprst prineo je usnama.

Vudi je zbog toga nastavio da šapuće, ali bio je sasvim potresen. Prišao je tati i uhvatio ga za ruku. Kada se zagledao u tatino lice, osetio je kako mu oči postaju sve manje, kao da mu je nešto povlačilo svu kožu sa glave. Kada je sve tako čvrsto i lako, i zbliženo i vrtoglavo, to se naziva hiperventilacija. Jedva dišući, rekao je: „Vrati je nazad, tata."

Tata reče: „To je čisto srebro, vredi puno para."

„Tata, rekao si da me nećeš uvaljivati u nevolje."

„To je samo osiguranje za slučaj da se vrati s molitve i kaže mi da nema ništa. Ako kaže da, vraćam je nazad."

„Kako?"

„Vratiću je. Ako je ja ne vratim, ti ćeš."

„Ti si umeo da otvoriš bravu. Ja ne mogu. Ne umem."

„To je tako jednostavno."
„Vratićemo je sada. Daj mi je."
„Vudi, ona je ispod mog šlica, u mojim gaćama. Ne diži toliku galamu nizašta."
„Tata, ne mogu da poverujem da se ovo događa."
„Začepi, pobogu. Da ti ne verujem, ne bih dozvolio da to vidiš. Ništa ne shvataš. Šta je to s tobom?"
„Tata, izvadi tu činiju iz svojih dugačkih gaća pre nego što one siđu."

Tata je postao strog prema njemu. Zauzeo je vojnički stav. Rekao je: „Slušaj, naređujem ti!"

Ne znajući šta čini, Vudi je skočio na oca i počeo da se hrve s njim. Bilo je to zaista sramotno, tako ščepati svog oca, podmetnuti mu petu, pribiti ga uza zid. Tata je bio iznenađen i glasno je rekao: „Hoćeš da ubiju Halinu? Ubij je! Hajde samo, ti ćeš biti odgovoran." Počeo je da se odupire, ljut, i okrenuli su se nekoliko puta, a onda ga je Vudi, uz pomoć trika koji je naučio iz nekog kaubojskog filma i čak jedanput primenio na igralištu, sapleo i oni padoše na pod. Vudi, koji je već tada bio desetak kila teži od starog, našao se na vrhu. Pali su na pod pored peći, koja je stajala na ukrašenom plehanom podmetaču koji je štitio tepih. U tom položaju, pritiskajući tatin čvrst stomak, Vudi je uvideo da to što ga je srušio na pod ne znači u stvari ništa. Bilo mu je nemoguće da zavuče ruku pod tatin opasač i izvuče činiju. U međuvremenu, tata se razbesneo, na šta svaki otac ima pravo kada je sin grub prema njemu, oslobodio jednu ruku i udario Vudija u lice. Udario ga je tri ili četiri puta posred lica. Tada je Vudi zabio glavu u tatino rame i držao ga čvrsto samo da bi izbegao udarce, a onda počeo da mu govori na uvo? „Pobogu, tata, Isusa ti, seti se gde se nalaziš. Žene će se vratiti!" Ali tata je oslobodio i jedno koleno i borio se i udarao ga bradom i opalio ga po zubima. Vudi je pomislio da će ga stari ugristi. A zbog toga što je bio bogoslovac, pomislio je: Kao nečisti duh. I samo ga je čvrsto držao. Tata je postepeno prestao da se batrga i otima. Oči su mu bile izbuljene a usta širom otvorena. Kao neka velika riba. Vudi ga pusti i pomože mu da ustane. Tada su ga preplavila mnoga ružna osećanja koja stari, znao je, nije nikad osetio. Nikad, nikad. Tata nije nikada imao takve ponižavajuće emocije. U tome je bila sva njegova superiornost. Tata nije imao takva osećanja. On je bio kao konjanik iz Srednje Azije, bandit iz Kine. Samo je majka, poreklom iz Liverpula, bila prefinjena, imala engleske manire. Kao i prečasni doktor, propovednik u crnom odelu. Ti si prefinjen, a oni te samo ugnjetavaju? Do đavola s tim.

Visoka vrata su se otvorila i gospođa Skuglund uđe u sobu, rekavši: „Da li mi se učinilo ili je nešto stvarno zatreslo celu kuću?"

„Podizao sam kantu da sipam ugalj i ispala mi je iz ruku. Izvinite što sam bio tako nespretan", reče Vudi.

Tata je bio i suviše ogorčen da bi mogao da govori. Oči su mu bile velike i uvređene, retka kosa pala mu je na čelo, a čvrstina njegovog stomaka pokazivala je s koliko ljutnje nastoji da povrati dah, iako su mu usta zatvorena.

„Molila sam se", rekla je gospođa Skuglund.

„Nadam se da je sve u redu", reče Vudi.

„Ništa ne radim pre nego što se posavetujem, ali odgovor je bio potvrdan i sada znam šta treba da učinim. Dakle, ako pričekate, otići ću u kancelariju i napisaću ček. Rekla sam Jerdis da vam donese kafu. Došli ste po takvom nevremenu."

A tata, dosledno užasan mali čovek, rekao je

čim je ona zatvorila vrata: „Ček? Do đavola s čekom. Daj mi zelembaće."

„One ne drže novac u kući. Ček možeš da unovčiš sutra u njenoj banci. Ali ako ne nađu tu činiju, tata, zaustaviće ček i šta ćeš onda da radiš?"

Kada je tata zavukao ruku ispod pojasa, Jerdis je unela poslužavnik. Bila je veoma oštra prema njemu. Rekla je: „Zar je ovo mesto da se namešta odeća, gospodine? Muški toalet?"

„Pa, gde je onda ve-ce?" reče tata.

Poslužila je kafu u najgadnijim šoljama iz ostave, spustila tacnu uz tresak i povela tatu niz hodnik, ostavši na straži kraj vrata kupatila kako tata ne bi sâm šetao kroz kuću.

Gospođa Skuglund je pozvala Vudija u kancelariju i, pošto mu je dala presavijeni ček, rekla je da treba zajedno da se pomole za Morisa. I tako se on ponovo našao na kolenima, ispod mnogobrojnih redova plesnivih dosjea od prošaranog kartona, pored staklene lampe na rubu stola koja je imala abažur sa nabranim ivicama, kao činija za slatkiše. Gospođa Skuglund, sa svojim skandinavskim naglaskom – emocionalnim kontraaltom, podizala je glas prema Isusu Hristu, dok je vetar šibao drveće, udarao o bok kuće i nanosio sitan sneg na okna, da pošalje svetlost, da povede, da unese novo srce u tatine grudi. Vudi je tražio od boga samo da natera tatu da vrati činiju. Zadržao je gospođu Skuglund na kolenima najduže što je mogao. Onda joj je zahvalio, sijajući od iskrenosti (najbolje što je umeo), za njenu hrišćansku darežljivost i rekao: „Znam da Jerdis ima rođaka koji radi u evanstonskom Domu za mlade hrišćane. Da li bi mogla da mu telefonira i pokuša da nam nađe sobu za večeras, kako ne bismo morali da se borimo s tom vejavicom sve do kuće? Do Doma i tramvaja ima gotovo isto. Možda tramvaji više i ne voze."

Sumnjičava Jerdis, koja se odazvala kada ju je gospođa Skuglund pozvala, sada je već gorela. Prvo su upali unutra, raskomotili se kao kod svoje kuće, tražili novac, pili kafu, verovatno ostavili gonoreju na klozetskoj šolji. Jerdis je, prisetio se Vudi, alkoholom brisala brave kada bi gosti otišli. Ali ipak je telefonirala u Dom i našla im sobu s dva ležaja za sedamdeset pet centi.

Tata je, dakle, imao dovoljno vremena da ponovo otvori vitrinu, oivičenu bleštavim staklom ili nemačkim srebrom (nečim izuzetno delikatnim i neuhvatljivim), i čim su se dvojica Selbsta zahvalila, oprostila i našla na ulici, do kolena u snegu, Vudi je rekao: „Vidiš, štitio sam te. Jesi je vratio?"

„Naravno da jesam", reče tata.

Probili su se do male zgrade Doma, opasane žičanom rešetkom i nalik na policijsku stanicu – dimenzije su bile gotovo iste. Bilo je zaključano, ali oni su udarali o rešetku sve dok ih jedan crni čovečuljak nije pustio unutra i odveo uz stepenice do betonskog hodnika sa oniskim vratima. Nešto kao sklonište za male sisare u Linkolnovom parku. Rekao je da nema ništa za jelo, te su oni skinuli vlažne pantalone, čvrsto se umotali u vojničku ćebad kaki boje, i zaspali na svojim poljskim krevetima.

Ujutru, prva stvar je bila da odu u banku i podignu pedeset dolara. Doduše, ne bez teškoća. Blagajnik je otišao da pozove gospođu Skuglund i dugo se nije vraćao. „Gde je do đavola otišao?" govorio je tata.

Ali kada se čovek vratio, rekao je: „Kako želite da vam isplatim?"

Tata reče: „U novčanicama od jednog dolara." Vudiju je rekao: „Bujak ga čuva samo u takvim novčanicama."

Ali Vudi tada više nije verovao da je Halina ukrala pare od starog.

Onda su izašli na ulicu, gde su ekipe za čišćenje snega već uveliko radile. Sunce je jarko sijalo, široko, pravo iz jutarnjeg plavetnila, i ceo Čikago će se osloboditi privremene lepote tih ogromnih nanosa.

„Nije trebalo onako da me zaskočiš sinoć, sinko."

„Znam, tata, ali bio si obećao da me nećeš uvaliti ni u kakvu nevolju."

„Da, u redu. Možemo to da zaboravimo, s obzirom na to da si bio na mojoj strani."

Međutim, tata je ipak uzeo srebrnu činiju. Naravno. Kroz nekoliko dana gospođa Skuglund i Jerdis su to otkrile, i iste te sedmice svi su ga čekali u Kovnerovoj kancelariji. Grupa je uključivala prečasnog doktora Krebija, starešinu bogoslovije, i Vudi, koji je do tog časa mirno i spokojno lebdeo, srušio se, pogođen, u plamenovima. Rekao im je da je nevin. Još dok je padao, upozorio ih je da greše. Poricao je da su on ili tata ikada takli imovinu gospođe Skuglund. Predmet koji je nedostajao – on čak nije ni znao šta je to – verovatno je negde zaturen, i biće im žao onog dana kada se pojavi. Kada su ostali završili s njim, dr Krebi je rekao da će, sve dok ne bude rekao istinu, biti suspendovan iz bogoslovije, gde njegov rad ionako nije zadovoljavao. Tetka Rebeka ga je odvela u stranu i rekla mu: „Ti si mali pokvarenjak, kao tvoj otac. Vrata su ti ovde zatvorena."

Tatin komentar na to je bio: „Pa šta, dečko?"

„Tata, nije trebalo to da uradiš."

„Nije? E, ako baš hoćeš da znaš, baš me briga. Možeš da dobiješ činiju ako želiš da se vratiš i pomiriš sa svim tim hipokritima."

„Nije mi se dopalo što varamo gospođu Skuglund, ona je bila tako ljubazna prema nama."
„Ljubazna?"
„Ljubazna."
„Ljubaznost ima svoju cenu."
Ne, u takvim raspravama tatu niste mogli da pobedite. Ali pričali su o tome u raznim raspoloženjima i iz raznih perspektiva tokom više od četrdeset godina, dok se njihova bliskost menjala, razvijala, sazrevala.
„Zašto si to učinio, tata? Zbog novca? Šta si uradio sa pedeset dolara?" pitao ga je Vudi mnogo decenija kasnije.
„Sredio sam stvar sa poverenikom, a ostatak sam uložio u posao."
„Probao si još nekoliko konja?"
„Možda i jesam. Ali to je bila dvostruka igra, Vudi. Nisam povredio sebe, a istovremeno sam tebi učinio uslugu."
„Meni?"
„Taj život je bio preterano čudan. I nije bio za *tebe*, Vudi. Sve te žene... Kovner nije bio muškarac, bio je nešto između. A šta da si postao sveštenik? Nekakav hrišćanski sveštenik! Pre svega, ne bi mogao to da podneseš, a kao drugo, izbacili bi te pre ili kasnije."
„Možda."
„I ne bi preobraćivao Jevreje, što je njima bilo najvažnije."
„I koje je to grozno vreme bilo za maltretiranje Jevreja", rekao je Vudi. „Bar ih *ja* nisam gnjavio."
Tata ga je odvukao na svoju stranu, bila je to njegova krv, isti debeli telesni zidovi, ista sirova građa. Nije bila skrojena za duhovni život. Jednostavno mu nije odgovarala.
Tata nije bio ništa gori od Vudija, a Vudi nije bio ništa bolji od tate. Tata nije želeo nikakvo

povezivanje s teorijom, ali je ipak stalno usmeravao Vudija prema određenom stavu – veselom, srdačnom, prirodnom, dopadljivom, nenačelnom stavu. Ako je Vudi imao neku slabost, onda je to bila nesebičnost. To je odgovaralo tati, ali je ipak kritikovao Vudija. „Previše uzimaš na sebe", tata je uvek govorio. I istina je da je Vudi dao tati svoje srce, jer je tata bio toliko sebičan. Obično sebične ljude najviše vole. Oni rade ono što odričete sebi, i zbog toga ih volite. Dajete im svoje srce.

Setivši se priznanice za srebrnu činiju iz zalagaonice, Vudi se trže od iznenadnog smeha koji ga je naveo na kašalj. Pošto su ga isterali iz bogoslovije i zatvorili mu vrata, tata mu je rekao: „Hoćeš ponovo da uđeš? Evo priznanice. Založio sam je. Nije bila toliko vredna kao što sam mislio."

„Koliko su ti dali?"

„Dvadeset pet dolara, najviše što sam mogao da dobijem. Ali ako je želiš, moraćeš sâm da nabaviš lovu, jer ja je više nemam."

„Mora da si se preznojio u banci kada je blagajnik otišao da pozove gospođu Skuglund."

„Bio sam malo nervozan", rekao je tata. „Ali nisam pomišljao da bi tako brzo mogli da uoče da je ta stvar nestala."

Ta krađa je bila deo tatinog rata s majkom. S majkom, i tetka-Rebekom, i prečasnim doktorom. Tata je svoj stav zasnivao na realizmu. Majka je predstavljala sile religije i hipohondrije. Tokom četiri decenije, borba nije nijedanput prestala. Tokom vremena majka i devojke su se pretvorile u socijalne slučajeve i izgubile svaku ličnu odliku. Ah, jadnice, postale su zavisnice i bile malo ćaknute. U međuvremenu, Vudi, grešnik, bio je njihov predani i voljeni sin i brat.

On je održavao bungalov – to je podrazumevalo popravku krova, farbanje, sređivanje struje, izolaciju, klimatizaciju – i plaćao je za grejanje, svetlo i hranu, i sve ih je oblačio, i kupio im televizor, koji su one gledale tako pobožno kao kada se mole. Paula je uzimala časove iz heklanja i veza, i ponekad je dobijala neki poslić u staračkom domu. Ali nije bila dovoljno postojana da bi ga zadržala. Zli tata je najveći deo svog života proveo u uklanjanju mrlja sa odeće drugih ljudi. On i Halina su tokom poslednjih godina imali hemijsku čistionicu u Vest Rodžers parku – radnjicu koja je podsećala na praonicu rublja – koja mu je ostavljala dovoljno slobodnog vremena za bilijar, konje, remi i pinokl. Svakog jutra je odlazio iza pregrade da proveri filtere na opremi za čišćenje. Pronalazio je zabavne stvarčice koje su bile bačene zajedno s odećom – ponekad, kad bi bio srećan, lančić s medaljonom ili broš. A kada bi ojačao tečnost za čišćenje, nasuvši razne plave i ružičaste smese iz plastičnih kanti, pročitao bi „Forvard" uz drugu šolju kafe, i potom bi izašao, prepuštajući Halini sav nadzor. Kada bi im zatrebala pomoć za kiriju, Vudi je davao.

Kada se u Floridi otvorio novi Diznijev svet, Vudi je sve svoje zavisnike častio izletom. Naravno, slao ih je u odvojenim grupama. Halina je uživala više od svih ostalih. Nije prestajala da priča o govoru koji je održao automat u obliku Abrahama Linkolna. „Pa to je divno, kako je samo ustao i mrdao rukama, kako je otvarao usta. Tako je stvaran! I kako divno govori." Od svih njih, Halina je bila najzdravija, najljudskija, najiskrenija. Sada, kada tate više nije bilo, Vudi i Halinin sin, Mitoš, orguljaš na stadionu, brinuli su se za njene potrebe koje su prevazilazile njenu penziju, i delili te troškove napola. Prema tatinom mišljenju, osiguranje je bilo čista prevara.

Halini nije ostavio ništa, samo neku zastarelu opremu.

Vudi je i sebe častio. Jedanput godišnje, a nekad i češće, prepuštao je svom biznisu da brine sâm o sebi, sređivao s bankom da brine o njegovim radnicima, i odlazio. Radio je to u velikom stilu, maštovito, skupo. U Japanu je samo malo vremena utrošio u Tokiju. Proveo je tri nedelje u Kjotu i boravio u hotelu „Tavaraja", koji je poticao možda iz sedamnaestog veka. Tu je spavao na podu, na japanski način, i kupao se u ključaloj vodi. Video je najpoganiji striptiz-program na svetu, kao i mnoga sveta mesta i crkvene vrtove. Posetio je i Istanbul, Jerusalim, Delfe, i išao na safari u Burmu, Ugandu i Keniju, uvek u demokratskim odnosima sa vozačima, beduinima, trgovcima na bazarima. Otvoren, izdašan, blizak, sve deblji ali (trčao je, podizao tegove) ipak mišićav – bez odeće, nag, počinjao je da podseća na renesansnog dvoranina u kompletnom kostimu – postajao je sve rumeniji svake godine, pravi tip koji boravi na vazduhu, s pegama na leđima i mrljama preko izgorelog čela i iskrenog nosa. U Adis Abebi je doveo jednu etiopsku lepoticu sa ulice u svoju sobu i oprao je, ušavši zajedno s njom pod tuš da bi je nasapunjao širokim, dobrim šakama. U Keniji je jednu crnkinju naučio da izgovara neke američke psovke kako bi mogla da ih uzvikuje za vreme snošaja. Na Nilu, ispod Marčisonovih vodopada, eukaliptusi su se podizali visoko iz blata, a nilski konji su, ugneždeni na peščanim sprudovima, neprijateljski podrigivali prema barci koja je prolazila. Jedan od njih je zaigrao na svom komadu peska, podigavši se s tla i teško se oslonivši na sve četiri noge. Tu je Vudi video kako mladi bivo nestaje, vučen čeljustima krokodila.

Majka, koja je ubrzo pošla za tatom, bila je

pomalo suluda tih dana. U društvu je pričala o Vudiju kao o svom dečkiću – „Šta kažete za mog sinčića?" – kao da ima deset godina. Bila je luckasta prema njemu, ponašala se frivolno, gotovo koketno. Izgleda da naprosto nije shvatala činjenice. A iza nje, svi ostali, kao deca na igralištu, čekali su na svoj red da se spuste niz tobogan: svako na svom stepeniku, svako u kretnji prema vrhu.

Preko Vudijevog boravišnog i poslovnog prostora nakupilo se jezero tišine, iste veličine kao crkvena zvona dok su odzvanjala, i on je tugovao pod njim ovog melanholičnog jutra punog sunca i jeseni. Obavljao je pregled svog života, ozbiljno je razgledao ružnu stranu svog slučaja – i drugu stranu, naravno, ono što je postojalo. Ali ako njegova tuga u srcu potraje, izaći će i trčaće dok ne prođe. Tri milje – pet, ako zatreba. A vi mislite da je trčanje čisto fizička aktivnost, zar ne? Ali u tome postoji još nešto. Naime, kada je bio bogoslovac, dok se nalazio između motki na svojoj rikši za vreme svetske izložbe, dok je trčao i vukao (sposoban i postojan), doživljavao je svoja verska iskustva. Možda je to bilo samo jedno iskustvo koje se ponavljalo. Osećao je kako mu istina dolazi od sunca. Primio je pričest koja je takođe bila svetla i topla. To ga je sasvim udaljavalo od njegovih napaljenih viskonsinskih putnika, onih farmera čije je požudne krike za kurvama jedva čuo kad bi se našao u jednom od takvih stanja. I tada bi mu ponovo iz plamtećeg sunca došla tajna izvesnost da je cilj ove zemlje u tome da se napuni dobrotom, da se utopi u nju. Kada prođu sve besmislice, kada pas pojede psa, kada krokodilska smrt sve odvuče u blato i mulj. Neće se završiti onako kako je to zamišljala gospođa Skuglund, koja ga je podmićivala da prikuplja Jevreje i ubrzava

Isusov dolazak, već na sasvim drugi način. To je bila njegova nespretna intuicija. Ništa dalje od toga. Shodno tome, on je prošao kroz život onako kako je to život na izgled želeo od njega.

Preostala je još jedna stvar jutros, izrazito fizička, koja se prvo pojavila kao neki dodir na njegovim rukama i grudima, i potom, pod pritiskom, uvukla se u njega i zašla mu u grudi.

Bilo je to ovako: kada je ušao u bolničku sobu i ugledao tatu u krevetu s podignutim stranama, kao u dečjem krevecu, i tatu, sasvim nemoćnog, zgrčenog, bez zuba, kao kakvu bebu, sa zemljom već utisnutom u lice, u bore – tata je hteo da iščupa intravenozne igle i ispuštao je slabašan zvuk smrti. Komadi gaze, pričvršćeni flasterom preko igli, bili su tamni od krvi. Tada je Vudi skinuo cipele, spustio bočnu ogradu, popeo se u krevet i zagrlio ga, pokušavajući da ga uteši i umiri. Kao da je tatin otac, govorio mu je: „Polako, tata. Tata." Izgledalo je to kao ono rvanje u sobi gospođe Skuglund, kada se tata razbesneo kao nečisti duh a Vudi pokušao da ga smiri i upozori rečima: „Žene će se vratiti!" Pored peći na ugalj, kada je tata glavom udario Vudija po zubima i potom ućutao, kao velika riba. Ali borba u bolnici je bila slabašna – tako slabašna! U svom velikom sažaljenju, Vudi je držao tatu koji je treperio i podrhtavao. Od tih ljudi, rekao mu je tata, nikada nećeš doznati šta je život, jer oni to ne znaju. Da, tata – pa, šta je život, tata? Teško je bilo shvatiti da tata, koji je bio ukopan osamdeset tri godine i koji je činio sve što može da bi ostao, više ne želi ništa drugo osim da se oslobodi. Kako je Vudi mogao da dopusti starom da izvuče intravenozne igle? Samovoljni tata, on je želeo ono što želi kad to poželi. Ali Vudi nije uspeo da razume šta je želeo na samom kraju, takav je to preokret bio.

Posle nekog vremena, tatin otpor se okončao. Tonuo je i tonuo. Oslonio se na svog sina, sklupčao svoje malo telo pored njega. Bolničarke su dolazile i gledale. Nisu odobravale, ali Vudi, koji nije mogao da oslobodi ruku da bi im mahnuo, glavom im je pokazivao prema vratima. Tata, za koga je Vudi mislio da ga je smirio, samo je pronašao bolji način da ga prevari. Činio je to gubitkom toplote. Toplota ga je napuštala. Kao što se može desiti s malim životinjama kada ih držite u rukama, tako je Vudi osetio kako se hladi. Tada, dok je Vudi činio sve što može da ga zaustavi i pomišljao da u tome uspeva, tata se podelio. A kada se odvojio od svoje toplote, skliznuo je u smrt. A njegov postariji, krupan, mišićav sin i dalje ga je držao i stiskao, iako više nije imao šta da stiska. Tog samovoljnog čoveka nikada niste mogli da sputate. Kada je on bio spreman za svoj potez, povlačio ga je – uvek pod njegovim uslovima. I uvek je, uvek krio nešto u rukavu. Takav je on bio.

ROĐACI

Neposredno pre donošenja presude Tenkiju Mecgeru u slučaju vrednom spomena uglavnom za njegovu najbližu porodicu, ja sam napisao pismo – bio sam primoran, pritisnut, uvrnuli su mi ruku – sudiji Ajleru iz Federalnog suda. Tenki i ja smo rođaci, i Tenkijeva sestra Junis Kardžer proganjala me je da posredujem, pošto je čula da dobro poznajem Ajlera. On i ja smo se upoznali pre mnogo godina, dok je on još bio student prava a ja vodio televizijski program na sedmom kanalu, u kojem se raspravljalo o neobičnim pravnim pitanjima. Posle toga, kada sam rukovodio zdravicama na banketu Čikaškog saveta za inostrane odnose, u novinama se pojavila slika na kojoj se videlo kako se Ajler i ja, obojica u smokingu, rukujemo i smešimo jedan drugom.

I tako, kada je Tenkijeva žalba odbijena, kao što je i trebalo da bude, Junis me je pozvala telefonom. U prvi mah je toliko strasno plakala, da me je to, uprkos samom sebi, stvarno potreslo. Kada je uspela da se obuzda, rekla je da moram da upotrebim svoj uticaj. „Mnogi ljudi kažu da si prijatelj sa sudijom."

„Sudije nisu takve..." Ispravio sam se: „Neke sudije možda jesu, ali Ajler nije."

Junis me je samo čvršće pritisla. „Molim te, Ajdža, ne odbijaj me. Tenki može da dobije do petnaest godina. Nisam u položaju da iznosim sve detalje. Mislim, o njegovim ortacima..."

Dobro sam znao na šta misli: govorila je o njegovim vezama s gangsterima. Tenki je morao da ćuti ako nije želeo da ortaci izdaju naređenje za njegovo pogubljenje.

„Shvatio sam manje-više", rekoh.

„Zar ga ne sažaljevaš?"

„Kako da ne."

„Ti si vodio život veoma različit od ostalih, Ajdža, ali ja sam uvek govorila da voliš Mecgerove."

„To je tačno."

„I da si, u stara vremena, voleo našeg oca i našu majku."

„Nikada ih neću zaboraviti."

Ponovo je izgubila kontrolu, a zašto je tako strašno jecala, nijedan stručnjak, čak ni najsuptilniji, ne bi mogao tačno da utvrdi. Nije to činila iz slabosti. To mogu da kažem sa sigurnošću. Junis nije jedna od onih lomljivih posuda. Ona je energična kao njena pokojna majka, istrajna, odlučna. Njena majka je bila časno neposredna, ograničena i primitivna.

Greška je bila u rečima „Nikada ih neću zaboraviti", jer Junis vidi sebe kao predstavnika svoje majke među živima, pa je one strahovite jecaje ispuštala delimično i zbog Šane. Takvi zvuci još nikada nisu stizali preko ovog mog mirnog kancelarijskog telefona. Kakva je to sramota za Šanu – da njen sin bude osuđeni zločinac. Kako bi starica izašla nakraj s takvom ranom! I dalje odbijajući da svoju majku preda smrti, Junis je (sama!) plakala zbog onoga što bi Šana trpela.

„Seti se da te je moja majka obožavala, Ajdža. Govorila je da si genije."

„To je tačno. Ali, to je bilo privatno, zatvoreno mišljenje. Svet se nije slagao s tim."

Bilo kako bilo, Junis me je molila za Rafaela

(Tenkijevo pravo ime). Što se njega tiče, Tenki nije nimalo mario za svoju sestru.

„Jeste li vas dvoje u vezi?"

„On ne odgovara na pisma. Ne uzvraća mi pozive. Ajdža! Želim da zna koliko brinem!"

Tu su moja osećanja, jarko osvetljena prisećanjem na stara vremena, postala mračna i teška. Voleo bih da Junis ne govori tim jezikom. Teško mi je da ga primam. Danas na zidovima supermarketa i korporacija za pozajmice piše „Mi brinemo". Možda zbog toga što njena majka nije znala engleski, kao i zbog toga što je Junis mucala kada je bila mala, ona sada nalazi veliko zadovoljstvo u tome da bude tako rečita, da govori onako kako najnapredniji Amerikanci govore.

Nisam mogao da kažem: „Pobogu, Junis, ne zajebavaj." Umesto toga, morao sam da je tešim jer je bila utučena – torta filovana utučenošću. Rekao sam: „Budi sigurna da zna kako se osećaš."

Iako je gangster.

Ne, ne mogu da se zakunem da je rođak Rafael (Tenki) doista gangster. Ne smem da dozvolim da me klišei njegove sestre navedu (razljute) na preterivanje. On je ortak s gangsterima, ali takvi su i gradski većnici, lokalni funkcioneri, novinari, veliki preduzimači, skupljači para za dobrotvorne institucije – mafija daje velikodušno. A gangsteri nisu najgori među rđavima. Mogu da imenujem veće zločince. Kad bih bio Dante, razradio bih sve do najsitnijeg detalja.

Upitao sam Junis forme radi zašto mi se obratila. (Nisam morao da budem vidovnjak da bih uvideo da ju je Tenki naveo na to.) Ona je rekla: „Pa, ti si javna ličnost."

Imala je u vidu činjenicu da sam pre mnogo godina izmislio televizijski program o čuvenim suđenjima i da sam se pojavljivao kao moderator ili voditelj. Tada sam bio u sasvim različitoj fazi egzistencije. Pošto sam diplomirao gotovo pri samom vrhu svoje klase, odbio sam dobre položaje koje su mi vodeće firme ponudile, jer sam se osećao i suviše aktivan ili dinamičan (hiperdinamičan). Nisam mogao da garantujem svoje dobro ponašanje ni u jednoj od uglednih firmi u centru grada. I tako sam smislio šou pod nazivom „Sud", na kojem su sjajni studenti sa Čikaškog univerziteta, Nortvesterna, De Pola ili Džona Maršala ponovo prosuđivali značajne, i često ozloglašene, slučajeve iz sudskih anala. Neki od naših najdijaboličnijih učesnika u debati bili su iz večernjih škola. Postojale su očigledne mogućnosti za dijalektičku suptilnost, varanje, drskost, ekscentričnost, neprijatan narcisizam, ludilo i ostale kvalifikacije za pravnu praksu. Moja funkcija se sastojala u tome da odaberem zabavne učesnike (branioce i tužioce), da ih upoznam, da održavam ritam, da odredim ton. Uz pomoć moje žene (moje tadašnje žene, koja je takođe bila advokat) birao sam slučajeve. Nju su privlačila krivična suđenja sa implikacijama građanskih prava. Ja sam bio naklonjeniji ličnim nastranostima, misterijama karaktera, dvosmislenostima tumačenja – što je pružalo manje verovatnoće za dobar šou. Ali pokazao sam da imam dara za prikazivanje takvih drama. Pre programa, uvek sam učesnike vodio na ranu večeru u restoran „Fricl" na Aveniji Vobeš. Uvek sam isto naručivao za sebe – biftek, manje pečen, preko kojeg sam nalivao činijicu rokforskog preliva za salatu. Za dezert, krem-sladoled uz koji sam gutao isto onoliko pepela od cigareta koliko i čokolade. Nije to bilo nikakvo pretvaranje. Kasnije sam nastojao da potisnem tu ranu veselost i drskost, i oni su uskoro usahli. Inače sam mogao da se pretvorim u ličnost za „sumanuto smejanje", rečeno jezikom *Verajetija,* u klovna. Ali ubrzo sam uvideo da je moje neobično ponašanje strahovito zadovoljavalo pametne mlade ljude koje sam vodio u debati (uglavnom energične osobe kojima je još preostao advokatski ispit i koje su, željne publiciteta, već tragale za klijentima). Večera kod „Fricla" činila je učesnike opuštenim. Ja sam ih vodio za vreme programa, podsticao, provocirao, suprotstavljao jedne drugima, nadglasavao. Na kraju, moja žena Sejbl (Izabel: zvao sam je Sejbl zbog njene tamne kose)[1] pročitala bi presudu i odluku suda. Mnogi od naših učesnika su u međuvremenu postali vodeći advokati, bogate i poznate ličnosti. Posle našeg razvoda, Sejbl se udala za jednog od njih, a posle za drugog. Naposletku je postigla veliki uspeh u sredstvima informisanja – na Nacionalnom javnom radiju.

Sudija Ajler, tada mladi advokat, gostovao je više puta u našem programu.

I tako sam, trideset godina kasnije, mojim rođacima ostao domaćin i zvezda „Suda", medijska ličnost. Nešto magično, sa atributima besmrtnosti. Gotovo kao da sam zaradio tone para, kao neki Klucnik ili Pricker. A sada sam još naučio da za Junis nisam bio samo medijska figura, već i tajanstveni čovek. „Onih godina kada nisi bio u Čikagu, Ajdža, zar nisi tada radio za CIA?"

„Nisam. Pet godina, dok sam bio u Kaliforniji, bio sam u Rendu, u istraživačkom centru za specijalna proučavanja. Istraživao sam i pripremao izveštaje i analize. Dosta slično onome što privatna grupa kojoj sada pripadam radi za banke..."

---

[1] Sejbl (sable) na engl. znači „samur", ali i „crno, crna boja". – *Prim. prev.*

Želeo sam da razjasnim misteriju – da srušim mit o Ajdži Brodskom. Ali naravno, reči kao „istraživanje" i „analize" za nju su označavale samo špijuniranje.

Pre nekoliko godina, kada je Junis izašla iz bolnice posle teške operacije, rekla mi je da nema nikoga na svetu s kim bi mogla da razgovara. Rekla je da je njen muž, Erl, „ne podržava emocionalno" (htela je da kaže da je škrt). Njene kćerke su otišle od kuće. Jedna je bila u Mirovnom korpusu a druga, koja je upravo trebalo da diplomira na medicinskom fakultetu, nije imala vremena da je obilazi. Pozvao sam Junis na večeru – prvo na piće u mom stanu na Lejk Šor Drajvu. Rekla je: „Sve te mračne stare sobe, mračne stare slike, ti istočnjački ćilimi natrpani jedan preko drugog, i knjige na stranim jezicima – i živiš sâm" (što je značilo da ne vodim užasne bračne svađe zbog računa za gas na osam dolara). „Ali sigurno imaš devojke – prijateljice!"

Bila je to aluzija na „pitanje dečaka". Da li je tmurni luksuz u kojem živim krio činjenicu da sam postao peder?

O, ne. Ne ni to. Samo sam bio sâm (za Junis). Čak ni drugi dobošar. Ja ne marširam.

Ali, da se vratim našem telefonskom razgovoru, na kraju sam izvukao iz Junis da me je pozvala na predlog Tenkijevog advokata. Rekla je: „Tenki će večeras doleteti iz Atlantik-Sitija" – kocka se – „i zamolio je da se nađete sutra na večeri."

„U redu, reci mu da ćemo se sresti u ‚Italijanskom selu' u Ulici Monro, u jednoj od privatnih sobica na spratu, u sedam uveče. Neka pita šefa za mene."

Nisam stvarno razgovarao sa Tenkijem još od 1946, kada je otpušten iz vojske i kada je bilo moguće razgovarati. Jedanput smo se, pre nekih deset godina, slučajno sreli na aerodromu O'Her: ja sam upravo ulazio u avion a on je doputovao. Tada je bio sila u svom sindikatu. (Tek sam nedavno iz novina saznao šta je to značilo.) U svakom slučaju, primetio me je u gužvi i predstavio čoveku s kojim je putovao. „Želim da upoznaš mog čuvenog rođaka, Ajdžu Brodskog", rekao je. U tom času podarena mi je neobična vizija: video sam kako izgledamo duhu bez tela iznad nas dvojice. Tenki je bio građen kao profesionalni igrač američkog fudbala koji je bio srećan i u srednjim godinama posedovao svoj klub. Njegovi široki obrazi su bili kao ružičasti porcelan. Nosio je svetlu kovrdžavu bradu. Zubi su mu bili krupni i četvrtasti. Koje su prave reči za Tenkija u ovom času: krupan, rasipan, pun vitamina, potentan, bogat, bezobrazan? Zabavljajući se, izlagao je svog rođaka – ćelavog Ajdžu sa očima orangutana, pljosnatog i okruglog lica, s naivnošću koja više odgovara zverki iz zoološkog vrta, dugačkih ruku, narandžaste kose. Ja sam bio neko ko ne emituje nijedan od signala neophodnih za ozbiljno razmatranje, čovek koji nije zainteresovan za delovanje sveta u bilo kojoj kategoriji u kojoj je to imalo smisla. Prohujalo mi je kroz misli da je jedanput Pikaso, na početku veka, kada su ga upitali šta rade mladi ljudi u Francuskoj, odgovorio: *„La jeunesse, c'est moi."* Ali ja nisam nikada bio u položaju da ilustrujem ili predstavljam *bilo šta.* Tenki me je, u šali, pokazivao svojim kolegama kao intelektualca, i premda mi ne smeta kada me smatraju pametnim, priznajem da osećam sram kada me identifikuju kao intelektualca.

Za razliku, razmotrite Tenkija. Dobro je prošao sa svojim nepoštenim rabotama. On je bio jedan od onih krupnih ljudi kojima je potrebno pola jutra štofa za odelo, koji jedu njujorške rozbratne kod „Elija", sklapaju poslove vredne miliona dolara, lete u Palm Springs, Las Vegas, na Bermudska ostrva. Tenki je govorio: „U našoj porodici Ajdža je bio genije. Jedan od njih, u svakom slučaju; imali smo ih dvojicu ili trojicu."

Ja više nisam bio ono čudo od deteta sa pravnog fakulteta kome je predočena sjajna budućnost – to je bilo tačno. Podrugujući ton je bio opravdan, pogotovo što sam uživao da budem „nada porodice".

Što se Tenkijevog tamnog ortaka tiče, nemam pojma ko je to mogao da bude – možda Toni Provencano, ili Seli (Bagz) Briguljo, ili Dorfman iz službe za socijalno osiguranje radnika u sindikatu. Nije bio Džimi Hofa. Hofa je tada bio u zatvoru. Osim toga, ja bih ga, kao i milioni drugih, odmah prepoznao. Lično smo ga poznavali, jer smo posle rata i Tenki i ja radili kod našeg rođaka Miltija Rifkina, koji je u to vreme vodio hotel u koji je i Hofa navodno nešto uložio. Kad god bi Hofa i njegova banda došli u Čikago, tu bi odsedali. Ja sam tada držao časove Miltijevom sinu Halu, koji je bio i suviše brz i prepreden da bi trošio vreme na knjige. Hal, koji je žudeo da vidi neku pravu akciju, imao je samo četrnaest godina kada mu je Milti dao da vodi hotelski bar. Njegove roditelje je jednog leta zabavljalo da ga puste da igra upravnika, kako bi Milti, kada naiđu prodavci alkohola, mogao da kaže: „Moraćete da vidite mog sina Hala, on kupuje piće. Potražite mladog momka koji izgleda kao Edi Kantor." A u kancelariji bi našli dete od četrnaest godina. Ja sam nadgledao Hala i podučavao ga pravilima o upotrebi ablativa (išao je u školu u kojoj se učio latinski). Pazio sam na njega. Bistar klinac na koga su roditelji bili izuzetno ponosni.

Morao sam, neminovno, da provodim mnogo vremena u baru, i tako sam se upoznao sa Hofinim trupama. Uglavnom su to bile siledžije, sa izuzetkom Harolda Gibonza, koji je bio veoma uglađen i u razgovoru, bar sa mnom, pokazivao knjiška interesovanja. Ostali su doista bili opaki, i rođak Milti je načinio grešku kada je pokušao da im bude ravan, pravi muževni grubijan. On, u stvari, nije bio dorastao tom samonametnutom izazovu. Mogao je da bude surov, prihvatao je nihilizam u načelu, ali jednostavno nije posedovao visokonaponsku šefovsku volju. Milti nije mogao da kaže, kao Cezar stražaru koji je primio naređenja da ga ne propusti: „Lakše mi je da te ubijem nego da raspravljam." Hofe su takvi.

Milti je zaposlio Tenkija, koji je tada upravo izašao iz vojske, sa zadatkom da traži nekretninu sa neplaćenim porezom. To je bila jedna od sporednih Miltijevih mućki. Sudska iseljenja su tada bila česta. I tako je preko Miltija Rifkina rođak Tenki (Rafael) sreo Reda Dorfmana, nekadašnjeg boksera koji je delovao kao posrednik između Hofe i organizovanog kriminala u Čikagu. Dorfman, koji je tada radio u sportskoj dvorani, nasledio je Tenkija od svog oca, od Reda, starog boksera. Komplet gangsterskih veza bio je deo nasledstva.

To su bili neki od ljudi koji su dominirali svetom, u kojem je moja namera bila da vodim ono što se često naziva „više aktivnosti". „Žudeti za najboljim što je ikada postojalo": to nije bio nikakav apstraktan projekt. Nisam ga naučio za seminarskim stolom. On je bio telesna nužnost, fiziološka, temperamentna, zasnovana na simpatijama koje nisu mogle da se ostvare. Ljudska udubljenost u lica, dela, tela, vukla me je u metafiziku. Imao sam tu čudnu metafiziku kao što leteći stvorovi imaju radar. Dok sam sazrevao, pronašao sam tu metafiziku u svojoj glavi. Škola je, kao što sam vam malopre rekao, imala malo veze s tim. Kao univerzitetski student koji je morao satima da sedi u vozovima koji su drndali, treskali, škripali, cimali najvećom brzinom preko sirotinjskih kvartova na južnoj strani grada, obnavljao sam Platona, Aristotela ili sv. Tomu za čas kod profesora Perija.

Ali, manimo te preokupacije. Ovde, u „Italijanskom selu", nalazio se Tenki, pušten uz kauciju od 500.000 dolara, u iščekivanju presude. Nije izgledao dobro. Nije imao nijednu postojanu boju. Njegovo krupno lice bilo je podbulo od godinâ brutalnog poslovanja. Amater-internista u meni je postavio dijagnozu: hipertenzija – 250 sa 165, to su brojke koje sam odredio. Njegov unutrašnji čovek se poigravao sa mogućnošću da ga udari kap umesto da ode u zatvor. Tenkijeva edvardovska brada bila je podšišana, morala radi, a možda ju je upravo tog jutra, jer sada nije bilo vreme za pokazivanje sedih vlasi, berberin isprao zlatnom bojom. Ali u njoj više nije bilo ni traga od velike energije. Tenkiju, međutim, nije bilo stalo do mog saosećanja. Dobro se držao, čovek spreman da prihvati svoju kaznu. Najmanji nagoveštaj da ga žalim odmah bi ga razdražio. Iskusni žalitelji će me razumeti kada kažem da se na njegovoj strani separea nalazila kondenzovana masa nevolja. Ta masa je emitovala signale za koje mi je nedostajala potpuna šifra.

„Italijansko selo", stari restoran preko puta zgrade Prve nacionalne banke, u kojoj imam kancelariju na pedesetom spratu (ti uzdignuti navoji se podižu, podižu), jeste jedna od malobrojnih kafana u gradu sa privatnim sobicama za zavođenje ili varanje. Potiče iz dvadesetih i ukrašena je kao karneval za nekog od sveca u italijanskoj četvrti, sa vencima električnih sijalica i točkovima sa svetlošću. Podseća i na pokriveno strelište. Ili na ekspresionistički pozorišni dekor. Kada je prohibicija propala, stari centar je zamenjen poslovnim zgradama, a „Italijansko selo" je postalo uvaženo mesto, poznato svim zvezdama muzičkog sveta. Ovde su se gostujuće dive i veliki baritoni gostili rizotom posle nastupa u operi. Na zidovima su visile potpisane fotografije umetnikâ. Pa ipak, mesto je zadržalo alkaponeovsku atmosferu – krv paradajz-sosa, smrad sireva, porcije beskičmenjaka izgrabuljanih iz morskog blata.

Malo se govorilo o ličnim stvarima. „Ja radim preko puta?" rekao je Tenki. Da. Da me je pitao kakvi su mi dani, započeo bih tako što bih mu rekao da ustajem u šest i da igram tenis u dvorani da bih razradio cirkulaciju krvi, i da, kada dođem u kancelariju, čitam „Njujork Tajms", „Vol Strit Džornal", „Ikonomist" i „Berons", i pregledam izvesne kompjuterske izveštaje i poruke koje mi sekretarica pripremi. Kada uočim izuzetne činjenice, ne mislim više na njih i posvećujem ostatak jutra svojim ličnim interesovanjima.

Ali rođak Tenki nije pitao kako provodim dane. Pomenuo je naše godine – ja sam deset godina stariji od njega – i rekao da se moj glas produbio s godinama. Jeste. Moj *basso profundo* nije ničemu služio, osim što je dodavao dubinu malim galantnostima. Kada nekoj dami ponudim stolicu za vreme večernje zabave, ona se nađe u zagrljaju dubokih slogova. Ili kada tešim Junis, a sâm bog zna koliko joj je to potrebno, moje nepovezano trtljanje izgleda da pruža uverenje o stabilnosti.

Tenki je rekao: „Iz nekog razloga ti vodiš evidenciju o svim rođacima, Ajdža."

Duboki zvuk koji sam proizveo u znak odgovora je bio neutralan. Mislio sam da ne bi bilo dobro, čak ni u nagoveštaju, pominjati njegovu karijeru u sindikatu ili nedavno suđenje.

„Reci mi šta se dogodilo sa Miltijem Rifkinom, Ajdža. On mi je pomogao kad sam izašao iz vojske."

„Milti sada živi na jugu. Oženjen je telefonistkinjom iz hotela."

U stvari, Tenki bi mogao *meni* da pruži fascinantne informacije o Miltiju, jer znam da je rođak Milti umirao od želje da dublje uvuče Hofu u posao s hotelom. Hofa je iza sebe imao ogromne rezervoare novca, sve one milijarde u penzijskom fondu. Milti je bio krupan, gotovo debeo, sa zgodnim jastrebovskim licem, ponosnog profila; njegovo razmaženo telo bilo je nakinđureno, odeveno s vulgarnom finoćom, a pogled prkosan i svadljiv. Bistar da zaradi, bio je u svojim napadima – imao je koleričan temperament – opasno brz u upotrebi pesnica. Bilo je suludo od njega što se toliko tukao. Njegova nekadašnja žena, Libi, koja je imala više od sto dvadeset kilograma i jurila po hotelu na visokim štiklama, bila je – kako smo to nekada zvali – „plavuša samoubica" (sama se farbala). Gošćenje, rezervisanje, upravljanje, izricanje pretnji, prekorevanje *garde-mangera*, otpuštanje nadzornika, zapošljavanje barmena: Libi je sve to radila našminkana kao glumac u kabukiju. U nastojanju da obuzda Miltija (oni su manje bili muž i žena nego poslovni partneri), morala je svojski da zapne. Nekoliko puta se Milti požalio Hofi na jednog od njegovih siledžija, koji je imao problema sa ličnim čekovima. Taj siledžija – ne mogu da se setim njegovog imena, ali zbog parkiranja je imao svešteničku nalepnicu na vetrobranu svog „krajslera" – srušio je Miltija u holu, a onda ga gotovo udavio. Događaj je privukao pažnju Roberta F. Kenedija, koji je tada pokušavao da ukeba Hofu, pa je Kenedi izdao sudski poziv za rođaka Miltija koji je trebalo da svedoči pred Maklelanovim komitetom. Davati dokaze protiv Hofinih ljudi bilo bi pravo ludilo. Libi je, kada je dočula da je poziv na putu, uzviknula: „Eto, vidiš šta si uradio! Iseći će te na parčiće!"

Milti je pobegao. Odvezao se u Njujork, gde je utovario svoj „kadilak" na „Kraljicu Elizabetu". Nije pobegao sâm. Društvo mu je pravila telefonistkinja. U Irskoj su bili gosti američkog ambasadora (povezanog preko senatora Dirksena i senatorovog specijalnog pomoćnika, Džulijusa Farkaša). Dok su boravili u američkoj ambasadi, Milti je kupio zemljište na kojem je trebalo da se gradi novi dablinski aerodrom. Kupio je, međutim, pogrešnu lokaciju. Posle toga su on i njegova buduća žena odleteli u Evropu u transportnom avionu koji je nosio „kadilak". Za vreme leta rešavali su ukrštene reči. Stigavši u Rim...

Poštedeo sam Tenkija tih detalja, od kojih je on verovatno mnoge znao. Osim toga, on je video toliko akcije, da oni sigurno ne bi bili vredni pomena. Govoriti o Hofi ili pominjati izbegavanje poziva predstavljalo bi neku vrstu prekršaja. Tenki je, naravno, bio primoran da odrečno odgovori na uobičajenu ponudu imuniteta. Ako bi je prihvatio, to bi bilo fatalno. Sada se to bolje shvata, pošto su u javnosti pokazani prislušni uređaji i ostali dokazi u sudskom pretresu Vilijemsu i Dorfmanu. Poruke kao: „Reci Merklu da ćemo ga uništiti ako nam ne proda glavni udeo u svojoj firmi. I ne samo njega. Kaži da ćemo mu iskasapiti ženu i podaviti decu. I kad već to radiš, javi njegovom advokatu da ćemo isto učiniti njemu, njegovoj ženi i deci."

Sâm Tenki nije bio ubica. On je bio Dorfmanov biznismen, jedan iz njegovog pravnog i finansijskog tima. Međutim, slali su ga da zastraši ljude koji su sporo pristajali na saradnju ili isplatu. Gasio je cigaru na glatkoj površini stola i lomio uramljene fotografije žena i dece (mislim da je to u nekim slučajevima dobra ideja). U pitanju su bili milioni dolara. On se ne bi razbesneo zbog sitnica.

I naravno, bilo bi uvredljivo razgovarati o Hofi, jer bi Tenki mogao da bude jedan od malobrojnih koji znaju kako je Hofa iščezao. Što se mene tiče, s obzirom na to da sam dosta čitao (s motivima zabrinutog rođaka), bio sam ubeđen da je Hofa ušao u neki automobil na putu prema sastanku „pomirenja" u Detroitu. Odmah su ga raspalili po glavi i najverovatnije ubili na stražnjem sedištu. Telo mu je iseckano na kriške u jednoj mašini, potom spaljeno u drugoj.

Mnogo znanja o takvim događajima se nalazilo u Tenkijevim pogledima, u podbulosti njegovog lica – edema smrtonosnih tajni. To znanje ga je načinilo opasnim. Zbog njega je trebalo da ode u zatvor. Organizacija će se, uverena da je postojan, pobrinuti za njega. Od mene mu je bilo potrebno samo jedno privatno pismo sudiji. „Poštovani gospodine sudijo, podnosim Vam ovu izjavu u korist tuženoga u slučaju SAD protiv Rafaela Mecgera. Porodica me je zamolila da posredujem kao prijatelj suda, i ja to činim u punom uverenju da je porota dobro obavila svoj posao. Pokušaću, međutim, da vas ubedim da budete blagi prilikom donošenja presude. Mecgerovi roditelji su bili pošteni, dobri ljudi..." Dodajući, možda, „poznavao sam ga u detinjstvu", ili „prisustvovao sam njegovom obrezivanju".

Ovo su stvari na koje ne treba sudu skretati pažnju: da je bio ogromno dete; da nikada tako nešto veliko nije bilo postavljeno na visoku dečju stolicu; da još uvek nosi izraz s kojim je rođen, izraz pouzdanja, vesele drskosti. On je slučaj iz one španske poslovice:

Genio y figura
Hasta la sepultura

Božji ili, kako bi većina radije rekla, genetski pečat vidljiv čak i u pokvarenosti i propasti. A mi pripadamo istom genetskom jezgru, uz izvesnu razliku u razmeri. Moj okvir je mnogo uži. Pa ipak, imamo neke od istih crta, bore na obrazima, povijen vrh nosa, a ponajviše od svega, sklonost ka punoći donje usne – načinu na koji se usta pokreću prema svetu osećaja. Te odlike ste mogli da utvrdite i na porodičnim fotografijama iz stare zemlje – ortodoksni, potpuno različiti ljudski tipovi. Ali jagodične kosti bradatih muškaraca, traka čela pod velikom kapicom, šok usredsređenog pogleda iz dva ezoterična oka, sve je to i dalje prepoznatljivo kod njihovih potomaka.

Rođaci u italijanskom restoranu, koji zagledaju jedan drugog. Nije bila tajna da me Tenki prezire. Kako bi moglo da bude tajna? Rođak Ajdža Brodski koji govori strane reči, koje nikad nemaju smisla, koji deluje iz čudnih pobuda, očigledno nastran. Učio klavir, proglašen za neku vrstu čuda od deteta, napravio senzaciju u Kimbolovoj zgradi (Nojevoj barci za nasukane evropske muzičke majstore), radio u Komptonovoj enciklopediji, uređivao časopis, učio jezike – grčki, latinski, ruski, španski – i takođe lingvistiku.

Ja sam pristupio Americi na pogrešan način. Postojao je samo jedan jezik za realistu, i to je bio Hofin jezik. Tenki je pripadao Hofinoj školi – koja je u više od pola postulata bila potpuno ista kao i Kenedijeva škola. Ako nisi govorio stvarno, govorio si lažno. Ako nisi bio čvrst, bio si mekan. I ne zaboravimo da je jednom prilikom, kada su mu šefovi bili u zatvoru, Tenki, njihov stjuard, rukovodio institucijom koja poseduje više nepokretne imovine od Čejs Menhetn banke.

Ali vratimo se rođaku Ajdži: muzika, ne; lingvistika, ne; on se potom istakao na Pravnom fakultetu, na Univerzitetu u Čikagu, pošto se razočarao u univerzitetske metafizičare. Nije radio ni kao advokat; to je bila samo još jedna faza. Zvezda koja nije nikad ništa postigla. Zaljubio se u koncertnu harfistkinju koja je imala samo osam prstiju. Neuzvraćena, ljubav nije uspela; ona je bila verna svom mužu. Ajdžina žena, koja je organizovala televizijski šou, bila je prepredena kao đavo. Ni ona nije mogla ništa da načini od njega. Ambiciozna, otpustila ga je kada je postalo jasno da Ajdža nije stvoren za timskog igrača, da mu nedostaju pregalački instinkti. Ona je bila kao Libi, žena rođaka Miltija, i mislila o sebi kao o jednoj polovini imperijalnog para, onoj dominantnoj.

Šta je mogao Tenki s nekim kao što je Ajdža? Ajdža *nije* bio pasivan. Ajdža *je* imao životni plan. Ali taj plan nije bio razumljiv njegovim savremenicima. U stvari, izgleda da on uopšte nije imao savremenike. Imao je kontakte sa živima. Što nije sasvim isto.

Osnovna odlika našeg postojanja je *neizvesnost*. Niko – uopšte niko – ne može da kaže šta će od njega ispasti.

Ono što je Tenkiju bilo čudno i smešno bila je činjenica da Ajdžu toliko poštuju i da ima toliko veza. Taj Ajdža dubokog glasa, član tolikih klubova i udruženja u višoj klasi, bio je džentlmen. Tenkijev rođak *džentlmen!* Ajdžina ćelava glava sa razumno sabranim licem pojavljivala se u novinama. On je očigledno dobro zarađivao (sitnica za Tenkija). Možda neće biti rad da otkrije jednom federalnom sudiji da je u bliskom srodstvu sa osuđenim prestupnikom. Ako je to Tenki mislio, onda je grešio.

Pre mnogo godina, Ajdža je bio razuzdan tip. Njegov TV šou je bio kao satirični kabare, nešto iz repertoara braće Marks. Odvijao se u groznici apsurdnosti.

Ajdžino ponašanje se sada znatno razlikuje. Danas je on miran, on je džentlmen. Šta je potrebno da bi se bilo džentlmen? Nekada je to zahtevalo nasledno imanje, poreklo, razgovor. Krajem prošlog veka, tome su pridonosili grčki i latinski, a ja znam pomalo od oba jezika. Osim toga, uživam dodatnu prednost da ne moram da budem antisemita ili da pojačavam svoje akreditive kao civilizovana osoba tako što ću napadati Jevreje. Ali, to nije važno.

„Poštovani gospodine sudijo, možda će biti uputno da čujete stvarne činjenice u slučaju u kojem ste Vi sudili. Na sudijskoj stolici retko se doznaju šire ljudske okolnosti. Kao Mecgerov rođak, ja mogu da budem *amicus curiae* u većem smislu.

Sećam se Tenkija na njegovoj dečjoj visokoj stolici. Tenki, tako su ga zvali u srednjoškolskoj fudbalskoj ekipi. Za svoju majku bio je R'foel. Zvala ga je Folja, ili Folka, jer je bila žena sa sela, rođena izvan jevrejskog područja. On je bio ogromna beba, bio je povijen i borio se protiv tih stega. Imao je moćan glas i jarku boju. Kao i ostale bebe, mora da se hranio papicama i kašicama, ali rođaka Šana mu je takođe davala jače stvari za jelo. Kuvala je u svojoj kuhinji primitivna jela, kao što su pihtije s papcima, i sećam se da sam jeo punjene grudi, koje su bile nekako sunđeraste, ukusne ali žilave, s mnogo hrskavica. Porodica je živela u Ulici Hojn, u bungalovu od cigala, sa prugastom nadstrešnicom, na kojoj su se smenjivale široke trake bele i žute boje. Rođaka Šana je bila osoba velike snage, i održavala je kuću onako kako se održavala stotinama godina. Bila je široka žena, kao ljudska visoka peć. Njen stil razgovora bio je uzvičan. Započela bi tako što bi na jidišu rekla: ,Čuj! Čuj! Čuj! Čuj!' A onda bi iznela svoje mišljenje. Možda su osobe tog tipa izumrle u Americi. Na mene je ostavila izuzetan utisak. Bili smo dragi jedno drugom, i ja sam odlazio kod Mecgerovih zato što sam se tamo osećao kao kod kuće, a i da bih video i čuo prvobitni porodični život.

Šanina tetka bila je moja baba. Moj deda po ocu bio je jedan od dvanaestorice ljudi koji su znali napamet ceo Vavilonski Talmud (ili je to možda bio Jerusalimski? to ne bih znao). Celog života sam se pitao: ,Zašto to činiti?' Ali to je bilo učinjeno.

Mecgerov otac je prodavao galanteriju u ,Bostonskoj prodavnici' u centru. U Austro-Ugarskom carstvu naučili su ga da bude krojač za muška odela. Mnogostruko vešt čovek, uvek je bio lepo obučen, zdepast, ćelav, ako ne računamo uvojak spreda, začešljan na desnu stranu. Neki ljudi su nemo ćelavi; njegova ćelavost je bila izražajna; kada je bio uznemiren, kvrge su mu se uobličavale ispod kože, a onda bi iščezavale s povratkom mira. Malo je govorio; umesto toga, smešio se i sijao, i ako postoji nebeski meridijan dobre prirode, on mu preseca lice. Imao je prostosrdačne smanjene zube koji su bili znatno razmaknuti. I šta još? Bio je cepidlaka za poštovanje. Njegovu ljubaznost niko nije smeo da primi zdravo za gotovo. Kada bi se razgnevio, nemoć da pronađe reči davala mu je izgled gušenja a velike kvrge su mu izbijale po glavi. To se, međutim, retko viđalo. Imao je neki tik s očnim kapcima. A da bi pokazao da je naklonjen (dečacima) upotrebljavao je bezopasne jidiš psovke – što je bio znak da uživate njegovo poverenje. Kada dovoljno porastete, bićete prijatelji.

Još samo jedna stvar, poštovani gospodine sudijo, ako Vam je stalo do porodičnog zaleđa tuženika. Rođak Mecger, njegov otac, uživao je da izađe uveče, i često je dolazio da igra karte sa mojim ocem i maćehom. Zimi su pili čaj i jeli slatko od malina; leti su me slali u radnju da kupim komad trobojnog sladoleda – od vanile, čokolade i jagoda. Zvao se ,napolitanac'. Igrali su poker, čip je bio jedan cent, i igra je često trajala do posle ponoći."

„Čujem da si prijatelj Džeralda Ajlera", rekao je Tenki.

„Poznanik..."

„Jesi li ikada bio kod njega kući?"

„Pre nekih dvadeset godina. Ali te kuće više nema, kao što nema ni njegove žene. Sretao sam ga i na zabavama, ali domaćin koji ih je priređivao je umro. Gotovo pola tog društvenog kruga je sada na groblju."

Kao i obično, dao sam više informacija nego što su me pitali, koristeći svaku priliku da prenesem svoj osećaj života. Moj otac je radio to isto pre mene. Takva navika može da iritira. Tenkija uopšte nije zanimalo ko je na groblju.

„Poznavao si Ajlera pre nego što je postao sudija?"

„O, mnogo pre toga..."

„Onda si ti možda pravi čovek koji treba da mu piše za mene."

Ako žrtvujem jedan sat za svojim stolom, mogu da poštedim Tenkija mnogo godina zatvora. Zašto ne bih to učinio zbog starih vremena, zbog njegovih roditelja, prema kojima sam osećao toliko naklonosti. *Morao* sam to da učinim ukoliko sam želeo da nastavim sa ovim vežbama pamćenja. Moji suveniri bi zasmrdeli ako odbijem Šaninog sina. Nisam imao prostora da odredim da li je to moralna ili sentimentalna odluka.

Mogao sam takođe da pišem Ajleru da bih se razmetao uticajem koji sam tako čudnovato imao. Tenkijevo tumačenje mojih motiva bi predstavljalo neobičnu stvar. Da li sam želeo da dokažem da, iako sam mu delovao kao tupadžija, ipak postoje čvrsti razlozi da bi moje pismo imalo težinu kod takvog veterana federalnog pravosuđa kakav je Ajler? Ili da pokažem da sam *ja* ispravno živeo? To mi nikada ne bi priznao. Bilo kako bilo, s obzirom na to da mu je iznad glave visila dugačka kazna, nije bio raspoložen da izučava misterije života. Bio je bolestan, depresivan na smrt.

„Dosta luksuzno je tamo preko puta u Prvoj nacionalnoj."

Dole, na trgu, nalazi se veliki Šagalov mozaik, koji je koštao mnogo miliona dolara, a čija je tema duša čoveka u Americi. Često posumnjam da je stari Šagal imao snagu neophodnu za takvo tumačenje. On i suviše lebdi u vazduhu. Ima previše mašte.

Objasnio sam: „Grupa kojoj pripadam savetuje bankare o zajmovima za inostranstvo. Mi smo specijalisti za međunarodno pravo – politička ekonomija i tome slično."

Tenki reče: „Junis se strašno ponosi tobom. Šalje mi isečke o tome kako govoriš u Savetu za inostrane odnose. Ili kako sediš sa guvernerom u istoj loži u operi. Ili kako si pratio gospođu Sadat kada je dobila počasnu titulu. I igraš tenis, u dvorani, sa *političarima*."

Zašto su ezoterična interesovanja omogućavala rođaku Ajdži pristup do svih tih istaknutih ljudi – patrona umetnosti, političara, viđenih dama, udovica diktatorâ? Tenki se najviše obrušavao na političare. O političarima je znao više nego što ću ja ikada znati, znao je *prave* ljude; poslovao je sa ljudima iz političke mašinerije, imao je finansijske veze s njima. On je mogao *meni* da kaže ko je od koga uzeo, koja grupa je koliko dugovala, ko je snabdevao škole, bolnice, okružni zatvor i druge institucije, ko je muzao državne ustanove, izdavao licence, obavljao nezakonite poslove. Ukoliko niste bili već dugo upleteni u sve to, nikada ne biste otkrili mračne prelaze kojima se služe gangsteri i političari. Oni su samo povremeno otkrivani. Nedavno su dvojica plaćenih ubica pokušali da ubiju jednog Japanca, preprodavca droge, u njegovim kolima. Zove se Tokio Džo Eto. Pucali su mu tri puta u glavu, a balistički stručnjaci nisu u stanju da objasne zašto mu nijedan metak nije prodro u mozak. Pošto nije imao više šta da izgubi, Tokio Džo je imenovao ubice, i pokazalo se da je jedan od njih zamenik okružnog šerifa i da prima redovnu platu. Da li i drugi gradski ili okružni plaćeni službenici tezgare za mafiju? Niko nije predložio dalju istragu. Rođak Tenki je znao odgovore na mnoga takva pitanja. Otuda podrugljiv pogled koji mi je upućivao u separeu. Ali čak je i taj pogled bio razvodnjen, daleko ispod pune snage. Suočen sa zatvorom, nije se dobro osećao. Imali smo zlodelnike u porodici, ali retko ko je dospeo u kazneni zavod. Naravno, on nije hteo da raspravlja o tome sa mnom. Jedino je želeo da upotrebim svaki mogući uticaj koji imam. Vredelo je pokušati. Razapeti se na još jednu stranu. Što se mog motiva tiče, motiva da pristanem da posredujem, i suviše je nejasan da bi bio vredan truda istraživanja. Osećanja. Ekscentrična budalaština. Taština.

„U redu, Rafaele. Pokušaću s pismom sudiji."

Učinio sam to zbog tika rođaka Mecgera. Zbog trobojnog napolitanskog sladoleda. Zbog crvene kose rođake Šane koja je silovito rasla nagore, i zbog strasnih vena na njenim slepoočnicama i posred čela. Zbog snage s kojom su se njena bosa stopala kretala dok je brisala pod i prostirala stranice „Tribjuna" preko njega. Takođe i zbog mucanja rođake Junis, i zbog časova dikcije koji su to izlečili, zbog pesama Džemsa Vitkomba Rajlija koje je ona recitovala zatečenoj porodici i zbog odlučnog mucanja s kojim se suprotstavila izazovu pesme „Kad se mraz uhvati na bundevi". Učinio sam to zato što sam prisustvovao obrezivanju rođaka Tenkija i čuo njegov plač. I zato što je njegovo glomazno telo sada bilo obavijeno pokrovom poraza. Izgledao je kao sparing-partner Smrti i bio tamnomodar ispod očiju. A ako je mislio da sam *ja* sentimentalista a *on* nihilista, grešio je. I ja imam neka iskustva sa zlom i raspadom starih spona postojanja, sa ranama koje su se otvorile na telu čovečanstva i koje želim da dodirnem vlastitim rukama.

Napisao sam pismo zato što su rođaci izabranici moga sećanja.

„Roditelji Rafaela Mecgera, poštovani gospodine sudijo, bili su ljudi koji su naporno radili i pridržavali se zakona, i njihova prošlost nije obeležena čak nijednim saobraćajnim prekršajem. Pre više od pedeset godina, kada su Brodskijevi došli u Čikago, Mecgerovi su nedeljama brinuli o njima. Spavali smo na podu, kao što su siromašni doseljenici radili tih dana. Gospođa Mecger je oblačila, kupala i hranila nas decu. To je bilo pre rođenja optuženoga. Priznajemo, Rafael Mecger je postao prestupnik. Ali on nije izvršio nikakve surove zločine, pa je moguće da, uz takvo porodično poreklo, još postane koristan građanin. Prilikom dosadašnjih saslušavanja, lekari su posvedočili da boluje od emfizema, kao i od visokog krvnog pritiska. Ako bude morao da odsluži kaznu u nekom od teže podnošljivih zatvora, njegovo zdravlje će se nepovratno narušiti."

Ovo poslednje je bila najobičnija koještarija. Dobar federalni zatvor je kao sanatorijum. Mnogi bivši robijaši su mi rekli: „U zatvoru su napravili novog čoveka od mene. Sredili su mi kilu i operisali katarakt, namestili su mi veštačke zube i dali mi aparat za slušanje. Ja to ne bih nikada mogao sebi da priuštim."

Veteran kao Ajler je primio mnogo pisama sa molbama za blagu kaznu. Šalju ih na hiljade: građanski lideri, članovi Kongresa i, nego šta, druge federalne sudije, i svi koriste nizak jezik visokog morala – podmićivačka pisma koja nude dobru reč za dobro povezane birače ili političke pajtaše, ili za stare prijatelje sa posla. Sudiji Ajleru se može prepustiti da čita između redova.

Možda sam čak bio efikasan. Tenki je dobio kratku kaznu. Ajler je sigurno shvatio da Tenki deluje prema uputstvima pretpostavljenih. Ako su postojala mita, on nije zadržavao puno novca. Verovatno se neki dolar zalepio i za njegove prste, ali on nikada neće posedovati četiri velike kuće, kao neki od njegovih šefova. Pretpostavljam, takođe, da je sudija bio svestan tajnih istraživanja koja su se tada odvijala i optužnica koje su velike porote pripremale. Vlada je želela da se dočepa većeg plena. To nisu stvari o kojima će Ajler razgovarati sa mnom. Kada se sretnemo, pričamo o muzici ili tenisu, ponekad o spoljnoj trgovini. Ogovaramo ljude sa univerziteta. Ali, Ajler je bio svestan da bi stroga kazna mogla da dovede Tenkijev život u opasnost. Moglo se posumnjati da će odati informacije da bi što pre izašao. Već je opšteusvojeno da je Tenkijev patron, Dorfman, ubijen prošle godine pošto je osuđen u Nevadi za podmićivanje, zato što je trebalo da dobije doživotnu kaznu i zbog toga mogao da se odluči za nagodbu sa vlastima. Dva čoveka su pucala Dorfmanu u glavu prošle zime, izuzetno vešto su ga smakli na parkiralištu. Televizijske kamere su iz mnogo različitih uglova pokazale krupne planove krvlju umrljane bljuzgavice. Niko se nije potrudio da je opere, i u mojoj mašti tokom noći su došli pacovi da je poloču. Iščekujući da umre, Dorfman se nije potrudio da se zaštiti. Nije najmio telohranitelje. Slobodna pucnjava između telohranitelja i najmljenih ubica mogla je da donese odmazdu protiv njegove porodice. Zato je ćutke podnosio osećanja na smrt osuđenog čoveka i čekao neumitan hitac.

Nekoliko reči o tome kako ljudi razmišljaju o takvim stvarima u Čikagu, o ovom životu na koji smo svi pristali. Kupi jeftino, prodaj skupo – to je sama duša biznisa. Temelji političke stabilnosti, demokratije, čak i prema njenim eminentnim filozofima, jesu prevara i obmana. E, uglađenost u prevari obezbeđuje imunitet. Najviši šefovi, advokati u samom jezgru moći, oni koji šire najfatalnije mreže – *oni* neće nikada biti isečkani i spaljeni, *oni* nikada ne ostavljaju krv i mozak na parkiralištima. Stoga Čikažani imaju izvesno poštovanje za one lopove sa četiri zgrade koji rizikuju svoje živote u veoma vidljivim prestupima. Mi gledamo u strah od smrti koji definiše tipičnog građanina. Čikaška publika ne ispituje svoje stavove toliko detaljno, ali tako stvari stoje: velika mafijaška zverka je pripremila svoju dušu za pogubljenje. I *mora*. Običan čovek je zahvalan za takva elementarna podsećanja na činjenicu da pravda u nekom obliku ipak postoji. (Upravo imam trenutak impotentne indignacije; ostavimo to.)

Moram da kažem da mi je bilo neprijatno kada sam, još pre izricanja presude, dobio gajbicu vina „Lafit-Rotšild". Tada još nisam bio poslao pismo sudiji. Kao član (neaktivan) advokatske komore, beležim tu nepogodnost s nelagodnošću. Niko ne treba za to da zna. Kamion iz Cimermanove prodavnice pića mi je doneo tuce izvrsnih flaša koje su bile i suviše zagađene savešću da bih mogao da ih popijem. Dajem ih domaćicama, kao poklon za večeru. Tenki, ako ništa drugo, bar zna šta je dobro vino.

U „Italijanskom selu" ja sam naručio „Nocolu", pristojno crveno vino koje je Tenki jedva probao. Šteta što nije dopustio sebi da se malo napije. Mogao sam da mu iznesem zabavno rođačko priznanje (u striktnom poverenju za nas obojicu). Naime, i ja sam upleten u pozajmljivanje velikih svota. Tenki je poslovao sa milionima. Kao osoba koja priprema informativne dokumente, ja sam upleten u pozajmljivanje milijardi dolara Meksiku, Brazilu, Poljskoj i drugim beznadežnim zemljama. Upravo tog dana su u moju kancelariju poslali predstavnika jedne zapadnoafričke države, s kojim je trebalo prodiskutovati o problemima njegove zemlje sa čvrstom valutom; naročito restrikcije na uvoz luksuznih proizvoda iz Evrope, pogotovo nemačkih i italijanskih automobila koje je koristila njihova izvršna klasa (u kojima su išli nedeljom na izlet, sa svojim ženama i svom decom, da bi gledali javna pogubljenja – veliku zabavu dotične sedmice: to mi je ispričao na svom šarmantnom sorbonskom engleskom).

Ali Tenki ne bi nikada uzvratio s poverljivim

ispovestima o gangsterima. I tako nisam nikada dobio priliku da započnem tu potencijalno zanimljivu razmenu misli između dva jevrejska rođaka koja posluju megadolarima.

Umesto tog intimnog, poverljivog duha, pojavljivala se duboka tišina. Ambisi tišine daju mom dubokom basu okeansku zvučnost kada se razgovor nastavi.

Treba reći da moj kancelarijski rad ne oduzima najveći deo mog vremena. Proždiru me različita interesovanja, razne strasti. Biće još reči o tome.

Kada mu otpišu deo kazne na dobro ponašanje, Tenkiju će preostati oko osam punih meseci u nekom pristojnom zatvoru, gde kao profesionalni računovođa može da dobije neki lak posao, najverovatnije neko zamajavanje s kompjuterima. Pomislili biste da će ga to zadovoljiti. Ali ne, nije mogao da se smiri, navaljivao je. Očigledno je mislio da je Ajler slab prema brundavom, otkačenom rođaku Ajdži. Mogao je čak da zaključi da Ajdža „zna nešto" u vezi sa sudijom, jer upravo na takav način ljudi misle u Čikagu.

U svakom slučaju, rođaka Junis je telefonirala ponovo i rekla: „*Moram* da te vidim." Da je htela nešto za sebe, rekla bi: „*Volela* bih da te vidim." Tako sam znao da je u pitanju Tenki. Šta je sad?

Shvatio sam da ne mogu da odbijem. Bio sam u klopci. Jer kada je Kulidž bio predsednik, Brodskijevi su spavali na podu rođake Šane. Bili smo gladni, a ona nas je nahranila. Reči Isusa i prorokâ nikada neće moći da se izvade iz krvi izvesnih ljudi.

Pazite, ja se potpuno slažem sa Hegelom (predavanja u Jeni, 1806) da se cela masa ideja koje su bile aktuelne do sada, „same spone sveta", raspada i ruši kao vizija u snu. Na pomolu je

– ili bi bar trebalo da bude – nova pojava Duha. Ili kao što je jedan drugi mislilac i vizionar rekao, čovečanstvo je dugo podupirano nečujnom muzikom koja ga je održavala, davala mu tok, kontinuitet, koherentnost. Ali ta humanistička muzika je prestala, i sada nadolazi drugačija, varvarska muzika, i počela je da se manifestuje drugačija elementarna sila, iako još uvek bez oblika.

To je, takođe, dobar način da se stvar izrazi: kosmički orkestar koji emituje muziku je iznenada otkazao svoj nastup. I gde nas, u odnosu na rođake, to ostavlja? Ograničavam se na rođake. Imam braću, ali jedan od njih radi u diplomatskoj službi i nikad ga ne viđam, dok drugi upravlja taksi-kompanijom u Tegusigalpi i potpuno je otpisao Čikago. Ja sam, tako reći, blokiran u maloj istorijskoj luci. Ne mogu da isplovim; ne mogu čak ni da se iščupam iz veza jevrejske rodbine. Možda raspad spona sveta utiče na Jevreje na neke druge načine. Cela masa ideja koje su bile aktuelne do sada, same spone sveta...

Šta Tenki ima sa sponama i vezama? Godine u podzemlju. Prezire svoju sestru. Misli da je rođak Ajdža najobičnija gnusoba. Pred nama je život na koji su svi pristali. Ali ne rođak Ajdža. Zašto on ne pristaje? Šta misli, iz koje sfere *on* potiče? Ako ne učestvuje u onome što toliko zadovoljava najznačajnije i najmoćnije ljude, gde će onda udovoljiti svojim instinktima?

E pa, našli smo se u „Italijanskom selu" da popijemo „Nocolu". „Selo" ima tri nivoa i tri trpezarije, koje ja zovem Pakao, Čistilište i Raj. Mi smo našu teletinu jeli u Raju. U nuždi, Tenki se obratio Ajdži. Jevrejska jednokrvnost – poseban fenomen, arhaizam kojeg su se Jevreji, dok ih sadašnji vek nije zaustavio, postepeno sami lišavali. Svet koji se raspadao očigledno se srušio povrh njih, tako da samolišavanje nije moglo da se nastavi.

U redu, sada vodim Junis na ručak na vrh oblakodera Prve nacionalne banke, jednog od spomenika najčudnije sadašnjosti (koliko neobične mogu te sadašnjosti da budu?). Pokazujem joj vidik, a daleko, daleko ispod nas se nalazi ,,Italijansko selo", tanka kriška arhitekture starog sveta iz vremena Ivice i Marice. ,,Selo" je, s jedne strane, pritisnuto zelenim imućnim nabreknućima novog sedišta Zeroks kompanije, a s druge, Belovom štedionicom.

Bolno sam svestan činjenice da je Junis operisana zbog raka. Znam da ispod njene bluze počiva mučna ruža od sečenog tkiva, a kada smo se poslednji put sreli pričala mi je o bolovima pod pazuhom i užasnom strahu od ponovnog pojavljivanja bolesti. Uzgred rečeno, njeno poznavanje medicinske terminologije je fantastično. I nikada vam se ne pruža prilika da zaboravite koliko je studirala beheviorizam. Da bih se suprotstavio starim osećanjima i sažaljenju, prikupljam u samoodbrani što više negativnih činjenica o porodici Mecger. Prvo, brutalni Tenki. Potom činjenica da je stari Mecger posećivao burleskne erotske šou-programe kad bi se na jedan sat oslobodio dužnosti u ,,Bostonskoj prodavnici", i da sam ga viđao u tim uspaljenim mračnim rupama na Saut Stejt ulici kada sam brisao iz škole. Ali to nije bilo toliko negativno. Bilo je više dirljivo nego grešno. Na taj način je on dolazio do života, to je bilo njegovo veštačko oživljavanje. Muškarac od bilo kakve seksualne delikatnosti oseća se kao da ga je opalila daska posred genitalija kada obavi bračne dužnosti u bungalovu. Rođaka Šana je bila draga duša, ali u njoj nije bilo nimalo od našminkane erotične žene. Bilo kako bilo, Saut Stejt ulica je predstavljala radničku razvratnost u radničkom Čikagu. Na prefinjenom orijentu, čak i u svetim gradovima, publici se nude beskrajno pokvarenije stvari.

Onda sam pokušao da vidim za šta bih mogao da osudim rođaku Šanu, i kako bih mogao čak nje da se odreknem. Pred kraj života, ona je, iako vlasnik velike stambene zgrade, stopirala na Šeridenu kako bi uštedela novac od autobuske karte. I tako, da bi ostavila što više novca za Junis, ona je gladovala, govorili su neki od rođaka. Dodavali su da je Junis potreban svaki dinar zato što njen muž, Erl, koji je radio u službi za parkove, stavlja u banku svoj nedeljni ček čim ga primi, da ga ulaže na svoj lični račun. Da odbija svaku finansijsku odgovornost. Junis je potpuno sama školovala decu. Ona je bila psiholog u Odboru za obrazovanje. Njena profesija je bila mentalno testiranje. (Njena šema, što bi rekao Tenki.)

Junis i ja sedimo za našim rezervisanim stolom na vrhu Prve nacionalne banke i ona prenosi novi Tenkijev zahtev. Proždire je žudnja da služi svom bratu. Ona je majka kao njena majka, samopožrtvovana, i ista takva sestra. Tenki, koji je ranije viđao Junis jedanput u pet godina, sada često komunicira s njom. Ona mi donosi njegove poruke. Ja sam kao velika riba u bajci braće Grim. Ribar je oslobodio ribu iz mreže i ona mu ispunjava tri želje. Sada smo stigli do želje broj dva. Riba sluša u šefovskoj trpezariji. Šta traži Tenki? Još jedno pismo za sudiju, u kojem se zahtevaju češći lekarski pregledi, poseta specijalisti, posebna dijeta. „Muka mu je od jela koja mu daju da jede."

Velika riba bi sada trebalo da kaže: „Čuvaj se!"

Umesto toga, kaže: „Mogu da probam."
Govori svojim nižim tonovima, prekrasnim dubokim glasom, kao da su to note koje su odsvirane na kontrabasu ili na neobičnom baritonu – drevnom gudačkom instrumentu, koji je delom gitara, delom bas-viola; Hajdn, koji je voleo bariton, pisao je dirljiva trija za njega.
Junis reče: „Moj posebni zadatak jeste da ga odande izvučem živog."
Da bi produžio svoju egzistenciju u još dubljoj sferi nezakonitog novca, da bi delovao iz hotela lasvegaskog tipa, izgledajući sasvim dobro (u bolesti) usred blistavih stvari koje svakoga treba da predstave kao sliku savršenog zdravlja.
Junis je bila zatrpana obiljem osećanja za koje nije postojao jezik. Svoju moć govora prebacila je na dostupne teme. Činjenica da je bila veoma ponosna na specijalan rečnik kojim je ovladala, otežavala je razgovor. Bila je sujetna zbog svoje diplome iz edukativne psihologije. „Ja sam profesionalna osoba", rekla je. Ubacivala je to što je češće mogla. Ona je bila ispunjenje mračnog, moćnog nagona njene majke, ambicije koju je ona gajila prema svom detetu. Junis nije bila lepa, ali Šani je bila beskrajno draga. Oblačila ju je probirački, kao što su i druge devojčice bile obučene, u šarene haljinice sa gaćicama (vidljivim) od istog šarenog materijala, prema modi iz dvadesetih godina. Među ostalom decom njenih godina ona je, međutim, bila pravi div. Osim toga, krv joj je nadirala u lice zbog napornog mucanja. Ali onda je naučila da izgovara smele iskazne rečenice i one su upile i zadržale strahovitu energiju njenog mucanja. Pomoću čvrste discipline obuzdala je sile svog prokletstva.
Rekla je: „Uvek si bio voljan da me posavetuješ. I ja sam uvek osećala da mogu da ti se

obratim. Zahvalna sam ti, Ajdža, što pokazuješ toliko saosećanja. Nije tajna da moj suprug nije osoba koja hoće da podrži. Šta god predložim, odgovara odrično. Sav novac mora da bude razdvojen. ,Ja čuvam svoj, ti se drži svog', tako mi kaže. Nije hteo da devojke nastave da se školuju posle srednje škole – toliko je bilo i njegovo obrazovanje. Morala sam da prodam maminu kuću – sama sam preuzela hipoteku. Šteta što su stope tada bile toliko niske. Sada su već stigle do neba. Finansijski gledano, nisam se usrećila s tom prodajom."

„Zar te Rafael nije posavetovao?"

„Rekao je da sam luda što hoću da potrošim celo nasledstvo na devojke. Šta ću raditi kad ostarim? Erl je iznosio isti razlog. Niko ne sme da zavisi od drugih. On kaže da svi moramo da stojimo na svojim nogama."

„Ti se izuzetno žrtvuješ za svoje kćerke..."

Znao sam samo mlađu – Karlotu – koja je imala tamne šiške i arktičku figuru Eskimke. Za mene to ne označava ništa pogrdno. Opčinjen sam polarnim područjima i tamošnjim stanovništvom. Karlota je imala duge, oštre, namazane nokte, pogled joj je bio grozničav, razgovor strastan i nedosledan. Posle porodične večere kojoj sam prisustvovao, ona je toliko glasno svirala klavir da razgovor uopšte nije dolazio u obzir, i kada ju je rođaka Perl zamolila da tiše svira, briznula je u plač i zaključala se u klozet. Junis mi je rekla da Karlota namerava da se povuče iz Mirovnog korpusa i da se pridruži jednom naoružanom naselju na Zapadnoj obali.

Analu, starija kćerka, imala je čvršće ambicije. Njene ocene nisu bile dovoljno dobre za bolje medicinske fakultete. Rođaka Junis mi je izložila zaprepašćujući prikaz njenog profesionalnog obrazovanja. „Morala sam da doplatim", rekla je.

„Da, morala sam da se obavežem da ću pokloniti fakultetu znatnu sumu novca."

„To je bio Talbotov medicinski fakultet, jesi tako rekla?"

„Da, tako je. Morala sam da platim mito samo da bih razgovarala s direktorom. Da bi dobio zeleno svetlo, potrebna ti je poverljiva osoba. Morala sam da obećam Šarferu –"

„Kom Šarferu?"

„Našem rođaku Šarferu, koji skuplja pare za fondove. Moraš da imaš posrednika. Šarfer je rekao da će srediti razgovor ako prvo poklonim nešto *njegovoj* organizaciji."

„Ispod stola, na medicinskom fakultetu?" rekao sam.

„Inače ne bih mogla da uđem u direktorovu kancelariju. E pa, dala sam prilog Šarferu od dvanaest i po hiljada. Njegova cena. A onda sam morala da se obavežem da ću Talbotu dati pedeset hiljada dolara."

„Ne računajući školarinu?"

„Ne računajući. Možeš lako da pogodiš koliko vredi lekarska diploma, koji prihod ti ona garantuje. Mala škola kao što je Talbot nema iza sebe nikakvu zadužbinu, nikakve fondove. A ne možeš da dobiješ dobre predavače ako ne ponudiš odgovarajuće plate, a ako nemaš adekvatne predavače škola neće biti ozvaničena."

„I tako si morala da platiš?"

„Isplatila sam polovinu u gotovom, uz obećanje da će ostatak biti isplaćen pre diplomiranja. Nema diplome dok ne platiš. To je jedno od onih prikrivenih naličja stvari koje javnost nikada ne vidi."

„Jesi li mogla sve to da postigneš?"

„Iako je Analu bila na čelu svoje klase, dočula sam da očekuju poslednju ratu. To me je bacilo u očajanje. Imaj na umu da sam imala hipoteku od pet procenata, a da procenat sada iznosi negde oko četrnaest. Erl nije hteo ni da razgovara sa mnom. Izložila sam problem svom psihijatru. Njegov savet je bio da pišem direktoru škole. Formulisali smo izjavu – obećanje da ću nadoknaditi dvadeset pet hiljada. Rekla sam da sam osoba 'najvišeg integriteta'. Kada sam otišla kod mog advokata da proverim jezik pisma, on je bio protiv reči 'najviši'. Samo 'integritet', to je bilo dovoljno. I tako sam napisala: 'Dajem Vam reč kao osoba poznatog integriteta.' Analu je tada, na osnovu toga, mogla da diplomira."

„I...?" rekoh.

Moje pitanje ju je zbunilo. „Marka od dvadeset centi mi je uštedela celo bogatstvo."

„Ne nameravaš da platiš?"

„Napisala sam *pismo*..." reče ona.

Razlika u naglašavanju potpuno nas je razdvojila. Ona je sedela uspravnije, odbijajući naslon stolice, ukrutivši se od osnove kičme nagore. Mala Junis je postala veoma koščata, prava starica, uz izuzetak privlačne plemenitosti: visokog, istaknutog profila, lica prepunog majčine boje, delimično od krvi, delimično od iracionalnosti. Sastavite, ako možete, savremene „prepredenosti" kojima se ona ponosila sa tim nagoveštajima patricijske starine.

Ali ako je neko od nas dvoje predstavljao anahronizam, onda sam to bio ja. Ponovo rođak Ajdža, koji i dalje ne popušta. S kakvim motivom? Iz neodređenih razloga, nisam čestitao Junis na njenom podvigu. Ona je žudela da joj kažem kako je uradila pametnu stvar, koliko je bila dobra u tome, a ja sam delovao odlučan u nameri da je razočaram. Šta je to moje zbunjujuće odbijanje moglo da znači?

„Te reči, 'visoki integritet', uštedele su ti dvadeset pet hilj...?"

„Samo ‚integritet'. Rekla sam ti, Ajdža, izbacila sam ‚visoki'."

Pa, zašto ne bi i Junis mogla da ostvari neku korist pomoću fine reči? Sve su reči bile slobodne za to. Ona je razumela politiku bolje od mene. Ja nisam voleo nikakvo muvanje s rečju »integritet«. Ali najbolji razlog koji sam mogao da pružim bila je, pretpostavljam, odbrana poezije. A to je bio glup razlog, imajući u vidu da je ona branila svoje telo sa samo jednom dojkom. Metastaza bi je dovela do bankrota.

Promenili smo temu. Razgovarali smo malo o njenom mužu. Imao je puno posla u Grantovom parku, na obali jezera. Zbog zabrinjavajućeg porasta kriminala, uprava parka je odlučila da poseče žbunje koje je skrivalo i da ukloni starinske zahode. Siledžije su se krile u žbunju, a mnoge žene su na smrt izbodene u klozetima, tako da su sada postavljene konzerve nalik na stražare, u koje je mogla da uđe samo jedna osoba. Kardžer je upravljao njihovim postavljanjem. Junis je to rekla s ponosom, iako prikaz njenog supruga, kada se sve sabere, nije ostavio povoljan utisak. Neobično ćutljiv, on je odbijao sve pokušaje razgovora. Razgovor nije ništa vredeo. Možda je bio u pravu. Shvatao sam šta hoće time. Nije ga uopšte zanimalo šta ljudi misle o njemu. Bio je neprikriveni ekscentrik. Dopadala mi se njegova nezavisnost. Bar se nije pretvarao.

„Ja moram da platim pola kirije", rekla je Junis. „I komunalne usluge."

Nisam kupio njenu priču o tome kako joj je teško. „Zašto ste i dalje zajedno?"

Objasnila je: „Zaštićena sam njegovim socijalnim i zdravstvenim osiguranjem..." To objašnjenje bi uverilo većinu ljudi. Moja reakcija je bila neutralna; tek je trebalo sve to da razmotrim.

Kada se ručak završio, zatražila je da vidi

kako izgleda moja kancelarija. „Moj rođak genije", rekla je, veoma zadovoljna veličinom prostorije. Sigurno sam važan kada sam dobio toliki prostor na pedesetom spratu velike zgrade. „Neću ni da te pitam šta radiš sa svim ovim stvarima, dokumentima i knjigama. Ove zelene knjižurine, na primer. Sigurna sam da ti je dosadno da objašnjavaš."

Izbledele zelene knjižurine, koje potiču s početka veka, nemaju nikakve veze sa mojim plaćenim funkcijama. Kada ih čitam, onda neopravdano izostajem iz škole. To su dva toma iz serije izveštaja Džesapove ekspedicije, objavljene u izdanju Američkog prirodnjačkog muzeja. Sibirska etnografija. Fascinantno. Te monografije su me oslobodile mojih jada (znatnih jada). Dva plemena, Korjak i Čukči, kako su ih opisali Johelson i Bogoras, potpuno su me obuzeli. Kao što su one uspijače magnetno privlačile starog Mecgera i odvlačile ga iz „Bostonske prodavnice" (začarano zaboravljajući svoje činovničke dužnosti), tako sam i ja zanemarivao kancelarijski posao zbog tih knjiga. Politički radikali Valdemar Johelson i Valdemar Bogoras (neobična hrišćanska imena za jedan par ruskih Jevreja) bili su prognani u Sibir krajem prošlog veka, i tu su, u oblasti u kojoj su Sovjeti kasnije podigli svoje najgore radne logore, Magadan i Kolimu, dvojica Valdemara posvetili mnoge godine proučavanju domorodačkih plemena.

Čitam o toj arktičkoj pustinji, prečišćenoj mrazevima opakim kao vatra, zbog vlastitog olakšanja, kao da čitam Bibliju. U zimskoj pomrčini, čak i u samom sibirskom naselju, možete da nestanete ako vas vetar obori, jer je brzina snega tolika da će vas sigurno zakopati pre nego što stanete na noge. Ako zavežete pse, ujutru, kada ih otkopate, ponekad ih nađete ugušene. U toj mračnoj zemlji u kuću se ulazilo niz merdevine u odžaku. Dok sneg raste, psi se penju da omirišu šta se kuva. Oni se međusobno bore za što bolje mesto kod dimnjaka, i ponekad se dešavalo da upadnu u lonac. Bilo je tu i fotografija razapetih pasa, što je bio uobičajeni način prinošenja žrtvi. Okruživale su vas sile mraka. Jedan Čukči je rekao Bogorasu da postoje nevidljivi neprijatelji koji opsedaju ljude sa svih strana, pohotni duhovi kojima su usta uvek razjapljena. Ljudi su se grčili u strahu i davali otkup, kupujući zaštitu od tih besomučnih aveti.

Geografija mentalnog putovanja ne može da bude ista od veka do veka; zlatna područja se udaljavaju. Odlaze u prošlost. Bilo kako bilo, dok sam u svojoj kancelariji čitao o tim plemenima i njihovim duhovima i šamanima, oko mene se uobličavala divna tišina – udvajala se, učetvorostručavala. Postajala je desetostruka tišina, usred centra Čikaga. Moji prozori gledaju na Grantov park. Povremeno sam odmarao oči na jezeru, gde je rođak Kardžer posekao procvalo šiblje da bi seksualne manijake lišio zaklona i postavio uske klozete za jednu osobu. Monumentalan park, i jezero za jahte, s doteranim brodićima koje poseduju advokati i šefovi velikih kompanija. Seksualne brutalnosti tokom sedmice, sa spuštenim sidrom; nedeljom, isti sumanuti erotomanijaci miroljubivo jedre sa ženom i decom. A da li se pripremamo za novo rođenje duha ili za agoniju konačnog raspada (to je ona *neizvesnost* koja je pomenuta pre nekoliko stranica) zavisi od toga šta mislite, osećate i hoćete povodom takvih ispoljavanja ili pojava, od kabalističke veštine koju razvijete prilikom tumačenja tih savremenih obličja. Moja intuicija mi kazuje da me Korjaci i Čukči vode u pravom smeru.

I tako u kancelariji padam u trans nad izveštajem Bogorasa i Johelsona. Niko mi mnogo ne smeta. Kada dođe vreme za konferencije, probudim se. Postajem kao prorok i ostali saradnici vole da slušaju moje analize. Bio sam u pravu za Brazil, u pravu za Iran. Predvideo sam revoluciju mula, što predsednikovi savetnici nisu mogli. Ali moja gledišta su morala da budu odbačena. Toliko velike zarade za kreditne institucije, još zaštićene vladinim garancijama – nisam ni mogao da očekujem da će moje preporuke biti prihvaćene. Moja nagrada je da me hvale kao „dubokog" i „briljantnog". Tamo gde su klinci na Loganovom trgu videli oči orangutana, moje kolege vide pogled vidovnjaka. Niko to otvoreno ne kaže, ali svi čitaju moje izveštaje i, što je najglavnije, ostavljaju me na miru da nastavim sa svojim duhovnim istraživanjima. Zagledam staru fotografiju jukagirskih žena na obali reke Nalemne. Obala je jalova – sneg, stene, vretenasto drveće. Žene čuče, nižu ulov velikih belih riba na gomili pred njima, rade pomoću igle i kanapa na trideset pet stepeni ispod nule. Od rada se znoje i skidaju kožne prsluke, tako da su polugole. Čak „guraju velike kriške snega u grudi". Primitivne žene kojima je toplo na trideset pet ispod nule i koje rashlađuju dojke grudvama snega. Dok čitam, pitam se ko u ovoj zgradi, ovom tako visokom neboderu u kojem se nalaze hiljade ljudi, ima najčudniju maštu. Ko zna kakve čudne ideje imaju drugi, ko zna snove ovih bankara, advokata, prodornih žena – njihove maštarije i proročke vizije? Oni sami ne mogu da ih izraze, zaplašeni njihovim ludačkim intenzitetom. Ljudska bića, po pravilu, pola vremena su luda.

I tako, kome će smetati što proždirem te

knjige? U stvari, ja ih ponovo čitam. Prvi put sam se susreo s njima još pre mnogo godina. Svirao sam klavir u baru blizu suda u Medisonu, država Viskonsin. Čak sam pevao neke posebne stvari, kao na primer, „Princeza Papuli ima puno papaja". Stanovao sam sa rođakom Ezekielom u siromašnom delu grada. Zek, zvan Zekl u porodici, tada je predavao primitivne jezike na državnom univerzitetu, ali njegov glavni poduhvat odvodio ga je svake sedmice u severne šume. Sredom je odlazio u svom prašnjavom „plimutu" da snima mohikanske narodne priče. Pronašao je neke preživele Mohikance i, na gornjem delu poluostrva, radio isto što je i Johelson, uz pomoć svoje žene, dr Dine Brodski, učinio u istočnom Sibiru. Zekl me je uveravao da je ta dr Brodski naša rođaka. Početkom veka, Johelsonovi su došli u Njujork i počeli da rade u Američkom muzeju prirodne istorije sa Francom Boasom. Zekl je tvrdio da je dr Brodski u to vreme posetila našu porodicu.

Zašto su Jevreji bili tako strasni antropolozi? Među osnivačima nauke nalazili su se Dirkem i Levi-Bril, Marsel Mos, Boas, Sapir, Lovi. Možda su verovali da su demistifikatori, da im je nauka motiv, a da je njihov krajnji cilj uvećavanje univerzalizma. Ja to ne vidim tako. Tačnije objašnjenje je blizina geta sferi Otkrivenja, lak prelaz uma sa trulih ulica i užeglih jela, direktan uznos u transcendentnost. To je, naravno, bila situacija Jevreja iz Istočne Evrope. Oni sa Zapada su se šepurili i udešavali kao učeni Nemci. A da li su poljski i ruski Jevreji (u nemilosti civilizovanog rasuđivanja, mučeni tuberkulozom i bolesnim očima) bili toliko udaljeni od mašte divljačkih običaja? Oni nisu morali da donose simbolističku odluku da poremete pameću; oni su tako rođeni. Egzotici koji su išli da izučavaju egzotike. A onda se sve pojavljivalo u rabinsko--germanskim ili kartezijansko-talmudskim oblicima.

Rođak Zekl, uzgred rečeno, nije bio sklon teoretisanju. Imao je dar za učenje stranih jezika. Tako je otišao u Lujzijanu da nauči neki indijanski dijalekat od poslednje osobe koja ga je govorila i koja je umirala. Za samo nekoliko meseci savršeno je govorio taj jezik. Stari Indijanac, na samrtnoj postelji, najzad je mogao s nekim da razgovara, a kad je umro, Zekl je ostao kao jedina osoba u posedu tih reči. Pleme je nastavilo da živi u njemu. Naučio sam jednu indijansku ljubavnu pesmu od njega: „*Hai y'hee, y'hee y'ho* – Poljubi me pre nego što odeš". Terao me je da je sviram u onom baru. Dao mi je i recept za kreolsku džambolaju (šunka, pirinač, rak, paprike, piletina i paradajz), koju – kao samac – nikad nemam prilike da spremim. Takođe je bio izuzetno vešt u pravljenju primitivnih svračjih nogu, i napisao je jedan stručan tekst o indijanskim figurama od kanapa. Neke od tih svračjih nogu još uvek umem sâm da izvedem, pogotovo kada treba zabavljati decu.

Krupan mlad čovek, zaokruženih leđa, Zekl je bio hasidski bled. Njegovo punačko lice imalo je ozbiljne crte, a bore na njegovom čelu su podsećale na pragove na vratu gitare. Tamna kosa mu je pokrivala čelo muževnim kovrdžama, pomalo prašnjavim od svakonedeljnih putovanja, petsto milja dugih, na indijansku teritoriju. Zekl se nije često kupao, nije redovno presvlačio donje rublje. To nije smetalo ženi koja ga je volela. Bila je Holanđanka, Dženi Bausma, i nosila je knjige u rancu. Pojavljuje mi se u sećanju odevena u škotsku kapicu i dokolenice, polugolih nogu i rumena, kao od vatre, u viskonsinskoj zimi. Kad je bila u vreći sa Zeklom, glasno je vikala. U našim sobicama nije bilo vrata, samo zavesa. Zekl je hitao tamo-amo. Listovi i guzovi su mu bili veoma razvijeni, beli, mišićavi. Čudim se kako je ta klasična muskulatura uopšte dospela u našu porodicu. Stan smo iznajmili od udovice jednog mašinovođe. Živeli smo u prizemlju stare drvene kuće.

Jedina knjiga koju je Zekl uzeo u ruke te godine bio je roman *Poslednji Mohikanac*, iz kojeg bi pročitao prvo poglavlje da bi se uspavao. S teorijske strane, govorio je da je pluralista. Marksizam je *propao*. Takođe je poricao mogućnost postojanja istorijske nauke – tu je imao veoma čvrst stav. Sebe je opisivao kao difuzionistu. Celokupna kultura je izmišljena *odjednom*, i proširila se iz jednog jedinog izvora. Stvarno je pročitao Dž. Eliota Smita i bio privržen teoriji o egipatskom poreklu svih stvari.

Njegove pospane oči su bile varka. Njihov ošamućen pogled je bio zastor za lingvistički rad koji nije uopšte prestajao. Rupice na njegovim obrazima su obavljale dvostruku dužnost, jer su katkad odavale kritičnost (ovde mislim na modernu krizu, izvor *neizvesnosti*). Natrčao sam na Zekla u Meksiko Sitiju 1947. godine, uoči njegove smrti. Predvodio je delegaciju Indijanaca koji nisu znali španski, i pošto niko u meksičkoj državnoj službi nije znao njihov jezik, Zekl im je bio prevodilac i u isto vreme, nema sumnje, podstrekač njihovih žalbi. Ti ćutljivi Indijanci, ljudi sa sombrerima i u širokim belim pantalonama, s crnim dlakama koje su im rasle na uglovima usana, izašli su sa sunca, koje je bilo njihov element, i ušli među kolonade vladine građevine.

Sve to pamtim. Jedina stvar koju sam zaboravio jeste šta sam ja radio u Meksiku.

Od Zekla sam, preko dr Dine Brodski, doznao za delo Valdemara Johelsona (koji nam je navodno bio rođak po ženi) o Korjacima. Na nekoj dobrotvornoj rasprodaji kupio sam čarobnu knjigu pod naslovom *Do krajeva Zemlje* (od Džona Perkinsa, izdanje Američkog prirodnjačkog muzeja), i u njoj pronašao poglavlje o plemenima iz istočnog Sibira. Tada sam se prisetio monografija koje sam prvi put video pre mnogo godina u Medisonu, u Viskonsinu, i pozajmio oba toma iz Regenštajnove biblioteke. Žene iz korjačkog mita, pročitao sam, bile su sposobne da odvoje svoje genitalne organe kada im zatreba i da ih okače na drveće; a Gavran, nadzemaljski vragolan, mitski otac plemena, kada je istraživao unutrašnjost svoje žene, pošto je ušao u nju otpozadi, prvo se našao u jednoj ogromnoj sobi. Prilikom razmatranja takvih izmišljotina ili maštarija, treba imati na umu kako je život Korjaka bio težak, kako su morali da se bore da bi preživeli. Zimi su ribari morali da prosecaju rupe u ledu, debelom skoro dva metra, da bi mogli da bace udice u reku. Preko noći te rupe bi se ponovo zapušile i zamrzle. Korjačke kolibe su bile skučene. Žena je, međutim, bila prostrana. Plemenska mitska majka je bila kao palata.

Gospođica Rodinson, moja pomoćnica, koja mi je veoma naklonjena (siguran sam da nije u pitanju obična sklonost ka njuškanju), ulazi u kancelariju da me pita zašto već ceo sat stojim nagnut na prozoru, kao da piljim dole u Ulicu Monro. Stvar je u tome što je ove ogromne tupo-zelenkaste monografije, pozajmljene iz Regenštajna, teško držati, pa ih naslanjam na prozorski sims. U žudnji svoje naklonosti gospođica Rodinson možda poželi da mi uđe u same misli, da bude korisna. Ali šta ona može da pomogne? Bolje da ne ulazi u ovo besjajno okeansko zelenilo, vratnice ka divljem Sibiru koji više ne postoji.

Za dve nedelje šalju me na neku konferenciju u Evropi, nešto u vezi sa preraspodelom dugova, i ona želi da joj potvrdim putne planove. Hoću li prvo sleteti u Pariz? Kažem, nejasno, da hoću. I da provedem dve noći u hotelu „Monalamber"? Onda Ženeva, i povratak preko Londona. Sve to je već rutina. Svesna je da ne dopire do mene. Potom, zbog toga što sam joj govorio o Tokio Džo Etu (moje interesovanje za takve stvari je poraslo otkako je ubijen Tenkijev patron, Dorfman), pruža mi isečak iz „Tribjuna". Dva čoveka koji su uprskali stvar s pogubljenjem Tokio Džoa sami su pogubljeni. Njihova tela su pronađena u prtljažniku „bjuika" parkiranog u stambenom delu Nepervila. Iz kola se širio užasan smrad a po poklopcu prtljažnika je šetala gomila muva, gušća nego prilikom proslave Prvog maja na Crvenom trgu.

Junis me je zvala ponovo, ovog puta ne zbog brata već zbog svog ujaka Mordekaja – koji je mom ocu bio brat od tetke – glave porodice, ukoliko je porodica postojala, i ukoliko je imala glavu. Mordekaj – rođak Moti, kako smo ga zvali – bio je povređen u automobilskoj nesreći, a s obzirom na to da je imao skoro devedeset godina bilo je ozbiljno – i tako sam vodio telefonski razgovor sa Junis, govoreći iz mračnog ugla mog mračnog stana. Ne bih umeo da kažem zašto je toliko mračan. Mnogo su mi draži spokojna svetlost i jednostavne linije. Očigledno, još nisam spreman za to, još su mi neophodni atmosfera Svetog groba, previše istočnjačkih tepiha kupljenih od gospodina Heringa kod „Maršala Filda" (nedavno se penzionisao i posvetio svojoj farmi konja) i knjige sa starim povezima, koje sam odavno prestao da čitam. Ne računajući ekonomiju i međunarodno bankarstvo, jedino što poslednjih meseci čitam jesu izveštaji Džesapove ekspedicije, a privlače me i neke Hajdegerove knjige. Ali Hajdegera ne možete tek tako listati, Hajdeger je težak. Ponekad čitam i Odnove pesme, ili pak Odnove biografije. Ali, nije stvar u tome. Nagađam da sam stvorio ovu mračnu i antipatičnu sredinu da bih primorao sebe da promenim ili preuredim sebe u samoj srži. (Da razrešim *neizvesnost.*) Tu je sve što je neophodno. Ono što je potrebno, to je pravi raspored.

Ali, takođe je zanimljivo zašto bi se neko bavio takvim projektom u jednom od velikih gradova američke supersile. Nikada nisam o tome ni sa kim razgovarao, ali kolege su mi govorile (osetivši da smišljam nešto neuobičajeno) da se u gradu kao što je Čikago dešava toliko spektakularnih stvari, da je sâm grad toliko bogat raznim mogućnostima za *stvarni* razvoj, da je centar takvog bogatstva, moći, drame, bogat čak i zločinima i porocima, bolestima i suštinskim – ne slučajnim – monstruoznostima, da je prosto glupo, sitničavo, da se čovek usredsredi na sebe. Običan svakodnevni život više privlači nego bilo čija, bilo kakva unutrašnjost. Pa, da, i ja mislim da imam manje romantičnih iluzija o toj unutrašnjosti od većine ljudi. Svesne unutrašnjosti, kada ih pogledate, jesu milosrdno nejasne, imajući u vidu grozote koje prebivaju ispod njihove bezobličnosti. Osim toga, ja izbegavam sve ono što nalikuje na *grandioznu inicijativu.* Uz to, ja se nisam izolovao po svom izboru. Izgleda da ne mogu da pronađem savremenike koji su mi potrebni.

Uskoro ću se vratiti na to. Rođak Mordekaj ima mnogo veze s tim.

Junis mi je, preko telefona, pričala o nesreći. Rođaka Riva, Motijeva žena, bila je za volanom, s obzirom na to da je Motiju oduzeta dozvola pre mnogo godina. Šteta. Upravo je bio otkrio, posle pedeset godina vožnje, čemu služi retrovizor. I Rivi je trebalo oduzeti dozvolu, rekla je Junis, koja nije nikada volela Rivu (između Šane i Rive se vodio dugotrajan rat, koji je Junis nastavila). Riva je sve odbila i nije htela da odustane od svog „krajslera". Postala je i suviše mala za tako veliku mašinu. I na kraju ih je slupala.

„Jesu li nastradali?"

„Njoj nije ništa. *Njemu* jeste – nos i desna ruka, dosta loše. U bolnici je još dobio zapaljenje pluća."

Osetio sam bolni probod kad sam to čuo. Jadni Moti, bio je u tako lošem stanju i pre nesreće.

Junis je produžila. Vesti sa granice nauke: „Sada mogu da savladaju zapaljenje pluća. Nekada ih je tako brzo odnosilo, da su ga lekari zvali ,prijatelj staraca'. Sad su ga poslali kući..."

„Ah." Dobili smo još jedno odlaganje. Nije moglo još dugo da se odlaže, ali svako pomeranje je predstavljalo olakšanje. Mordekaj je bio najstariji preživeli član svoje generacije, a smrt je bila blizu, i trebalo je pripremiti osećanja.

Rođaka Junis je imala još da priča: „On ne voli da ustaje iz kreveta. I pre nesreće su imali taj problem s njim. Posle doručka ponovo je legao. Rivi to teško pada, jer ona voli da je aktivna. Išla je s njim na posao svakog dana u svom životu. Rekla je da joj je sablasno kad se Moti ponovo uvuče u krevet. To je predstavljalo abnormalno ponašanje, pa ga je naterala da posete porodičnog savetnika u Skokiju. Ta žena je bila jako dobra. Rekla je da je on celog svog života ustajao u pet ujutru da bi išao u radnju, i da uopšte nije čudno što sada želi da nadoknadi spavanje koje je propustio."

Nisam se slagao s tim tumačenjem. Pustio sam, međutim, da prođe.

„A sada da ti kažem poslednji izveštaj", rekla je Junis. „On još uvek ima tečnost u plućima i moraju da ga nateraju da sedi. Rade to na silu."

„Kako?"

„Vezuju ga za stolicu."

„Mislim da radije ne bih išao da ga posetim."

„Ne možeš tako. Ti si uvek bio njegov ljubimac."

To je bilo tačno, i sada sam uvideo šta sam učinio: tražio sam Motijevu naklonost, dao mu svoju, odnosio se prema njemu s poštovanjem, čestitao mu rođendane, pružao mu ljubav koju sam osećao za svoje roditelje. Takvim postupcima, odbio sam izvesne revolucionarne razvoje iz prošlih vekova, napredna gledišta prosvetljenih, prezir prema roditeljima koje s toliko šarma i oštrine ilustruje Samjuel Batler, koji je rekao da se treba rađati sâm, s novčanicom od dvadeset hiljada funti prikačenom za pelene; propustio sam klasične poduke jednog Miraboa i njegovog oca, Fridriha Velikog, čiča-Gorija i njegovih kćerki, roditeljoubicâ kod Dostojevskog – izbegavajući ono što Hajdeger postavlja pred nas kao „strašno", koristeći starogrčke reči *deinon* i *deinotaton* i govoreći da strašno predstavlja vratnice ka uzvišenom. Široke mase okreću leđa porodici. Rođak Moti, u svojoj nevinosti, nije bio svestan tih promena. Zbog tih i drugih razloga – mešovitih razloga – nisam bio rad da posetim rođaka Motija, i Junis je bila sasvim u pravu što me je podsetila da to dovodi moju naklonost u pitanje. Nisam mogao da ga ostavim na cedilu. Tenki, koji je bio Motijev sestrić, nije video starog poslednjih dvadeset godina. To je bilo racionalno i dosledno. Kada sam ga ja poslednji put video, stari nije mogao, ili nije hteo, da govori. Bio se sav skupio. Nije me ni pogledao.

„On te je uvek voleo, Ajdža."

„I ja sam njega voleo."

Junis reče: „On je svestan svega."

„Toga se i plašim."

Samoispitivanje mi je, pošto sam zanemario teoretska razmatranja, pokazalo da volim starog. Nesavršenom ljubavlju, priznajem. Ali, ipak je postojala. Oduvek je postojala.

Junis, koja je otkrila koliko sam podložan rođačkim osećanjima, sada je povećavala svoj uticaj nada mnom. I tako sam je povezao svojim kolima i odvezao u Linkolvud, gde su Moti i Riva živeli u kući u rančerskom stilu.

Kada smo kročili kroz vrata, rođaka Riva je podigla svoje sada iskrivljene ruke u gestu koji je značio „ura" i rekla: „Moti će biti tako srećan..."

Sasvim odvojen od tog pozdrava bio je pogled njenih prepredenih plavih očiju. Uopšte joj nije bilo stalo do Junis, a pedeset godina je imala skeptičan stav prema meni, ne zbog nedostatka naklonosti već zbog toga što je čekala da pokažem pouzdane znake normalnosti. Sada se, za mene bar, pretvorila u dragu staricu koja je umela da bude veoma tvrdoglava. Sećao sam se Rive kao uspravne, punačke, tamnokose žene, pravih nogu. Ali, celokupna geometrija njene figure se promenila. Kolena su joj popustila i raširila se, kao u dijamantskom položaju. I dalje se trudila da se brzo kreće, kao da pleše za Rivom kakva je nekada bila. Ali više nije bila takva. Okruglo lice se izdužilo, i u njega se uvukao volterovski izgled. Njen plavi pogled direktno vam je to saopštavao: reši mi zagonetku ovog apsurdnog preobražaja, sedu kosu, hrapav glas. Mog preobražaja, a isto tako i tvog. Gde je tvoja kosa, i zašto si se toliko povio? A možda su postojale i neke zajedničke premise. Izgleda da sve te fizičke promene oslobađaju um. Za mene postoje i dalji nagoveštaji: dok društveni red postaje sumanut, dok vekovna ograničenja nestaju i šavovi istorije se tako reći otvaraju, zidovi se razdvajaju na uglovima, spone raspadaju, a mi postajemo slobodni da mislimo za sebe – pod uslovom da možemo da pronađemo snagu da iskoristimo datu mogućnost – da pobegnemo kroz pukotine, ne prepuštajući se jadikovkama već se verući na sâm vrh srušene gomile.

Deca i unuci su, nema sumnje, zadovoljavali Rivu, ali ona nije bila jedna od onih baka. Nekada je bila prava poslovna žena. Ona i Moti su napravili veliki biznis od jedne radnje sa dvoja kola za isporuku. Pre šezdeset godina, rođak Moti i njegov brat Šimon, zajedno sa mojim ocem, svojim bratom od tetke, i nekolicinom poljskih pekara, snabdevali su nekoliko stotina doseljeničkih bakalnica hlebom i zemičkama, kao i kolačima – oblandama, tortama, rolatima, puslicama, štrudlama i eklerima. Sve to su pravili u tri rerne zagrevane otpacima drveta – kriškama sa pilane, na kojima je još uvek stajala kora i koje su bile naslagane duž zidova – i od vreća brašna i šećera, buradi pekmeza, kaca masti, gajbica jaja, dugačkih vretenastih kaca za mešenje i preko četiri metra dugih, vitkih pekarskih lopata koje su ulazile u vrelinu i izlazile iz nje sa veknama hleba. Svi su bili prekriveni brašnom osim rođake Rive, koja je u kancelariji ispod stepenica vodila knjige, isplaćivala plate i slala račune. Titula moga oca u radnji je bila ,,poslovođa", kao da su usijane rerne i miris koji je ispunjavao ceo kvart imali bilo kakve veze sa ,,vođenjem poslova". On nikada nije mogao da vodi nikakav posao. ,,Nervni centar strepnji", to bi bila bolja titula, sa glavnom tačkom koncentracije na sredini njegovog čela, kao nekim trećim okom za sve ono što bi moglo loše da se odigra tokom noći, kada je on bio na dužnosti. Razvili su velik posao (ne i moj otac, koji se odvojio i započeo samostalan posao, koji nikada nije imao nikakve veze sa nekim većim uspehom), i on se širio sve dok nije dostigao granice svoje ere, kada nije mogao da se prilagodi uslovima koje su postavljali supermarketi – slanje zamrznute robe na velike razdaljine, jednoobraznost proizvoda, obim posla (zahtevi za milionima zemički). I tako je kompanija likvidirana. Nikoga nije trebalo kriviti za to.

Život je ušao u novu fazu, u divan ili navodno divan period penzionerstva – Florida i sve ostalo, mesta gde topla klima pogoduje snovima, a ljudi, ukoliko nisu postali i suviše nemirni i izopačeni, mogu da povrate ushićenje ranijeg stanja bića. Ne dolazi u obzir, kao što svi znamo. Ali, Moti se iskreno potrudio da bude dobar Amerikanac. Dobar Amerikanac pravi propagandu za ono što je bio primoran da postane. U Čikagu, Moti je svakodnevno odlazio u svoj klub u centru grada. Tamo je on bio „ličnost". Celu deceniju je zabavljao članstvo svojim vicevima. I to su bili izvrsni vicevi. Većinu sam čuo od oca. Za mnoge je bilo neophodno bar neko poznavanje stare zemlje – hebrejskih tekstova, parabola, poslovica. Najvećim delom to je bio fosilni materijal, tako da ukoliko niste znali da u štetlu ortodoksni Jevreji, dok obavljaju svoje poslove, recituju psalme šapatom, onda ste morali da tražite fusnote. Moti je želeo, i zasluživao, da ga smatraju za finog, veselog starog čoveka koji je imao izuzetnu poslovnu karijeru, bio možda najbolji pekar u gradu, bogat, velikodušan, osoba poznatog integriteta. Ali kada su stariji članovi kluba poumirali, ni sa kim se više nisu mogle razmenjivati tako značajne vrednosti. Moti, koji se približavao devedesetoj, i dalje je navaljivao da priča smešne priče. To su bili njegovi darovi. Ponavljao se. Trgovački posrednici, političari, advokati, trgovački putnici i popravljači, prodavci i organizatori koji su vežbali u klubu nisu više imali strpljenja s njim. U svlačionici, umotan u peškir, bio je uvredljiv. I suviše kineskog u njegovim pevanjima, i suviše provansalskog. Klub je zatražio od porodice da ga zadrže u kući.

„A četrdeset godina je bio član", rekla je Riva.

„Da, ali njegovi savremenici su mrtvi. Novi ljudi ga ne cene."

Uvek sam mislio da je Moti svojim beskrajnim vicevima molio za prihvatanje, da je izlagao svoju stvar, i da je zbog zabavljanja u svlačionici pretrpeo znatnu promenu u svojoj prirodi. Kada je bio mlađi, manje je govorio. Kao dečak u ruskom kupatilu, među odraslim muškarcima, divio sam se Motijevoj veličini i snazi dok smo čučali u pari. Nag, podsećao je na indijanskog ratnika. Kovrdžava kosa mu je rasla posred glave. Njegovo dostojanstvo je bilo deo njegove prirode. Sada više nije imao bujnu kosu na glavi. Skupio se. Lice mu se smanjilo. Za vreme decenije pune raspoloženja, kada je plivao i sijao, pun osećanja, uvek je bio ushićen što me vidi. Rekao je: „Stigao sam do *šmonim*" – osamdesetih – „a svakog dana dvadeset puta preplivam bazen."
A onda: „Jesi čuo ovaj?"

„Siguran sam da nisam."

„Čuj. Uđe Jevrejin u restoran. Trebalo bi da je dobar, ali je dosta prljav."

„Da."

„I nigde menija. Jela naručuješ prema stolnjaku, koji je pun fleka. Pokažeš jednu i kažeš:

‚Šta je ovo? *Cimes?*[1] Dajte to.'"
„Da."
„A kelner ne piše račun. Gost ide pravo kod blagajnice. Ona dohvati kravatu i kaže: ‚Imali ste *cimes*.' Ali tada gost podrigne i ona kaže: ‚Aha, imali ste i rotkvice.'"
To više nije vic već spajalica vašeg mentalnog života. Kada ga čujete sto puta, postaje mit, kao Gavran koji se uvlači u unutrašnjost svoje žene i nađe se u ogromnoj prostoriji. Međutim, svi vicevi su sada prestali.

Pre nego što se popnemo na sprat, rođaka Riva kaže: „Vidim da je FBI izveo pravu operaciju protiv tvoje profesije i da će biti na stotine optužnica."

Nema ničeg lošeg u njenim rečima. Riva se samo šali, bez prave zlobe, jednostavno koristi svoje sposobnosti. Ona voli da me zadirkuje, svesna da ne radim kao advokat, da ne sviram klavir, da ne radim nijednu od onih stvari po kojima sam bio slavan (u okvirima školske slave). A onda kaže, ne promenivši svoj odmereni način govora: „Ne smemo da dozvolimo Motiju da leži, moramo na silu da ga postavimo da sedi, inače će mu se pluća napuniti tečnošću. Lekar nam je naredio da ga vezujemo."

„On to ne može da podnese."

„Jadan Moti, on mrzi sve to. Pobegao nam je nekoliko puta. I meni je neprijatno zbog toga. Svima nama..."

Moti je privezan za naslonjaču. Kopče se nalaze iza njegovih leđa. Moj prvi impuls jeste da ga oslobodim, uprkos lekarevim naređenjima. Lekari produžuju život, ali ne zna se šta

---

[1] *Cimes* – tradicionalno jevrejsko jelo od kuvanog povrća i voća; najčešće se pravi od šargarepe, graška, krompira, šljiva. – *Prim. prev.*

Moti misli o njihovim propisima. On potvrđuje našu posetu odsečnim znakom, kraćim od klimanja glavom, a onda okreće glavu. Ponižavajuće je kad te vide u takvoj situaciji. Pada mi na pamet da sam prilikom pisanja pisma sudiji Ajleru pomislio kako se Tenki ćutke borio u svojoj visokoj stolici, rešen da se oslobodi kaiševa.

Moti nije spreman da govori – nije u stanju. I tako, niko ništa ne govori. Ovo je poseta i mi je obavljamo stojeći. Šta ja uopšte hoću s Motijem, i zašto sam prevalio put od centra grada da bih ga maltretirao? Lice mu je još manje nego kada sam ga poslednji put video – *genio* i *figura* se poslednji put pojavljuju, uskoro će iščeznuti. On se sada spustio do prirode, i opšti direktno sa smrću. Prisustvovati tome ne predstavlja veliku ljubaznost.

U mojim prvim uspomenama, Junis je bila sasvim povijena i sisala je svoj nožni palac. Sada je Junis uspravna a Riva povijena. Lice rođake Rive je zgrčeno. Ne može se pogoditi šta misli. Televizor je ugašen. Podbulo staklo liči na čelo nekog nametljivca koji se povukao u svoju zlu tajnu, u unutrašnjost koksastih (krto sivih) ćelija uglačanog ekrana. Iza navučenih zavesa se nalazi Nort Ričmond ulica, statična i prazna kao sve ostale lepe stambene ulice, a sve ljudsko na njima su usisale veće sile, glavno zbivanje. Sve ono što nije uključeno u glavno zbivanje propada, smrt ga proždire. Moti je postao patrijarh-komičar kada je njegov posao likvidiran. Sada više ne postoje nikakve forme koje bi život mogao da preuzme.

Nešto je ipak trebalo reći, i Junis skuplja sve svoje moći, koje su naučne i savetodavne. Izgleda, štaviše, da je podstiče nekakav komičan instinkt. Ona kaže: „Trebalo bi da imate fizioterapeuta za ujka-Motijevu ruku, inače više neće moći njome da se služi. *Veoma* sam iznenađena što je to zapušteno."

Rođaka Riva besni zbog toga. Ona već krivi samu sebe za nesreću, bila je upozorena da ne vozi, kao i za vezivanje u fotelji, ali neće dozvoliti rođaki Junis da govori takvim kritičkim tonom. „Mislim da se meni može prepustiti da brinem o svom mužu", kaže ona i izlazi iz sobe. Junis ide za njom, i mogu da čujem kako uporno i potpunije objašnjava stvari „laiku". Izlečenje njenog mucanja pre pedeset godina večno ju je vezalo za profesionalnu pomoć. „Pošaljite po najbolje" – to je njen slogan.

Da bih seo na krevet, pomeram Rivine knjige i časopise. Prisećam se da je nekada volela Ednu Ferber, Feni Herst i Meri Roberts Rajnhart. Jedanput mi je, na Ciriškom jezeru u državi Ilinois, dala da čitam *Spiralne stepenice*. Uz to sećanje došli su i svi sićušni detalji, nepotrebno povezani s okolnostima. Jednog letnjeg dana porodica se izvezla sa troja kola i na putu van grada rođak Moti se zaustavio kod jedne gvožđare na Milvoki avemiji i kupio konopac za veš kojim je hteo da osigura izletničke korpe na krovu „dodža". Stao je na odbojnik, pa na papuču, i mnogostruko, unakrst, povezao korpe.

Kao zdelica u kojoj čistite četke od vodenih boja, Ciriško jezero je žutozeleno, mulj je dubok, trske guste, vazduh zagušljiv, a šumarak ne miriše na prirodu već na sendviče i letnje banane. Za izletničkim stolom vodi se igra pokera kojoj predsedava Rivina majka, koja je spustila veo na svom velikom šeširu kako bi zadržala komarce i da bi možda prikrila svoje poglede od ostalih igrača. Tenki, star oko dve godine, beži go od svoje majke i krompir pirea koji uz njene uzvike mora da jede. Šanina braća, Moti i Šimom, hodaju izletištem, raspravljaju pekarska pitanja. Ogromni Šimon kao da ima grbu, ali to je grba od snage, ne od bolesti. Velike šake vise mu iz rukava. Uopšte ne brine za platnenu jaknu koja mu pokriva naduta leđa. Kupio ju je, poseduje je, ali zbog načina na koji je nosi okreće je protiv sebe. Ona postaje neka vrsta antiameričkog vica. Njegov moćni korak uništava sitno bilje. On je veoma prepreden i vaše mladalačke tajne sagorevaju u plavičastoj vatri njegovog odričnog pogleda. Simon me nije voleo. Vrat mi je bio predugačak, oči i suviše strane. Bio sam studiozan. Podržavao sam lažan standard, neveran pravom životu. Rođak Moti me je branio. Ne mogu reći da je bio potpuno u pravu. Rođaka Šana je imala običaj da kaže za mene: „Taj dečak ima otvorenu glavu." Htela je da kaže da mi učenje iz knjiga ide lako. Što se toga tiče, intuicije rođaka Šimona su bile tačnije. Na obali Ciriškog jezera trebalo je da vrištim u mulju sa ostalom dečurlijom, a ne da čitam neku glupu knjigu (imala je ispupčeni smeđi povez) od Meri Roberts Rajnhart. Ja sam odbijao da predam svoju dušu „stvarnim prilikama", a to su prilike koje su se pokazale posle napada FBI. (Obelodanjivanje korupcije neće ići jako daleko; najgori od rđavih imaju malo razloga za strahovanje.)

Rođaka Šana je bila na pogrešnom tragu. Ono što je rekla, najbolje se tumači kao metafizika. Nije *glava* bila otvorena. Bilo je to nešto drugo. Mi stupamo u svet bez prethodne najave, manifestujemo se pre nego što postanemo svesni manifestovanja. Postoji prvobitno sopstvo ili, ako vam se tako dopada, prvobitna duša. Možda je, kao što je Gete sugerisao, duša pozorište u kojem se Priroda pokazuje, jedino takvo pozorište koje ona ima. A u tome ima smisla kada pokušate da objasnite neke vrste strasnog posmatranja – posmatranja rođaka, na primer. Kada bi to bilo tek posmatranje u uobičajenom smislu reči, čemu bi ono vredelo? Ali ako je izraženo rečima: „Kakav je čovek, tako vidi. Kako je Oko uobličeno, takve su njegove moći", to je već druga stvar. Kada sam naleteo na Tenkija i njegovog kolegu-bitangu na O'Heru i pomislio šta bi bestelesno Oko Viljema Blejka negde iznad nas moglo da vidi, prizivao sam svoju fundamentalnu perspektivu, perspektivu osobe koja prihvata iskrivljenost u običnom načinu gledanja ali koja nije nikada izgubila običaj da sva istinski značajna posmatranja pripisuje onom prvobitnom sopstvu ili duši.

Verovao sam da Moti u svom ćutanju konsultuje „prvobitnu osobu". Ona iskrivljena je mogla da umre bez žaljenja, možda je već bila mrtva.

Šavovi se otvaraju, spone raspadaju, i neodrživost egzistencije vraća vas prvobitnom sopstvu. Onda ste slobodni da potražite pravo biće ispod ruševina modernih ideja, i u magičnom transu, ako hoćete, ili s lucidnošću koja se sasvim razlikuje od lucidnosti *potvrđenih* vrsta znanja.

Negde u tom trenutku rođak Moti mi je klimnuo glavom. Imao je nešto da kaže. Sasvim malo. Gotovo ništa. Sigurno nije rekao ništa od onoga što sam bio spreman da čujem. Nisam očekivao da zatraži da ga otkopčam. Dok sam se saginjao prema njemu, položio sam šaku na njegovo rame, osećajući da to želi. Uveren sam da je želeo. A možda bi bilo prikladno da mu se obratim na njegovom maternjem jeziku, kao što se Zekl u močvari obratio svom Indijancu, poslednjem od celog naroda. Reč koju je Moti izgovorio nije mogla da bude „*Šalom*". Zašto bi mi uputio tako konvencionalan pozdrav? Videvši koliko me je zbunio, ozbiljno se zagledao u mene svojim krupnim očima. Pokušao je ponovo.

I tako sam upitao Rivu zašto to govori, a ona je objasnila: „O, to on izgovara ‚Šolem'. Stalno me podseća da nam stiže pošta na tvoje ime od Šolema Stavisa..."

„Od rođaka Šolema?... Znači, nije *šalom*."

„Mora da nema tvoju adresu."

„Nisam u imeniku. A nismo se videli trideset godina. Mogla si da mu kažeš gde može da me nađe".

„Dragi moj, ruke su mi već prepune posla. Volela bih da odneseš sve to. Puna jedna ladica u ostavi, a Moti misli o tome kao o nezavršenom poslu. Osećaće se mnogo bolje. Kada to uzmeš."

Kada je izgovorila „da odneseš sve to", bacila je pogled na Junis. Težak pogled. „Uzmi ovaj krst od mene", to je bila njena poruka. Uzdišući, povela me je u kuhinju.

Šolem Stavis, Brodski po majci, bio je jedan od plavookih rođaka, kao Šimon i Zekl. Kada je Tenki u onom znamenitom trenutku na čikaškom aerodromu govorio o genijima u porodici – „Imali smo ih dvojicu ili trojicu" – on je takođe ciljao na Šolema, želeći da nas ismeje. „Ako si tako pametan, kako to da nisi bogat?" – u tu kategoriju je spadala njegova primedba, zajedno sa „Koliko deonica ima papa?" Starinske doseljeničke porodice željno su tražile mala čuda od dece. Neka od njih su pokušala da udovolje njihovim nadama. Ne možete da okrivite Tenkija što se smejao neuspehu takvih iščekivanja.

Šolem i ja smo rasli u komšiluku, pohađali iste škole, menjali knjige, a s obzirom na to da se Šolem nije zanimao nizašta trivijalno, onda su to stalno bili Kant i Šeling, pa Darvin i Niče, Dostojevski i Tolstoj, a u poslednjoj godini srednje škole Osvald Špengler. Cela godina je uložena u *Propast Zapada.* U svojim pismima (Riva mi je dala plastičnu kesu da bih ih poneo) Šolem me je podsetio na ta zajednička interesovanja. Pisao je sa staromodnim dostojanstvom, što mi se dosta dopadalo. Pomalo je zvučao kao Dostojevski u prevodu Konstans Garnit. Oslovljavao me je sa „Brodski". Garnitini prevodi mi se više dopadaju nego svi potonji. Dostojevski nije pravi ako ne stoji „Upravo tako, Porfirije Petroviču", ili „Obožavao sam Tanju, tako reći". Ja sâm mnogo brže pristupam stvarima. Slab sam prema modernoj brzini i čak pomalo bogohulan. Kao primer nudim Odnovo zapažanje o Rilkeu: „Najveći lezbejski pesnik posle Safo." Samo da bih istakao da ne smemo da zaboravimo raspadanje spona (objavljeno u Jeni, 1806). Ali, naravno, nisam poricao superiornost Dostojevskog ili Betovena, koje je Šolem uvek pominjao kao Titane. Šolem je bio i ostao titanista. Papire koje sam doneo iz Rivine ostave čitao sam do četiri ujutru. Nisam uopšte spavao.

Šolem je bio uveren da je došao do otkrića u biologiji koje će učiniti s Darvinom ono što je Njutn učinio s Kopernikom, i ono što je Ajnštajn učinio s Njutnom, i da će razvoj i primena Šolemovog otkrića omogućiti prodor u filozofiji, prvi veliki prodor posle *Kritike čistog razuma.* Mogao sam na osnovu svojih ranih uspomena da predvidim da Šolem neće ništa raditi polovično. On je bio načinjen od dugotrajnog materijala. Pohabao se? Pa, prirodno je da se svi vremenom pohabamo, ali život ga nije nikada slomio. Nekada davno hodali smo po celom Rejvensvudu. On je mogao da smesti više reči u jedan dah nego bilo koji drugi govornik, i on se u stvari odupirao disanju, odbijao ga kao prekid. Bledog lica, mršav, neobično gipkog koraka, palčeva zakačenih za džepove pantalona, uvek je bio ispred mene, u bledunjavoj groznici. Dah mu je mirisao na kuvano mleko. Dok je pričao, u uglovima usta skupljala mu se beličasta smesa. U svom vizionarskom stanju jedva je čuo šta mu govorite, već je opisivao galaktičke krugove oko vas glasom prigušenim od hitnosti. Pomišljao sam na njega kasnije, kada sam počeo da čitam Remboa, pogotovo *Bateau Ivre* – slična opijenost i osvajanje kosmosa, s tim što je Šolemov način bio nejasan, a ne čulan. Tokom naših šetnji on se bavio nekom temom kao što su Kantove kategorije smrti, i ta istraživačka šetnja bi nas povela na zapad Fosterovom avenijom, potom na jug do velikog češkog groblja, zatim oko Nort Park koledža i preko mostova na odvodnom kanalu. Nastavljajući našu diskusiju ispred prodavnica automobila na Lorensovoj aveniji, verovatno nismo primećivali naše gestove, iskrivljene u velikim izlozima.

Na fotografiji u boji, priključenoj uz mnogobrojne papire koje je poslao, izgledao je sasvim drugačije. Obrve su mu sada bile guste i debele, tamnosmeđe, izgled ozbiljan, oči sužene, usta stisnuta i omeđena dubokim borama. Šolem se nije slomio, ali moglo se videti koliki pritisak je morao da izdrži. On mu se silovito ucrtao na lice, slepio mu kosu uz lobanju. U jednom od svetogrobnih uglova moga stana, pažljivo sam razgledao sliku. To je bio čovek stvarno vredan pažljivog razgledanja, izuzetan rođak, borac načinjen od čvrstog materijala.

Nasuprot tome, sebi sam delovao kao manji čovek. Mogao sam da razumem zašto sam se oprobao u industriji zabave, kao ozbiljnokomičan voditelj na sedmom kanalu – kabaretski program, večera među bitangama i gotovo-bitangama kod „Fricla", čak sam se i ludirao na bednom Kupčinetovom šou-programu dok me samopoštovanje nije posavetovalo da prestanem. Sada sam imao uravnoteženije mišljenje o sebi. Ipak, uviđao sam da sam u intelektualnim stvarima prvo mesto prepustio rođaku Šolemu Stavisu. Nepokolebljiv intenzitet njegovog lica, proširenje njegovog nosa koji izbacuje vatru prema zemlji čak i sada vam kazuju kakav je to čovek. S obzirom na to da je fotos uslikan u blizini njegovog stana, možete da vidite obim njegovog izazova, jer se iza njega nalazi stambeni Čikago, ulica sa čikaškim kućama sa šest stanova, što je pre šezdeset godina bila dobra adresa, sa svim srednjoklasnim ukrasima dostupnim zidarima tokom dvadesetih godina – užasna okolina za čoveka kao što je Šolem. Zar je to ulica za pisanje filozofije? Zbog takvih mesta mrzim evolucionizam koji nam govori da moramo da umremo u stupnjevima dosade zbog konačnog savršenstva naše vrste.

Ali u tim ulicama rođak Šolem je doista pisao filozofiju. Prokrčio je novi put još pre nego što je napunio dvadeset pet godina. Rekao mi je da je načinio prvi stvarni napredak posle osamnaestog veka. Ali pre nego što je uspeo da završi svoje remek-delo Japanci su napali Perl Harbor, i logika njegovih revolucionarnih otkrića u biologiji, filozofiji i svetskoj istoriji navela ga je da stupi u oružane snage – kao dobrovoljac, naravno. Detaljno sam izučavao stranice koje je poslao, nastojeći da shvatim biološke i svetskoistorijske osnove. Evolucija gametâ i zigotâ; podela biljaka na monokotiledone i dikotiledone, životinja na prstenaste i kičmenjake – to mi je bilo poznato. Kada je s njih prešao na raspravu o biološkim temeljima moderne politike, samo me je moja dobra volja vodila dalje, nikako moje razumevanje. Velike kopnene površine bile su u rukama pasivnih, prijemčivih naroda. Manje države su bile agresivne plodonosne sile. Nikakav rezime ne bi pomogao; moraću da pročitam ceo tekst, napisao je. Ali Desnica i Levica, želeo je da mi kaže, bile su epifenomeni. Glavna struja će se na kraju pretvoriti u široki, središnji, slobodni evolucioni kontinuum koji je upravo počeo da otkriva svoje obećanje u zapadnim demokratijama. Iz ovoga se lako vidi zašto se Šolem prijavio za vojsku. Nije išao da brani samo demokratiju, već i svoje teorije.

Bio je običan pešadinac i borio se u Francuskoj i Belgiji. Kada su se američke i ruske snage srele na Elbi i presekle nemačku vojsku na pola, rođak Šolem je bio u jednoj od patrola koje su prešle reku. Ruski i američki vojnici su se veselili, pili, igrali, plakali i grlili se. Nije teško zamisliti posebno stanje momka iz severozapadnog Čikaga čiji su roditelji emigrirali iz Rusije i koji se zatiče kao borac u Torgau, u domovini Kanta i Betovena, naroda koji je organizovao i vršio masovna pogubljenja Jevreja. Istakao sam malo ranije da jedan Ajdža Brodski, sa ushićenom dušom posvećenom Čukčima i Korjancima, ne može da bude siguran da su njegove misli *najčudnije* u mentalnoj masi okupljenoj u Prvoj nacionalnoj, na najisturenijem položaju američkog kapitalizma u njegovoj najsuptilnijoj savremenoj fazi. E pa, isto tako se ne može biti siguran da među zagrljenim, uplakanim, pijanim vojnicima koji su se radovali u Torgau (ne izostavljam devojke koje su bile u ruskim trupama, kao ni starice koje su sedele i hladile noge u reci – veoma brzoj na tom mestu) nije bio još neko, podjednako zaokupljen biološkim i istorijskim teorijama. Ali rođak Šolem u zemlji... ovaj, Špenglera – zašto bismo izostavili Špenglera, čije su nas paralele između antičkih i modernih vremena nepodnošljivo uzbuđivale kada smo bili dečaci u Rejvensvudu? – rođak Šolem nije samo pročitao svetsku istoriju, nije samo promislio i objedinio neke od njenih najzapanjujućih, parališućih čvorova i zapleta pre nego što se prijavio za vojsku, on ju je takođe, lično i delotvorno, doživljavao kao pešadinac. Vojnici obe vojske, sa Šolemom među njima, zavetovali su se da će zauvek biti prijatelji, da se nikada neće zaboraviti i da će izgraditi miroljubiv svet.

Moj rođak je godinama posle toga bio zauzet organizacionim radom, podnošenjem apelâ vladama, aktivnostima u Ujedinjenim nacijama i međunarodnim konferencijama. Išao je u Rusiju s jednom američkom delegacijom i, u Kremlju, uručio Hruščovu mapu kojom se njegova patrola služila dok se približavala Elbi – dar američkog naroda ruskom narodu i zaloga prijateljstva.

Završavanje i objavljivanje njegovog rada, za koji je smatrao da predstavlja jedini pravi doprinos čistoj filozofiji u dvadesetom veku, moralo je da se odloži.

Dvadesetak godina je rođak Šolem radio kao vozač taksija u Čikagu. Sada je, kao penzioner taksi-kompanije, živeo u severnom delu grada. Nije, međutim, mirno živeo. Nedavno je operisan zbog raka u bolnici za veterane. Lekari su mu rekli da će uskoro umreti. Zbog toga sam od njega primio toliko pošte, gomilu dokumenata sa reprodukcijama iz *Starz end Strajps,* fotografije vojnika koji se grle u Torgau, foto-kopije zvaničnih pisama, i konačne izjave, političke i lične. Pogledao sam po drugi, pa po treći put skorašnju Šolemovu fotografiju – škiljenje njegovih uskih očiju, emocionalnu moć njegovog lica. Nameravao je da živi značajnim životom. Verovao je, takođe, da će njegova smrt biti značajna. I ja ponekad pomišljam kako će čovečanstvo izgledati kada mene ne bude bilo, i ne mogu reći da predviđam bilo kakve posebne posledice mog konačnog nestanka, dok je rođak Šolem emocionalno uveren u uspeh, i veruje da će se njegov uticaj nastaviti za čast i dostojanstvo naše vrste. Upravo sam naišao na njegovu oproštajnu izjavu. Ima mnogo posebnih zahteva, od kojih se neki odnose na ceremonijalni deo. Želi da bude sahranjen u Torgau na Elbi, u blizini spomenika koji obeležava poraz nacističkih snaga. Traži da pogrebna služba započne čitanjem kraja *Braće Karamazovih* u Garnitinom prevodu. Traži da se pogrebna služba završi sviranjem snimka drugog stava Betovenove Sedme simfonije u izvođenju Bečke filharmonije kojom diriguje Šolti. Zapisuje natpis za svoj spomenik. U njemu se pominje trajni intelektualni dar koji ostavlja čovečanstvu, kao i njegovo učešće u istorijskom zavetu. Zaključuje navodom iz Jevanđelja po Jovanu 12:24: „Zaista, zaista vam kažem: ako zrno pšenično padnuvši na zemlju ne umre, onda jedno ostane; ako li umre, mnogo roda rodi."

Uz oproštajnu izjavu priključeno je pismo iz Ministarstva vojske, Kancelarija načelnika opštih poslova, koje savetuje gospodina Stavisa da dozna propise Nemačke Demokratske Republike (Istočna Nemačka) za unošenje posmrtnih ljudskih ostataka u cilju sahranjivanja istih. Informacije mogu da se dobiju u konzulatu NDR u Vašingtonu. Što se troškova tiče, mogućnosti američke vlade su, na žalost, ograničene, tako da ne može da plati za prenos Šolemovog tela, a još manje za putovanje njegove ucveljene rodbine. Naknada za groblja i pogrebne troškove može da se dobije preko Uprave za veterane. Pismo je pristojno i saosećajno. Naravno, načelnik koji ga je potpisao ne može da zna koliko je Šolem Stavis izuzetan.

Tu je i poslednji dopis, koji se odnosi na

skup naredne godine u Parizu (septembra 1984) kojim se obeležava sedamdeseta godišnjica bitke na Marni. Skup će iskazati počast taksistima koji su učestvovali u odbrani grada tako što su prevozili borce na front. Na taj događaj su pozvani taksisti iz svih zemalja, čak i vozači rikši iz Jugoistočne Azije. Velika povorka će se obrazovati u blizini Napoleonovog groba i potom će ići putem iz 1914. godine. Solem želi da salutira poslednjem od časnih taksija izloženom u Domu invalida. Kao član komiteta za planiranje uskoro će putovati u Pariz da bi učestvovao u završnim pripremama za skup. Na povratku kući zastaće u Njujorku, gde će posetiti pet stalnih članova Saveta bezbednosti i zatražiti od njih da poštuju duh onog velikog dana u Torgau, i da se toplo oprosti od svih. Francusku delegaciju pri Ujedinjenim nacijama posetiće u pola deset ujutru, sovjetsku u jedanaest, kinesku u pola jedan, britansku u dva, američku u pola četiri. U pet po podne odaće poštovanje generalnom sekretaru. Potom povratak u Čikago i „novi život" – život obećan u Jevanđelju po Jovanu (12:24).

On moli za finansijsku pomoć u ime samog čovečanstva, i ponovo podseća na dostojanstvo ljudskog roda u ovom veku.

Manji dokumenti sadrže izjave o nuklearnom razoružanju i mogućim izgledima za konačno pomirenje supersila, sve u duhu Torgaua. U tri ujutru glava mi nije dovoljno bistra da bih mogao da ih proučim.

Spavanje ne dolazi u obzir; umesto da legnem, pripremam sebi jaku kafu. Nikakva korist od kreveta, samo bih nastavio da razmišljam.

Nesanica nije reč koju koristim za oštru uzdrhtalost poznonoćne bistrine. Tokom dana, životne navike ometaju prava otkrića. Naučio sam da budem zahvalan za noćne sate koji pustoše nerve i kidaju vene – „dok se leži u nemirnoj ekstazi". Da bi se to želelo, i da bi se izdržalo, potrebna vam je jaka duša.

Zavlačim se s kafom u jedan od mojih sirijskih ćoškova (nisam nameravao da stvorim ovakav orijentalni okoliš; kako je on nastao?), opuštam se u blizini glatke, osvetljene, prazne mesečeve površine Auter Drajva da bih razmotrio šta mogu da učinim za rođaka Šolema. Zašto bilo šta da činim? Zašto ga ne uputim na odeljenje dobrih namera? Kada pet-šest puta poseti sobu za dobre namere, gotovo ću osetiti da sam učinio nešto za njega. Uobičajene tehnike izbegavanja neće, međutim, biti efikasne u slučaju rođaka Šolema. Sin jevrejskih doseljenika (njegov otac je trgovao jajima na Fultonovoj pijaci), rođak Šolem je odlučio da pronađe podršku za slobodu u Prirodi i Istoriji i da ublaži, ograniči ili ukine strah od smrti koji vlada vrstom – potresa je. On je, uz to, bio Amerikanac-patriota (užasno zastarelo osećanje) i građanin sveta. Najviše od svega je želeo da potvrdi da će sve biti dobro, da načini izuzetan dar, da blagoslovi čovečanstvo. U svemu tome Šolem se uklapao u klasičnu normu za Jevreje u dijaspori. Naspram čikaške pozadine sastavljene od soba za javne sastanke i soba za tajna muvanja, od prevara, paljevina, ubistava, plaćenih ubica, ubirača novca, ideologija pristojnosti koja se širi iz nevidljivih izvora moći – moralni zakon koji, u Čikagu, nikada nije deblji od pelira ili salvete – bila je sada gas redak kao argon. U svakom slučaju, pomislite na njega, možda najmoćniji um koji se ikada našao iza volana jednog taksija, s putnicima-potomcima Belijala koji je učinio da Druga poslanica Korinćanima deluje mučno, a Šolem usred te nenadmašne dekadencije stiče sve čistije misli. Od tog napora je dobio maligni tumor. Oduvek sam bio uveren da je napor od desetočasovne vožnje po gradu dovoljan da od njega dobijete rak. To je posledica prinudne nepokretnosti, a postoji i pogoršana zlovolja, izliv besa koji su organizmi ispustili, a možda i mehanizmi.

Ali šta sam ja mogao da učinim za Šolema? Nisam mogao da otrčim u njegovu kuću i zazvonim na vratima posle trideset godina otuđenosti. Nisam mogao finansijski da pomognem – nemam para za štampanje tolikih hiljada stranica. Bilo bi mu potrebno bar sto hiljada dolara, a on očekuje da ih Ajdža stvori od jalovog vazduha u centru grada. Zar Ajdža ne pripada vrhunskoj grupi elitnih finansijskih analitičara? Ali rođak Ajdža nije bio jedan od onih muvatora koji su se dočepali nekog velikog novca koji stoji na raspolaganju za „intelektualne" projekte ili prosvetljene reforme, političkih stipendista koji se igraju milionima dolara.

Prezao sam, takođe, od toga da sednem s njim u gostinskoj sobi i prodiskutujem njegovo životno delo. Nisam posedovao neophodan jezik. Moje znanje biologije sa fakulteta ne bi mi koristilo. Moj Spengler je bio mrtviji od češkog groblja na kojem smo raspravljali o velikim pitanjima (dostojanstven okoliš, masovni grobovi, istrulelo cveće).

Isto tako, nisam imao zajednički jezik s rođakom Motijem, pomoću kojeg bi mu u potpunosti otvorio svoj um; a sa druge strane, rođak Šolem ne bi mogao da dobije moju podršku za svoj filozofski sistem sve dok ne bih ovladao njime posle mnogo godina učenja. Imajući u vidu koliko je malo vremena ostalo, tako nešto nije dolazilo u obzir. Sve što sam u datim okolnostima mogao da učinim bilo je da pokušam da sakupim sredstva za njegovu sahranu u Istočnoj

Nemačkoj. Komunisti, kojima je čvrsta valuta toliko potrebna, ne bi odbili razuman predlog. A pred jutro, dok sam se umivao i brijao, prisetio sam se da postoji jedan rođak u Eldžinu, u državi Ilinois – ne neki blizak rođak, ali s njim sam oduvek imao prijateljske i čak srdačne odnose. Možda bi on mogao da pomogne. Osećanja moraju da se trude kako znaju i umeju u ovako nenormalnom dobu. Ona se održavaju u životu uskladištena, tako da kažem, jer čovek ne viđa njihove objekte tako često. Ti mentalni hidroponični izraštaji mogu, međutim, da budu čudnovato trajni i postojani. Izgleda da su ljudi sposobni da zadrže jedni druge na otvorenoj liniji tokom desetina ili dvadesetina godina. Takva razdvajanja imaju ukus večnosti. Jedno tumačenje „nemanja savremenika" sastoji se u tome da se sve vredne veze čuvaju u stanju zaustavljenog vremena. Oni koji su odsutni kao da osećaju da nisu izgubili vrednost za vas. Odnos se izvodi *ritardando* na instrumentu u transu, za koji ostatak orkestra samo podsvesno zna da postoji.

Osoba koju pominjem je i dalje bila u Elginu. Mendi Ekstajn, koji je nekada bio samostalan novinar i radio na reklamama, sada je bio polupenzionisan. On i Šolem Stavis su poticali iz potpuno različitih sfera. Ekstajn je bio moj rođak iz bilijarskih i bokserskih dvorana, iz džez-klubova. Mendi je imao posebnu želju da bude Amerikanac svog vremena. Rođen u Maskingamu, u državi Ohajo, gde je njegov otac imao radnju za mušku galanteriju, pohađao je srednju školu u Čikagu i izrastao u živahnog, šatrovačkog momka, specijalizovanog za igrače bejzbola, izvođače vodvilja, trubače i bugi-vugi muzičare, kockare, prevarante, sitne muvatore. Prosti prepredenjak, to je bio tip koji je on doista voleo. Mendijeva gusta, kovrdžava kosa bila je začešljana unazad, obrazi su mu bili izduženi, oštećeni od bubuljica, i zalečeni kao zakrpljeno belilo. Umeo je prekrasno da načini pokret glavom koji je označavao da namerava da sredi stvari. Taj trzaj bi obično napravio dok je ostavljao cigaretu na rub bilijarskog stola na Univerzitetu u Viskonsinu i uzimao tak, izučavajući svoj sledeći udarac. Od Mendija sam, kao i od Zekla, učio pesme. On je voleo džez-stvari kao što je „Zvuči mi malo šašavo", a posebno stihove

„O, krave bi usahle a kokoši prestale da legu
Kad bi on zasvirao na svom starom kornetu."

Divna osoba, i kompletan Amerikanac, formalan i totalan na svoj način, kao umetničko delo. Model prema kojem je on uobličio sebe u međuvremenu je nestao. Krajem tridesetih išli smo zajedno na boks-mečeve ili u *„Club de Lisa"* na džez.

Rođak Mendi je bio pravi čovek kojem se trebalo obratiti u vezi sa Šolemom jer je negde postojao fond, koji je osnovao neki rođak, već odavno među mrtvima, poslednji s njegovog ogranka. Koliko sam ja razumeo njegove odredbe, fond je osnovan kao izvor neophodnih porodičnih pozajmica, kao i za plaćanje obrazovanja siromašnih rođaka, ukoliko su bili nadareni, a možda čak i za njihove više kulturne aktivnosti. Iako nisam bio sasvim upućen, bio sam uveren da Mendi zna sve to, i brzo sam mu se javio telefonom. Rekao je da će doći u centar narednog dana, oduševljen, kako mi je rekao, što ćemo popričati. „Odavno se nismo videli, stari druže."

Fond je predstavljao legat jednog starijeg Ekstajna, Arkadija, zvanog Arti. Arti, od koga se ništa nije očekivalo i koji nikada u životu nije sebi vezao pertle, ne zbog toga što je bio predebeo (bio je tek punačak) već zbog toga što je objavio svetu da je *dégagé,* došao je do nekog novca pred kraj života. Pre revolucije, on je doneo u Ameriku rusku učeničku verziju Puškinovog života, a njegove recitacije Puškina su nam bile potpuno nerazumljive. Moderno iskustvo nije ga nikada dotaklo. Gledana odozgo, Artijeva okrugla, svetlosmeđa glava bila je glava dečaka, očešljana s dečjom nevinošću. Obrazi i kapci su mu vremenom malo podbuli. Oči su mu bile zelenkaste. Godine 1917. izgubio je jedan prst u fabrici bodljikave žice. Možda ga je žrtvovao da bi izbegao vojsku. Postoji i „studijski portret" Artija i njegove obudovele majke, slikan pre nekih sedamdeset godina. On pozira s palcem ispod revera. Njegova majka, Tanja, debela je, niska, s istočnjačkim izgledom. Iako deluje ozbiljno, lice joj je u stvari naduto od smeha. Zašto? Pa, ako su joj noge tako punačke i kratke da ne dosežu do poda, onda je uzrok komični nedostatak u fizičkom svetu, koji je smešno nesposoban da se prilagodi tetka-Tanji. Tanja se udala drugi put, i to za nekog milionera-starinara, istaknutog u svojoj sinagogi, običnog čoveka i strogo ortodoksnog Jevrejina. Tanja, ljubitelj bioskopa, volela je Klerka Gebla i nije propustila nijedno prikazivanje filma *Prohujalo s vihorom.* „Oj, Klark Gebel, koliko ga volim!"

Njen stari suprug je prvi umro. Ona je otišla za njim pet godina kasnije, kad je već zašla u osamdesete. U vreme njene smrti Arti je, kao trgovački putnik, prodavao dehidrirani sok od jabuka i demonstrirao je svoj proizvod u robnoj kući u nekom malom mestu kada je stigla vest o tome. On i njegova žena, bračni par bez dece, odmah su se penzionisali. On je rekao da će nastaviti svoje studije filozofije, koje je započeo na En Arboru pre bogzna koliko godina, ali poslovi oko poseda i novca nisu mu davali da priđe knjigama. Nekada mi je govorio: „Ajdža, šta ti misliš o Čonu Djuiju – a?"

Kada su ti ekstajnski rođaci umrli, doznalo se da je njihovim testamentom predviđen fond za više studije – neka vrsta fondacije, rekao je Mendi.

„I on je korišćen?"

„Sasvim malo."

„Da li bismo odatle mogli da dobijemo novac za Šolema Stavisa?"

On reče: „Zavisi", nagoveštavajući da bi mogao da ga izmuva.

Pripremio sam mu pravu izložbu. On je brzo shvatio suštinu Šolemovog slučaja. „Neće biti dovoljno novca za objavljivanje njegovog životnog dela. A kako ćemo doznati da li je on stvarno za Darvina ono što je Njutn bio za Kopernika?"

„Mi ćemo to teško moći da odlučimo."

„Koga bih pitao?" rekao je Mendi.

„Morali bismo da uzmemo neke specijaliste. Ja nemam velikog poverenja u profesore."

„Misliš da bi pokrali genija-amatera koji ne može da se brani?"

„Kontakt sa inspiracijom često uznemirava postojanog radnika..."

„Uz pretpostavku da je Šolem nadahnut. Arti i njegova gospođa nisu živeli dovoljno dugo da bi uživali u svom nasledstvu. Ne bih voleo da stucam previše njihovih para na neku genijalnu ideju", rekao je Mendi. „Imao bih više poverenja u Šolema kada ne bi toliko ličio na spomenik."

Ljudi vam danas ne veruju ako im ne pokažete svoju trivijalnu humanost – Leopold Blum u poljskom klozetu, njegov sve jači smrad, kozja vimena njegove žene, ili šta bilo. Odabrani standardi obične humanosti su se pomerili bliže tom nižem opsegu činjenica.

„Osim toga", rekao je Mendi, „šta će mu sve to hrišćanstvo? Zašto mora da navodi iz jevanđelja koje je najviše antisemitsko? Posle svega kroz šta smo prošli, to nije pravac koji treba slediti."

„Koliko je meni poznato, on je možda naslednik Imanuela Kanta i ne može da prihvati čisto jevrejsku perspektivu. On je takođe Amerikanac koji traži svoje prirodno pravo na značajan položaj u istoriji znanosti."

„Čak i u tom slučaju", rekao je Mendi, „zašto traži da ga sahrane iza gvozdene zavese? Zar on ne zna koliko ti Rusi mrze Jevreje – i još tamo zajedno s Nemcima? Da li misli da će, dok bude tamo ležao, upiti svu tu mržnju kao upijaća hartija? Da će ih izlečiti? Možda on misli da može – on i niko drugi."

Trudio se da optuži Šolema za megalomaniju. Ti psihološki termini koji leže svuda okolo, koji nas izazivaju da ih upotrebljavamo, predstavljaju opasnost. Trebalo bi ih utovariti na kamione i odvesti na đubrište.

Zanimljivo je pogledati razvoj samog Mendija. On je bio veoma inteligentan, premda možda nećete tako pomisliti ako ste zapazili kako se predstavlja kao srednjoklasni Amerikanac iz Huverovog ili ranog Ruzveltovog perioda. Težio je idiotlucima, pa čak i bolovima svojih protestantskih modela, nesrećama, kao što su otuđenje između muževa i žena, seksualno samokažnjavanje. Napijao se u centru i dolazio natreskan na lokalni poslovni voz, kao i ostali Amerikanci. Kupio je engleskog buldoga koji je dovodio njegovu ženu do ludila. On i njegova tašta su razradili sve komične američke ekscentričnosti uzajamnog nedopadanja. Ona je odlazila u podrum kada je on bio kod kuće, a kada bi on legao, ona je dolazila u kuhinju i spremala sebi kakao. On mi je govorio: „Poslao sam je kod dijetetičara jer ne mogu da shvatim kako to da izgleda tako dobro i rumeno, a hrani se samo slatkim zemičkama i kakaom." (Gluma ju je, pretpostavljam, održala u tako sjajnom stanju.) Mendi se združio sa svojim mladim sinom; zajedno su išli na pecanje i u obilazak bojišta iz građanskog rata. On je bio dečak-muškarac sa Srednjeg zapada, živi lik iz nekog scenarija V. K. Fildsa. A ipak je u očima ispod oboda mekog šešira uvek postojala mešavina jevrejskih svetlosti, i u svojim šezdesetim on je bio vidljiviji Jevrejin nego ranije. A kao što sam rekao, američki model koji je bio prihvatio sada je potpuno zastareo. Patrijarsi iz Starog zaveta su bili beskrajno moderniji od njegovih pametnjakovića. Mendi se nije vraćao religiji svojih otaca, daleko od toga, ali sada, napola penzionisan, zaglibljen u Eldžinu, mora da je bio težak za razumevanje kao i rođak Moti u svlačionici svog kluba. Shodno tome, nije ga iznenađivalo što se toliko zanimam za rođake. I njegovo interesovanje je bilo podstaknuto. Ukoliko nisam pogrešno protumačio izraz na njegovom iskrivljenom, kvrgavom, toplom licu, on je tražio od mene da mu prenesem to interesovanje. Želeo je da priđe bliže.

„Da nisi možda sentimentalan, Ajdža, zbog toga što ste ti i Šolem zajedno odlazili u one divne šetnje? Ti bi bio u stanju da prosudiš, samo kad bi pročitao njegovu razornu knjigu. Rendova korporacija ne zapošljava glupake – jednom ću ti tražiti da mi pričaš o tom centru super-mozgova."

„Pre bih to nazvao simpatijom, nikako mekim sentimentom."

U moralnoj sferi, divlje neznanje, krajnja anarhija.

Mendi reče: „Ako bi pokušao da razgovaraš s njim, on bi ti održao predavanje s visine, zar ne? Pošto se ne razumeš u te zigote i gamete, morao bi da sediš i slušaš..."

Mendi je hteo da kaže da on i ja – *mi* možemo da razumemo jedan drugog, zahvaljujući tome smo bili od iste vrste. Mi Jevreji koji su odrasli na pločnicima Amerike, ni u kojem smislu nismo bili stranci, i mi smo u ovaj američki život uneli toliko entuzijazma, poleta, ljubavi, da smo postali *taj* život. Čudno je što je *on* počeo da se kreće prema zaboravu upravo onda kad smo se usavršavali u ovoj zadivljujućoj demokratiji. Međutim, naša demokratija bila je staromodna. *Nova* demokratija, sa svojim *novim* apstrakcijama, bila je okrutno obeshrabrujuća. Biti Amerikanac uvek je predstavljalo ponešto apstraktan projekt. Došao si kao doseljenik. Ponuđen ti je najrazumniji predlog i ti si ga prihvatio. *Pronađen* si. S novim apstrakcijama, ti si *izgubljen*. One traže šokantno napuštanje ličnog suda. Uzmite, na primer, Junisino pismo medicinskom fakultetu. Upotrebljavajući reč „integritet" možete mirne savesti da varate. Obrazovani na novim apstrakcijama, ne morate više da brinete o istini i laži, dobru i zlu. Napor koji ste uložili u obrazovanje oslobađao vas je dobra i zla. Naporno ste radili na svojoj ograničenoj lekciji, naučili ste je, i bili ste zauvek oslobođeni obaveza. Možete, na primer, da kažete: „Krivica mora da umre. Ljudska bića imaju prava na zadovoljstvo bez krivice." Naučivši tu vrednu lekciju, sada možete da prihvatite jebanja vaših kćerki, što vas je u prošlosti gušilo. Obeštećeni ste zadovoljstvom dobro naučene lekcije. Eto, to vam je nova misaonost. A moguće je da naš opstanak zavisi od našeg kapaciteta za misaonost – od svih racionalnih odluka koje treba doneti. I čujte, ovo nije nikakva digresija. Rođak Šolem je bio plemenito stvorenje koje živi u šumama *stare* misaonosti.

Izvrsno stvorenje, ako je uopšte bio stvaran. Rođak Mendi je sugerisao da nije. Rođak Mendi je želeo da me podseti da smo on i ja predstavnici posebnog jevrejskog i američkog razvoja (koji je istorija izbrisala) i da smo imali beskrajno više zajedničkog nego što to neki zastareli genije može da shvati.

„Mendi, ja želim nešto da učinim za Šolema."

„Nisam siguran da možemo da potrošimo novac rođaka Artija da bismo ga sahranili u Istočnoj Nemačkoj."

„U redu. Ali, pretpostavimo da dobiješ novac za čitanje njegovog velikog dela... pronaćeš biologa da ga kritički pročita. I filozofa, i istoričara."

„Možda. Razmotriću to sa izvršiocima. Javiću ti se", rekao je Mendi.

Naslutio sam iz toga da on sâm predstavlja sve izvršioce.

„Putujem u inostranstvo", rekao sam. „Možda ću se čak videti sa Šolemom u Parizu. Njegovo oproštajno pismo pominje put za planiranje jubileja taksista sa Marne."

Dao sam Mendiju broj gospođice Rodinson.

„Letiš ,konkordom', pretpostavljam", rekao je Mendi. Bez zavisti. Bilo bi mi drago da mi on pravi društvo.

Zadržao sam se u Vašingtonu zbog konferencije sa ljudima iz Međunarodnog monetarnog fonda gde se raspravljalo o nameri komercijalnih banaka da produže s pozajmicama Brazilcima. Ugrabio sam nekoliko časova za Kongresnu biblioteku, gde sam potražio Bogorasove i Johelsonove materijale, i pokretanje stvari u istočnonemačkom konzulatu. Onda sam telefonirao svojoj nekadašnjoj ženi u Nacionalni javni radio.

Izabel je postala jedan od njegovih najčešćih glasova. Posle tri braka, ponovo je uzela svoje devojačko prezime. Ponekad ga čujem posle šepurave muzičke špice: „A sada naš izveštač iz Vašingtona, Izabel Grinspen." Pozvao sam je na večeru. Ona je odbila, možda uvređena što je nisam prethodno pozvao iz Čikaga. Rekla je da će doći u „Hotel Hej-Adams" na piće.

Misao koju Izabel uporno sugeriše kada se sretnemo jeste da je čovek još nestabilizovana životinja. Pod tim ne podrazumevamo samo to da su defektni, zaraženi, bezuspešni tipovi nešto uobičajeno (Izabel, uzgred rečeno, nije defektna ni bolesna), već i to da većina ljudskih bića neće nikada ostvariti ravnotežu i da su oni po prirodi zanovetljivi, jetki, razdražljivi, neprijatni, dok traže olakšanje od svog mukotrpnog truda i da su ljuti kad ga ne nađu. Žena kao Izabel, rešena da stvori utisak savršenog balansa, odražava tu nesrećnu nestabilnost. Ona me izjednačava s greškama od kojih se ona oslobodila; ona meri svoj napredak našim sve većim razilaženjem. Dovoljno pametna da bi bila član društva Mensa (visok koeficijent inteligencije) i šarmantna osoba na radiju, ona je uvek pomalo natmurena sa mnom, kao da nije sasvim zadovoljna svojim „uvidima". Kao nacionalna figura na programu koji nudi prosvetljeno tumačenje milionima slušalaca, Sejbl je „posvećena", „angažovana", ali kao inteligentna žena, ona potajno žali zbog tog prosvetljenja.

Razgovarala je sa mnom o Čikagu, s kojim me identifikuje u izvesnim aspektima. „Beli gradski većnici vezuju crnog gradonačelnika u čvor dok gule grad do poslednjeg dolara. I dok ti, naravno, sve to vidiš. Ti uvek sve vidiš. Ali ti radije nastavljaš da bludiš kao mesečar." Ovog popodneva na Sejbl se zapažala značajna promena. U vreme koktela bila je udešena kao zora. Njena tamna kosa bila je noć koja odlazi. Bila je mirisnija od zore. Sličnost je, osim toga, bila veoma velika. Ne može se poreći da je ona privlačna žena. Bila je odevena u tamnu svilu, boje čaja, sa skerletnim šarama. Nije uvek nastojala da bude toliko privlačna za naše susrete.

Bilo bi tašto pretvarati se da „vidim sve", ali je zato bilo sasvim jasno šta misli kada kaže da „bludim kao mesečar". Postojala su dva posebna i povezana značenja: 1) moje specijalne preokupacije, i 2) moja doživotna veza u snovima sa Virdži Danton, rođenom Miletas, koncertnom harfistkinjom sa osam prstiju. Uprkos svojoj urođenoj mani, Virdži je ovladala celokupnim repertoarom za harfu, uz izuzetak nekoliko nemogućih dela, i imala uspešnu karijeru. Potpuno je tačno da se nikada nisam izlečio od svojih osećanja prema Virdži – njene crne oči, okruglo lice, njegovo belilo, njegova frontalnost, ženstvene emanacije, obećanja čovečnosti ili zaveti ljubaznosti koji su izvirali iz njega. Čak je i mala povreda na njenom kratkom nosu – posledica automobilske nesreće; ona je odbila plastičnu operaciju – predstavljala privlačnost. Potpuno je tačno da je, za mene, reč „žena" najbolje prikazana u njoj. Kad god mi je to bilo moguće, odlazio sam na njene koncerte; šetao sam njenim komšilukom u nadi da ću je sresti, zamišljao da je primećujem u robnim kućama. Slučajnih susreta – bilo ih je pet u trideset godina – sećam se do najmanjih detalja. Kada mi je njen suprug, teška pijanica, pozajmio Gelbrejtovu knjigu o njegovim dostignućima u Indiji, pročitao sam svaku reč u njoj, a to može da se objasni jedino pojavom povećane naklonosti ili katekse. Virdži Miletas, Venera sa rudimentiranim palčevima, sa svojom električnom vezivnom moći, bila je stvarni cilj Sejblinih reči „ti radije nastavljaš da bludiš kao mesečar". Savršena sreća koju sam mogao da spoznam sa gospođom Miletas-Danton, kao željeno sjedinjavanje razdvojenih bića u Aristofanovom ljubavnom mitu – uzdržavam se od prizivanja višeg Erosa koga je Sokrat opisivao tokom dugačkih vožnji bučnim vozovima koji su mene, nadahnutog studenta filozofije, nosili od Ulice Van Bjuren i njenih zalagaonica do Šezdeset treće ulice i meteža njenih narkomana – bila je veštački ljubavni san i Sejbl je bila u pravu što ga prezire.

U „Hej-Adamsu", gde smo pili džin i tonik, Sejbl je izrekla komentar koji je bio pravo iznenađenje, za razliku od njenih uobičajenih uvida koji to nisu bili. Rekla je: „Mislim da mesečarenje ne predstavlja dovoljno zadovoljavajuću reč. Tačnije rečeno, ti poseduješ životnu radost koju zadržavaš za sebe. Poseduješ sumanutu visoku energiju koja je specifično tvoja. Zbog tog visokog naboja možeš da se suprotstaviš običnim prljavim činjenicama koje drugi ljudi moraju da pretrpe, voleli to ili ne. Ti si, u stvari, skupljač životne radosti, Ajdža. Živiš od svojih zaliha radosti. Ubilo bi te kada bi bio depresivan kao ostali ljudi."

To je bio čudan napad. Bilo je nešto u tome, priznajem. Međutim, radije bih da o tome razmišljam natenane nego da odmah odgovorim. I tako sam počeo da joj pričam o rođaku Šolemu. Opisao sam joj ceo slučaj. Kada bi on bio intervjuisan na Nacionalnom javnom radiju i kada bi dobio pažnju koju zaslužuje (ratni heroj – filozof – taksista), možda bi uspeo da podstakne interesovanje i, što je još značajnije, čudnu darežljivost javnosti. Sejbl je to odmah odbila. Rekla je da bi on bio i suviše težak. Kada bi rekao da Kant i Darvin u njemu napokon imaju naslednika, slušaoci bi rekli: „Ko je ovaj idiot!" Priznavala je da bi taksisti s Marne bili veoma zanimljivi, ali proslava će se održati tek 1984, a do tada ima još cela godina. Takođe je primetila da njen program ne podstiče inicijative za prikupljanje novčanih sredstava. Rekla je: „Jesi li siguran da čovek stvarno umire? Nemaš nikakvu drugu potvrdu osim njegovih reči."

„To je bezdušno pitanje", rekao sam.

„Možda jeste. Oduvek si bio mek kada su rođaci u pitanju. Bliska porodica je sputavala tvoju životnu radost, pa si se ti jednostavno okrenuo rođacima. Nekad sam mislila da bi otvorio svaku pregradu u mrtvačnici kad bi ti neko rekao da ćeš tamo pronaći nekog rođaka. Upitaj se samo koliko bi njih došlo tebe da traži."

To me je nateralo da se nasmešim. Sejbl je uvek imala razvijen osećaj za humor.

Takođe je rekla: „U vreme kada se jezgro porodice raspada, kakvo je to uzbuđenje oko daljih rođaka?"

Jedini odgovor koji sam mogao da pružim dolazio je s levog polja. Rekao sam: „Pre prvog svetskog rata, Evropom je vladala kraljevska porodica rođaka."

„Da? To je dobro ispalo, zar ne?"

„Ima ljudi koji o tom vremenu misle kao o zlatnom dobu – poslednjem od starih *douceur de vivre*, i tako dalje."

Ali nisam doista tako mislio. Hiljadugodišnja istorija nihilizma je kulminirala 1914, a brutalnost Verdena i Tanenberga bila je preludij za još veću destrukciju koja je započela 1939. Tu se ponovo pojavljuje sveprožimajuća *neizvesnost* – šavovi istorije se otvaraju, spone u raspadu (Hegel), vekovna ograničenja nestaju. Ukoliko vam glava nije čvrsta, od toga ćete samo dobiti napade vrtoglavice, ali ako se ne prepustite napadima, možda ćete dospeti do neke vrste slobode. Nered, ako vas ne ubije, donosi izvesne mogućnosti. Ne biste to pogodili dok sedim noću u svom svetogrobnom stanu (čiji izgled je zbunio Junis kada me je posetila: „Svi ti orijentalni tepisi i lampe, i toliko knjiga", rekla je), ne biste pogodili da se usredsređujem na strategije za strasno skakanje na slobodu omogućenu raspadom. Stotine knjiga, ali samo pola police onih koje nešto znače. Više znanja ne daje vam više dobrote. Jedan od pisaca kojima se često vraćam usredsređuje se na strast. Poziva vas da razmotrite ljubav i mržnju. Poriče da je mržnja slepa. Naprotiv, mržnja je potpuno jasna. Ako dopustite da mržnja proklija, ona će vas progristi iznutra i poždrati vam biće, ojačaće razmišljanje. Ona ne oslepljuje, već povećava lucidnost, otvara čoveka; ona ga navodi da se napregne i usredsredi svoje biće, tako da može sebe da shvati. Ljubav je takođe bistra oka, a ne slepa. Prava ljubav ne obmanjuje. Ona je, kao i mržnja, prvobitni izvor. Ali do ljubavi se teško stiže. Mržnje ima u ogromnim količinama. A svoje biće očigledno ugrožavate čekanjem na ređu strast. Stoga morate da imate poverenje u mržnju, koja je tako izobilna, i da je prigrlite svojom celom dušom, ako se uopšte nadate da ostvarite bilo kakvu jasnoću.

Nisam nameravao da produžim o ovome sa Sejbl, iako bi ona bila u stanju da razgovara o tome. I dalje je govorila o mojoj slabosti prema rođacima. Rekla je: „Da si brinuo o meni toliko koliko brineš za sve te šašave, polućaknute rođake, i njima slične, nikada se ne bismo razveli."

„Njima slične" je bila sarkastična primedba na račun Virdži.

Da li je Sejbl nagoveštavala mogućnost da

ponovo pokušamo? Da li je zbog toga došla našminkana kao zora i tako divno obučena? Osetio sam se veoma polaskanim.

Ujutru sam otišao na vašingtonski aerodrom i poleteo „konkordom". Međunarodni monetarni fond je čekao da se brazilska skupština odluči. Nažvrljao sam nekoliko zabeležaka za svoj izveštaj, i onda sam bio slobodan da razmišljam o drugim stvarima. Razmotrio sam da li me Sejbl navodi da je zaprosim. Dopalo mi se ono što je rekla o zalihama radosti. Smatrala je da, preko rođaka, preko Virdži, zadovoljavam svoj ukus za lakša osećanja. Nedostajala mi je prava moderna strogost. Možda je verovala da udovoljavam umetničke potrebe posetama starim galerijama, šetnjama kroz muzeje lepote, usrećen čarima srodstva, zadovoljan obojenim relikvijama, nedovoljno čvrst za zanesenost u najjačim oblicima, neprečišćen nihilističkom vatrom.

A kad je o braku reč... samački život je zamoran. Naravno, postoje neprijatni aspekti braka koji se ne mogu izbeći. Šta bih ja radio u Vašingtonu? Šta bi Sejbl radila kad bi došla da živi u Čikagu? Ne, ne bi ona bila voljna da se preseli. Neprekidno bismo leteli tamo-amo. Kako stvari stoje, Sejbl je postala osoba koja uobličava javno mnenje. Javno mnenje je moć. Ona je pripadala grupi koja u rukama drži veliku moć. Nije to bila vrsta moći do koje je meni stalo. Iako njeni ljudi nisu bili gore budale od svojih konzervativnih protivnika, ipak su bili budale, brojnije u njenoj profesiji nego na drugim poljima, i to još neprijatno uticajne.

Stigao sam u Pariz, dovezao se do „Monalambera". Odustao sam od hotela koji mi se više dopada jer sam svojevremeno u prtljagu prona

šao bubašvabe, one crne, koje su prešle Atlantik sa mnom i pojavile se spremne da osvoje Čikago.
Pregledao sam sobu u „Monalamberu" i onda odšetao niz Ulicu Bak do Sene. Neverovatno je koliko ti monumentalni glavni gradovi još uvek čine dobro Amerikancu. Gotovo sam osetio da tu i sunce treba da zadobije monumentalan oblik, nešto kao meksički kameni kalendar, i da obasja Sen-Šapel, Konsjeržeriju, Pon Nef i ostale srednjovekovne relikvije.

Kada sam se vratio u hotel posle večere, zatekao sam poruku od gospođice Rodinson iz Čikaga. „Ekstajnov fond će dodeliti deset hiljada dolara gospodinu Stavisu."

Dobri rođak Mendi! Sada sam imao vesti za Šolema, a pošto će on, ukoliko je živ i ukoliko je stigao u Pariz na organizacionu sednicu, sutra biti u Domu invalida, moći ću da mu ponudim nešto više od obične simpatije kada se sretnemo posle toliko decenija. Mendi je tražio da se sredstva upotrebe za utvrđivanje da li je Šolemova čista filozofija, zasnovana na nauci, doista ono što je on tvrdio da jeste, napredak u odnosu na *Kritiku čistog razuma*. Odmah sam počeo da smišljam načine kako da zavrnem Mendija. Mogao bih sâm da odaberem Šolemove čitaoce. Ponudio bih im male sume – ti akademski glupaci i ne zaslužuju masne honorare. (Ljut sam na njih, znate, zato što su učinili tako malo da spreče SAD da potone u dekadenciju; u stvari, krivio sam njih za ubrzanje naše degradacije.) Pet eksperata po dvesta dolara platio bih iz svog džepa, i to bi mi dozvolilo da Šolemu dam svih deset hiljada. Uz pomoć svog uticaja u Vašingtonu, mogao bih da dobijem pogrebnu dozvolu od Istočnih Nemaca za dve-tri hiljade dolara, uključujući mito. Ostalo bi dovoljno novca za transport i poslednje obrede. Jer ako je Šolem imao vidovnjačko uverenje da bi njegova sahrana u Torgau smanjila naduto ludilo sveta na kuglicu, onda vredi pokušati. Pokopan na Valdhajmu u Čikagu, pored bučnog kamionskog saobraćaja na Harlem aveniji, čovek ne može da se nada nikakvom efektu. Da bih se uskladio s evropskim vremenom, do kasno u noć sam ređao pasijans od špila karata koje su bile toliko velike da mi naočare nisu bile potrebne, a to me je navelo da legnem u krevet bez napada radosti. Miran i pribran, *mogu* da razumem svoj položaj. Razmišljajući nad kartama, razumeo sam Sejblinu žalbu da sam upropastio naš brak zato što sam ga lišio transfuzije radosti. Kada je govorila o mojim osećanjima prema rođacima, to se indirektno odnosilo na misteriju bivstvovanja kao Jevrejin. Sejbl je imala lep jevrejski nos, možda malo previše jevrejski. Osim toga, upadljivo je izložila noge mom pogledu, znajući moju slabost prema njima. Imala je dobro uobličene grudi, glatko grlo, fine kukove, i noge koje su još mogle da se ritaju po spavaćoj sobi – nekada sam ih pominjao kao „tvoje noge poskakuše". E pa, sad, da li je Sejbl tokom svoja tri braka nastavila da misli o meni kao o svom jedinom suprugu, ili je poslednji put isprobavala svoju snagu protiv rivala iz (egipatske) Aleksandrije? Nevina Virdži je bila mržnja njenog života, a mržnja vas čini jasnim, bez ljubavi. Hajdeger bi to prihvatio. Njegova ideja me je, tako reći, zarazila. Počele su da me opsedaju dve strasti koje vas čine jasnim. Ljubavi nema mnogo; mržnja je sveprisutna kao azot ili ugljenik. Možda je mržnja nerazdvojiva od same materije, pa stoga predstavlja sastojak naših kostiju; naša krv verovatno vrvi od nje. Za moralnu hladnoću u arktičkom području pronašao sam fizičku sliku u sibirskoj životnoj sredini

Korjaka i Čukčija – u polarnoj pustinji čiji su mrazevi opaki kao vatra, što je sasvim prikladna lokacija za ropske radne logore. Sastavite sve to zajedno, i moja idila o Virdži Miletas mogla bi da se protumači kao malodušno izbegavanje vladajuće hladnoće.

Pa, mogao sam da kažem Sejbl da ne može da pobedi nepotrošenu *amour* tolikih godina. Na kraju krajeva, samo ona žena koju *niste* dobili ima smrtonosno dejstvo.

Priznajem, međutim, da se pravi izazov sastoji u hvatanju i kroćenju poročnosti. Bez toga, ostajete u neizvesnosti. Na milosti neizvesnosti oko nove pojave duha...

Ali tu sam zaspao.

Ujutru, na poslužavniku s doručkom našla se ekspres-pošiljka od gospođice Rodinson. Nisam bio raspoložen da je otvorim, jer je u njoj moglo da se zatekne obaveštenje o nekoj profesionalnoj obavezi, a to nisam želeo. Išao sam u Invalide da se sretnem sa Šolemom, ako je uspeo da dođe. Organizacioni sastanak svetskih taksista, kako sam zapazio u „Mondu", privukao je oko dvesta delegata iz pedeset zemalja, i počinjao je u jedanaest sati. Stavio sam pošiljku gospođice Rodinson u džep, zajedno s novčanikom i pasošem.

Taksi me je odvezao do velike kupole, i ja uđoh unutra. Predivno delo religijske arhitekture – Brijan u sedamnaestom veku, Mansar u osamnaestom. Upijao sam njegovu veličanstvenost na mahove. Bilo je praznih trenutaka u kojima mi kupola nije značila više od zdelice za jaje, a sve to zbog mog grozničavog uzbuđenja – rastrojstva. Mrlje ispod mojih pazuha su postajale sve veće. Nedostatak vlage sušio mi je grlo. Raspitao sam se za taksiste s Marne i pokazali su mi njihov ćošak. Vozači još nisu bili počeli da pristižu. Preostalo mi je još pola sata, pa sam se popeo na sprat da bih zavirio u grobnicu kapele svetog Jeronima. Oho! koja veličanstvenost, koja lepota! Ti lukovi i stubovi i kipovi, te uzdrhtale i pokretne freske. I pod sa tako lepim mozaikom. Došlo mi je da ga poljubim. I još one tužne reči Napoleona sa Svete Jelene. „*Je désire que mes cendres reposent sur les bords de la Seine* usred tog naroda, *ce peuple Francais*, koji sam toliko voleo." Sada je Napoleon ležao prignječen ispod trideset i pet tona uglačanog porfira ili alizarina u obliku koji je sugerisao rimski sjaj.

Dok sam silazio niz stepenice, izvadio sam pošiljku gospođice Rodinson, i osećao sam se kao da su me okrenuli naopako, kao da sam opijen, čitajući pismo od Junis – jedino se ono nalazilo u koverti. To je bila treća Tenkijeva želja: da ponovo pišem sudiji Ajleru i da zatražim da poslednje mesece svoje kazne odsluži u popravnom domu u Las Vegasu. U popravnom domu, objasnila je Junis, samo te minimalno nadgledaju. Prijaviš se ujutru kad izađeš, i onda uveče kad se vratiš. Ceo dan je bio tvoj, mogao si da obavljaš lične poslove. Junis je napisala: „Mislim da je zatvor predstavljao izuzetno iskustvo za mog brata. S obzirom na to da je veoma inteligentan, uprkos svemu, on je već primio sve što može da nauči u zatvoru. Mogao bi tako nešto da pokušaš sa sudijom, s tim što bi to izrazio na svoj način."

Pa, da izrazim to na svoj način, velika riba je teturala niz grandiozno stepenište, puna pijanog mraka i zvukova uzburkanih mora. Unutrašnji glas joj je govorio: „To je to!" i njoj je došlo da otvori velika crvena usta i da zubima razdere papir.

Želeo sam da uzvratim porukom: „Ja nisam rođak Šmokljan, ja sam velika riba koja ispunjava želje i u kojoj prebiva ogromna moć!"

Umesto toga, smirio sam se tako što sam pocepao Junisino pismo šest, osam, deset puta, i onda ga disciplinovano bacio u korpu za otpatke. Kada sam stigao na mesto okupljanja, moje emocije su bile nešto sređenije, premda ne sasvim normalne. Još je u meni bilo vrludanja i skretanja.

U ćošku za taksiste se sakupilo više od sto delegata, ako se tako može opisati gomila egzotičnih osoba. Bilo je tu ljudi iz svih krajeva sveta. Nosili su kape, uniforme, vojne oznake, pantalone od batika, peruanske šešire, nabrane indijske čakšire, grimizne ogrtače iz Afrike, škotske kiltove, grčke suknjice, indijske turbane. Ceo skup me je podsetio na veliko zasedanje Ujedinjenih nacija kojem su prisustvovali Hruščov i Kastro, i na kojem sam video Nehrua u divnoj beloj odeći sa crvenom ružom na reveru i s pekarskom kapom na glavi – bio sam tamo kada je Hruščov skinuo cipelu s namerom da ljutito udari po stolu.

Onda sam se prisetio kako su predavali geografiju u čikaškim školama kada sam bio mali. Dobili smo seriju knjižica: „Naši mali japanski rođaci", „Naši mali marokanski rođaci", „Naši mali ruski rođaci", „Naši mali španski rođaci". Čitao sam sve te nežne opise o malom Ivanu i majušnoj Konćiti, i moje željno srce im se otvorilo. Pa, bili smo bliski, bili smo jedinstveni uprkos svemu (kao što je Tenki bio veoma inteligentan „uprkos svemu"). Nismo bili žabari, švabe, paprikari; bili smo rođaci. Bila je to sjajna ideja, i oni od nas koji su otvorili svoja uzbuđena srca svetskoj zajednici rođaka bili su srećni, kao što sam ja bio, da ulože svoju sitnu ušteđevinu u fond za obnovu Tokija posle zemljotresa dvadesetih godina. Posle Perl Harbora, morali smo đavolski dobro da ga izbombardujemo. Sumnjam da su japanska deca dobila knjižice o svojim malim američkim rođacima. Čikaški odbor za obrazovanje nikada se nije time pozabavio. Bila su tu i dvojica francuskih devedesetogodišnjaka, učesnika u borbama 1914. Oni su se nalazili u središtu znatiželje. Veoma prijatan skup, pomislio sam, ili bih pomislio da sam bio manje uzrujan.

Nigde nisam video Šolema. Možda je trebalo da kažem gospođici Rodinson da pozove njegov broj u Čikagu i malo se raspita, ali oni bi pitali ko zove i zašto. Nije mi bilo žao što sam došao u ovu velelepnu dvoranu. U stvari, ne bih to nikada propustio. Ali bio sam emocionalno pripremljen za susret sa Šolemom. Čak sam smislio šta ću mu reći. Ne bih mogao da podnesem da ga ne sretnem. Izašao sam iz gomile i kružio oko nje. Delegati su već krenuli prema mestu održavanja sastanka, i ja zauzeh strategijski položaj pored vrata. Prekrasni kostimi samo su povećavali pometnju.

U svakom slučaju, nisam ja pronašao Šolema. Ne bih ni mogao. On se znatno promenio – smršao je. I zato je on video mene. Čovek kome je pomagala mlada žena – njegova kćerka, kako se ispostavilo – osmotrio mi je lice. Stao je i rekao; „Ja ne sanjam puno zato što mnogo ne spavam, ali ako nemam halucinacije, ovo je moj rođak Ajdža."

Da, da! To jeste Ajdža! A to je bio Šolem. Više nije ličio na onog starijeg čoveka sa fotografije u boji, na osobu koja je škiljila ipod gustih obrva. Izgubio je mnogo u težini i lice mu se smanjilo, a zatezanje kože mu je povratilo mladalački izgled. Nije delovao toliko sudbonosno i fanatično kao čovek na slici, iz koga je izbijala proročka vatra. Sada, kao da je bio obavijen čistom nevinošću. Veličina njegovih očiju bila je izuzetna

— nalik očima novorođenčeta prilikom prvog predstavljanja njegovog *genio* i *figura*. I tada iznenada pomislih: šta sam učinio? Kako ovakvom čoveku da kažete da ste nabavili novac za njega? Da li treba da kažem da sam mu doneo novac s kojim može da se sahrani?

Šolem je govorio, obraćao se svojoj kćerki: „Moj rođak!" A meni je rekao: „Živiš u inostranstvu, Ajdža? Jesi primio moje pošiljke? Sada mi je jasno — nisi odgovarao zato što si hteo da me iznenadiš. Treba da održim govor, da pozdravim delegate. Sedećeš pored moje kćerke. Kasnije ćemo razgovarati."

„Naravno..."

Zatražiću od devojke da mi pomogne, obavestiću je o novcu iz Ekstajnovog fonda. Ona će pripremiti oca za novosti.

Tada se, odjedanput, osetih lišen snage. Zar egzistencija ne traži previše od nas? Pamtio sam, posmatrao, proučavao rođake, i izgleda da je taj nauk učvrstio moju suštinu i sačuvao me onakvog kakav sam ranije bio. Propustio sam da uvrstim sebe među njih, i taj previd mi je iznenada naplaćen. Prilikom predaje tog računa, noge su mi postale čudnovato slabe. A kada mi je devojka, koja je primetila da nisam u stanju da hodam, ponudila ruku, poželeo sam da kažem: „Šta to znači? Ne treba mi pomoć. Igram tenis svaki dan." Umesto toga, uhvatio sam je podruku i ona nas obojicu povede niz hodnik.

PRIPOVETKE SOLA BELOUA

Sol Belou (1915), savremeni američki prozaist, dobitnik Nobelove nagrade za književnost 1976. godine, našim čitaocima je poznat isključivo kao romanopisac. I dok su svi njegovi dosadašnji romani prevedeni i objavljeni – neki u više izdanja – u beogradskim i zagrebačkim izdavačkim kućama, ostali aspekti njegovog stvaralaštva – pripovetke, drame, putopisi i eseji – ostali su gotovo netaknuti. Sol Belou je, međutim, ostvario zavidne domete u svim tim proznim oblicima, a objavljivanje *Srebrne činije** (1984), šesnaest godina posle njegove prve pripovedačke zbirke, *Mozbijeve uspomene* (1968), potvrdilo je da je Belou podjednako uspešan i u kraćim proznim formama.

Prikazujući ovu knjigu u književnom dodatku „Njujork Tajmsa", Sintija Ozik započinje pitanjem – da li postoji trenutak kada pisac, sasvim iznenada, donosi odluku da samoga sebe dešifruje? I to ne tako što će ostavljati nove tragove ili naznake, već tako što će „odbaciti lavirint, prosuti vino preko šare na tepihu, pokopati veliku metaforu i razotkriti samu stvar? Što će, u stvari, osloboditi tajnu? I to u vreme koje niko ne može da predvidi? I u najmanje verovatnoj formi?" Da bi svoju umetnost koncentrisao, kaže Sintija Ozik, kao u kakvoj bočici.

Zbirka *Srebrna činija* je upravo takva bočica sa esencijom pripovedačkog umeća Sola Beloua. Sve ono što je Beloua oduvek odlikovalo kao pisca – njegov stil i jezik, dubina

---

* U originalu zbirka nosi naslov *Him with his foot in his mouth*, prema istoimenoj prvoj priči, koja je u našem prevodu naslovljena „Onaj koji ne drži jezik za zubima." Iz zbirke je izostavljena i duga novela „What kind of day did you have?" (*Prev.*)

uvida, specifičan humor i stalni otpor nihilizmu našega doba – pojavljuje se i u ovim pričama, ali su znatno pristupačniji i lakše uočljivi nego u njegovim romanima. Neko je jednom primetio da su romani Sola Beloua toliko obimni zato što se on u njima bavi tzv. „velikim pitanjima" – pitanjima čovekove egzistencije, njegove sudbine u našem vremenu, kao i sudbine samog vremena – a velika pitanja traže i zauzimaju puno prostora. Ali, Belou je u ovim pričama dokazao da se odgovori mogu davati i u sažetijim oblicima, i da se pri tom ništa ne izgubi od originalnog stila, duha ili energije koji prožimaju sva njegova dela.

Već prva priča u zbirci dobro ilustruje njegov specifični smisao za humor: ostareli profesor piše dugačko pismo penzionisanoj bibliotekarki u želji da se izvini za događaj koji ona verovatno ne pamti. Taj događaj je samo uvod u niz sličnih situacija, u kojima se glavni junak suočava sa nesavladivom željom da izriče šale koje ponižavaju i uništavaju. Tako Šomat postaje žrtva vlastitog jezika, odnosno osećanja slobode koja proističe iz komične inspiracije, iz legitimne neodgovornosti komedije. Belou je u jednom intervjuu sâm naglasio da je u ovoj priči želeo da istakne dve stvari: komičnu inspiraciju, kao jedan od najizraženijih oblika slobode, i njenu bliskost s jevrejstvom, „u kojem postoji tradicija da se neke stvari kažu jedino kroz smeh".

U izvesnom smislu, taj osećaj oslobođenog jezika i duboka ukorenjenost u jevrejsku tradiciju obeležavaju celokupno prozno delo Sola Beloua. Ako u savremenoj američkoj književnosti postoji prepoznatljiv stil, onda je to stil Sola Beloua, njegova rečenica koja je u isto vreme „učena" i „narodska", „savršena" i „nepravilna", „kristalno jasna" i „višeznačna". Ona nastaje u neprekidnom sukobljavanju visokointelektualnih i filozofskih tema sa ritmovima i glasovima uličnog slenga, profesorskog i studentskog žargona i doseljeničkih pozajmica iz maternjih jezika. Stil potiče iz jezika, a jezik, onaj pravi, govorni, ne poznaje uglađenost. Belou kaže da je to shvatio kada je objavio roman *Hercog*, a veliki pesnik V. H. Odn ga upitao: „Zar ne mislite da je možda *i suviše* dobro napisan?" Od tada on u svom stilu ne teži savršenstvu i čistoti, već uklapanju u tokove živog, savremenog američkog idioma.

S druge strane, osećaj za vlastitu tradiciju nesumnjivo ga vuče u drugom smeru, prema porodici i religiji. U tim uporištima njegovi junaci pronalaze moralne obaveze koje im omogućavaju da se kreću naspram zastrašujuće praznog današnjeg sveta. Porodica je – ili je bolje reći: ostaci porodice – ono što nastoji da se odupre centrifugalnoj sili svakodnevnog života. U savremenom svetu, u savremenom tempu življenja, a pogotovo posle holokausta, jevrejska porodica više ne poseduje nikakvo čvrsto jezgro. Njeno postojanje ostvaruje se u rasipanju, u sve većem udaljavanju od središta. Otuda, za razliku od Kafke ili Agnona, veće interesovanje Sola Beloua za dalje rođake, za lavirintsku mrežu koja, u jevrejskom svetu, povezuje gotovo sve ljude, dok se pravi osećaj porodičnog jezgra nalazi samo u činu sećanja, odnosno u neumitnom prepoznavanju svoje smrti u činu nečijeg umiranja.

Upravo je to razlog što je ova zbirka pripovedaka Sola Beloua intimnija i ličnija od svih njegovih dosadašnjih dela. Ne samo zbog toga što u njima još lakše prepoznajemo stvarne ličnosti (Belou je odavno poznat po tome) – poput rano preminulog pisca Isaka Rozenfelda, umetničkog kritičara Harolda Rozenberga, pa i samog Beloua – već zbog toga što u njima Belou najotvorenije ističe svoje uverenje da je dobrota, ili ispunjenje dobrote, krajnji cilj ovoga sveta i naše egzistencije u njemu. Ako se rasuta porodica ponovo okuplja, ako čovek poput Ajdže Brodskog može ponovo da nauči da voli svoje rođake, onda smrt ne može više da bude neka vrsta prevare, kako oseća junak priče „Srebrna činija", nego deo produžene ljubavi i razumevanja. Drugim rečima, ne može se *zaista* pisati o čoveku ukoliko se čovek doista ne voli, ukoliko metafizika življenja, da parafraziramo jednog od njegovih junaka, ne bude metafizika utapanja u ljudska lica, dela i tela.

Ovim pričama, kao i kraćim romanima koji su posle njih usledili, Belou je potvrdio svoje izuzetno i izdvojeno mesto u savremenoj američkoj književnosti. Optuživan, s jedne strane, da je staromodan, a s druge, da je visokouman i suvoparan, on i dalje nastoji da pruži odgovore na pitanja ko smo, šta smo, od čega smo sačinjeni i šta tražimo ovde. Pitanja koja, nema sumnje, nikada nisu izgubila na aktuelnosti, ali koja su u tekućoj američkoj književnosti potisnuta iza razuzdanosti i obilja postmodernog ili metaproznog pripovedanja, odnosno iza siromaštva i ograničenosti novog, „prljavog" realizma. U prozi Sola Beloua ona stoje u samom središtu, ona su onaj zahuktali motor koji nastoji da odredi smer života ili smer sećanja, ali i da upozore da se njihovi odgovori ne mogu tražiti samo u kovitlacu spoljašnjeg sveta nego i u uzdrhtalosti ljudskog srca.

Za one koji već vole dela Sola Beloua ova zbirka će biti potvrda njihovih čitalačkih opredeljenja, dobra prilika da vide kako, iako je dobro zašao u osmu deceniju života, stari majstor pripovedanja uspeva da održi mladalačku svežinu i kvalitet svoje proze. Onima koji ne poznaju njegova dela, ili još uvek ne uviđaju u čemu se krije njihova veličina, priče iz ove zbirke predstavljaće gotovo savršen uvid u njegov znatno složeniji romansijerski svet. I ako prihvatimo mišljenje kritičara da su ove priče pre „sjajni fragmenti nego dobro sačinjene celine sa uočljivom formom i jasnim završetkom" (R. Olter), one na ograničenom prostoru sasvim dobro ilustruju ono što Belou postiže u svom pravom, novelističkom zamahu. Tražeći red u neredu, boreći se sa smrću da bi dokučile život, dotičući osećanja ne bi li zavladale razumom, opisujući očajanje kako bi prizvale nadu, one nas – kao i njegovi romani – neprekidno opominju na naša nesavršenstva. Kada na kraju poslednje priče Ajdža Brodski izvrši svoje dobro delo, on oseti slabost kao neku vrstu kazne što, proučavajući svoje rođake, nije proučio i sebe. Sve se, naime, nalazi u nama u istoj meri u kojoj se nalazi i u drugima; nikakvo izostavljanje nije moguće, pogotovo ukoliko poželimo da izostavimo sebe. Ove priče, poput svih dela Sola Beloua, govore upravo o tome – o samoći i izdvojenosti, o jedinstvenom ljudskom bolu uključivanja u stvarnost, u svet.

David ALBAHARI

SADRŽAJ

Onaj koji ne drži jezik za zubima 5
Zetland: svedočenje o njegovom karakteru 76
Srebrna činija 102
Rođaci 140
David Albahari: *Pripovetke Sola Beloua* 225

RAD
Beograd
Moše Pijade 12
*
Za izdavača
Milovan Vlahović
*
Glavni i odgovorni urednik
Dragan Lakićević
*
Lektor
Jovanka Arsenović
*
Tehnički urednik
Jarmila Avdalović
*
Korektor
Jelica Lazić
*
Nacrt za korice
Janko Krajšek
*
Štampano
u 6.000 primeraka
*
Štampa
ČGP DELO
Ljubljana, Titova 35

CIP – Каталогизација у публикацији
Народна библиотека Србије, Београд

820(73)-32

БЕЛОУ, Сол
 Srebrna činija / Sol Belou ; [prevod David Albahari].
– Beograd : Rad, 1990. – 228 str. ; 18 cm. – (Biblioteka »Reč
i misao« ; knj. 431)

Prevod dela : Him with his Foot in his Mouth and Other Stories / Saul Bellow. – Str. 225–228 : Pripovetke Sola Beloua / David Albahari

ISBN 86-09-00264-0

ISBN 86-09-00264-0